W0171943

Arndt Bause   Gisela Steineckert

DER MANN
mit der goldenen Nase

Über Hits und das ganz normale Leben

DAS NEUE BERLIN

Für Angret

Aus gegebenem Anlaß ...

ARNDT BAUSE hatte einen runden Geburtstag, und den wollte ich würdigen, ohne unangemeldet in die Familienfeier zu geraten, was ja in Berlin durchaus erlaubt ist.

Aber wir hatten uns zehn Jahre lang nicht gesehen.

Das stimmt nicht ganz. Vor Erwin Geschonnecks 90. Geburtstag haben wir drei Lieder gemacht, sehr schöne, aber der Jubilar war später überfordert, die CD bei der Talkshow in die Kamera zu halten, so blieb es weltweit liegen, das liebevolle Geschenk. Bezahlt hat niemand, und kennen tut's auch keiner. Aber wir saßen da mit dem angestaunten Erwin und dem Manager vor einer wunderbar duftenden Bäckerei in der Karl-Liebknecht-Straße, Erwin war sehr besorgt um die Mehrwertsteuer bei seinem Honorar, und seine Frau war nicht dabei, also ging es nicht sehr konzentriert zu. Ein Wiedersehen war es für Bause und mich eigentlich nicht, obwohl die alten Signale von Einverständnis oder Skepsis noch funktionierten. Es fehlte die sonst übliche Konzentriertheit und Direktheit der Arbeit.

Also rechne ich das nicht und sage: Wir hatten uns zehn lange Jahre nicht gesehen. Die Pause war nicht verabredet, sie unterlief uns aber auch nicht. Jeder von uns hatte seinen eigenen Kiez – Berlin besteht aus vielen Kleinstädten –, hatte sein eigenes Biotop, seinen Kreis.

Wir hätten uns ohne Absicht privat treffen können. Aber obwohl die Menschheit aus Milliarden Personen besteht, spielt sich im Grunde alles zwischen denselben 20 Leuten ab. Berlin war schon immer wie ein Kirchspiel am Sonntagvormittag. Was wichtig war, glühte per Telefon durch die Drähte, jeder wußte immer mehr, als sich tatsächlich zugetragen hat-

te, und man verlor sich nicht wirklich. Nach dem letzten Seuf-
zer, dem letzten Klatscher habe ich meist das Weite und die
Stille gesucht und nie aufgehört, mich zu wundern, daß am
Tag darauf jeder jedes gesprochene Wort, samt Aus-
schmückungen und Erfindungen, aus den Beratungen kannte.

Wie Bause habe auch ich immer das Gefühl, mir wird meine
ohnehin viel zu knappe Zeit gestohlen. Als maulfauler Gast
und Guckerin war ich wohl auch nicht eben anregend. Ich
besitze nicht einmal ein Abendkleid, das hält auch schön ab,
es sich doch noch anders zu überlegen.

Aber die Erinnerung an unsere Versuche, Experimente, die
Freude über Gelungenes, die uns gemeinsame Fähigkeit, sofort
zur nächsten Arbeit überzugehen, nichts überzubewerten und
doch empfindlich gegen Herablassung oder Nichtbeachtung
zu bleiben, die blieb mir im Herzen. Das war so, das hatten
wir, und die stille Gewißheit, wenn wir nur wollten, könnten
wir ihn jederzeit wieder haben: den Spaß an der Arbeit. »Nachdem ich den gestrigen Abend mit einer Fülle von Erinnerungen sozusagen mit Dir verbracht habe, rede ich innerlich auch
weiter mit Dir und komme nicht in den ersehnten Tritt des
Nichtstuns. Zu Deiner Fernsehsendung anläßlich Deines
Sechzigsten wollte ich Dir gratulieren. Sie war, wie Du eben
bist, so gerade, so offen, so gescheit, so kompetent. Daß ich
Dich so sehe, weißt Du ...

... Mir scheint, wir haben während der Dauer unseres Wir-
kens in der DDR vieles überkritisch gesehen, oft zu hohe Maß-
stabe angelegt, vor allem am falschen Platz, denn gegen hohe
Maßstäbe ist ja an und für sich nichts zu sagen. Man strebt,
man will weiter, Neues ausprobieren, sich bloß nicht wiederholen. Bei den Filmausschnitten war beeindruckend, wie
schön die Leute damals waren. Nicht als Publikum, die gucken
verschwitzt weg vom Interpreten, starr geradeaus, verlegen, wie
angenagelt, da kann der Sänger ihnen auf die Schulter singen,
die gucken einfach nicht hoch, peinlich, eng und linkisch.

Aber die auf der Bühne. Da gab's zickiges Overdressed, klein-
bürgerliche Feinmacherei, Einhaltung der obrigkeitlichen

6

Kleiderordnung, ja nicht so ähnlich wie im Westen, dadurch auch unfreiwillige Komik – aber die Gesichter, diese schönen offenen Gesichter, ob das von Hans-Jürgen Beyer oder das Lächeln von Monika Herz überm doofen selbstgeschneiderten Kleid, einer Mischung aus Dirndl und Stubenmädchen. Aber die gucken einem noch in die Augen, die nehmen ihr Publikum wahr, die sind noch von keiner Quote gejagt, richtige Menschen.

Du kannst ja singen. Da Du behauptest, ein ›Unpolitischer‹ zu sein, fand ich es ziemlich kühn von Dir, den weggegangenen Sachsen Großdeutschland als ›Fremde‹ zu bezeichnen. Schönes Lied, würde ich gern öfter hören, nein, natürlich kein Gedanke daran.

Das ins Bühnenbild montierte Foto von Dir mit der Shagpfeife habe ich nachdenklich betrachtet. Deine Frau war immer schön, aber Du warst auch nicht gerade häßlich.

Es hat mir wehgetan, und ich verstehe sehr gut, wenn Du heute sagst, daß das Leben Dir außer der Priorität Arbeit inzwischen andere Werte bewußt gemacht hat.

... weil auch wir beide versuchen, mehr Raum zwischen uns und die Unablässigkeit der Pflichten zu legen, und auch wir wissen um alle Verlierbarkeit der Freuden.

... Ich danke Dir, Du ewig abweisender und Gefühle nicht gerade erbetender Freund, für Dein einfaches Bekenntnis, gelebt und daran Spaß gehabt zu haben. Du drängelst nicht danach, Opfer gewesen zu sein.

Was wir versucht haben, hat den Wert, den wir ihm selber geben.

Mein Interesse war gestern vor dem Fernseher ungeteilt bei Dir, Deiner Arbeit und der Bilanz, und ich war stolz darauf, auch dazuzugehören.«

Dann erfuhr ich, Bause habe über sein »ganz normales Leben« auf eine Kassette gesprochen, hinter der verschlossenen Tür seines Studios, ohne Zuhörer.

Das könnte ich nicht. Meine Methode ist eben eine andere, aber zum Glück hatte Bause den Text abschreiben lassen. Der

Verlag fühlte vor und brachte uns zusammen. Angret hatte, wie oft, ihr Credo eingebracht. Mein Vorteil: Ich kenne jeden erwähnten Namen, jede Note, außerhalb des Privaten viele Ereignisse. Ich kenne den Mann und weiß, wovon er redet. Seh ich, wie jemand arbeitet, weiß ich, wie er ist. Erfahrung, selten widerlegt.

Wir einigten uns auf eine exklusive und gleichermaßen volkstümliche Methode: Er erzählt, und sie redet ihm dazwischen. Und Teile meines Lebens wollten auch hinein.

Er hat mich ermutigt, mich nicht zurückzuhalten. Wir wollten beide ein Stück vergangener Zeit lebendig werden lassen. Vielleicht kann es dienen, rasch gefaßte oder verhornte Vorurteile unsicherer zu machen, sie vielleicht zu korrigieren. Die Geringschätzung gegenüber der Unterhaltung, die oft nicht unterhaltsam ist, wird in Deutschland nie verschwinden. Wir haben uns schriftlich unterhalten. Das ist auch eine Kunst, hoffentlich unterhaltend.

Über Gerüchte und Legenden weiß ich einiges, und manches besser, anderes habe ich erst durch Bause erfahren. Wir haben sehr unterschiedlich gelebt, scheinbar in derselben Zeit, und nicht nur, weil sich unsere Arbeit unterschied. Wollen sehen, was sich da ergänzt und gegenseitig aufhebt oder zu unserer Überraschung näher war, als wir dachten.

1. Fehlstart

AM 30. NOVEMBER 1936, um acht Uhr morgens, erblickte ich als viertes Kind des Ehepaares Emma und Werner Bause in Leipzig, Crednerstraße 24, das Licht der Welt. Als erster Sohn nach drei Töchtern. Später gesellte sich noch eine Schwester dazu.

Einige Menschen können ihre Herkunft bis ins 13. oder 14. Jahrhundert zurückverfolgen. Ich kenne nur die Geschichte meiner Großmutter:

Die Mutter meiner Mutter stammte aus Perlesreut im Bayrischen Wald, war also katholisch. In München lernte sie einen Mann kennen, der kam aus Bad Düben, war also evangelisch. Mit dem ist sie nach Leipzig gezogen, die Abtrünnige. Ihr erstes Kind hieß Emma und wurde, wie gesagt, meine Mutter. Die wiederum lernte in Leipzig Werner kennen, der wurde mein Vater. Woher er stammte, habe ich als Kind und auch später oft zu hören bekommen. Er war ein uneheliches Kind von Ernst Albin, Herzog von Coburg-Gotha, und der Tochter des Gärtners. Die Marlitt läßt grüßen.

Der unerhörte Vorgang begab sich im Schloß Friedrichroda. Als das Mädchen schwanger wurde, kam man dem Eklat zuvor und schickte es nach Leipzig. Dort sollte sie ihr Kind gebären und zurücklassen. Es bekam den Namen der Mutter, also Bause, und wurde von einem Bankiersehepaar aufgezogen. So ist es naheliegend, daß mein Vater später Bankangestellter wurde. Seine Mutter begab sich nach der Entbindung wieder zurück nach Friedrichroda.

Als mein Vater schon erwachsen, sogar schon verheiratet war, fuhr er auf Drängen meiner Mutter nach Friedrichroda, um seine leibliche Mutter zu sehen. Dort erfuhr er, daß seine Mutter vom Herzog eine Abfindung bekommen hatte, aber die kam ihrem Bruder gerade recht, um sie durchzubringen. – Soweit meine Ahnen.

Im Gegensatz zu anderen Menschen kann ich mich an meine ersten Jahre nicht gut erinnern. Ein Bild hab ich deutlich vor Augen, da muß ich drei oder vier Jahre alt gewesen sein. Unsere Crednerstraße, in der wir wohnten, in der auch mein Kindergarten und meine Schule waren, hing voller Hakenkreuzfahnen. Vielleicht hatte der »Führer« Geburtstag, oder die Deutschen hatten einen Blitzsieg errungen, was ja später seltener wurde.

Diese Fahnen sind meine früheste Kindheitserinnerung.

Und unsere 3-Zimmer-Wohnung mit Balkon zum Hof weiß ich noch. Damals durften Kinder auf einem solchen Hof noch spielen und laut nach einer Bemme rufen, die uns in Butterbrotpapier gewickelt runtergeworfen wurde.

An meinen ersten Schultag allerdings habe ich eine unauslöschliche Erinnerung, das war 1943: Hinter dem Katheder steht unser Lehrer, der aussieht wie aus der Feuerzangenbowle, mit Spitzbart, die Daumen unter die Weste geklemmt. Er schreibt ein großes A an die Tafel, und wir sollen dieses A abschreiben. Da ich Linkshänder bin, male ich linkshändig ab. Der Lehrer eilt durch den Gang zu mir, zieht mich an den kurzgeschorenen Haaren mit Scheitel links aus der Bank, knallt mir rechts und links eine und schreit: »Bei uns wird rechts geschrieben.« Danach hatte ich mich innerlich eigentlich von der Schule verabschiedet.

Ich erinnere mich, daß wir Ende November 1943 innerhalb derselben Straße umgezogen sind, hundert Meter weiter, ins letzte Haus der Crednerstraße, so hatten wir ein Zimmer mehr. Allerdings waren wir schon eine Person weniger, Mutter und vier Kinder, der Vater war im Krieg.

Der Umzug war eine Sensation, freilich eine anstrengende. Es war der 3. Dezember, und an seinem Abend waren wir alle überdreht und übermüdet. Es hatte viel zu tun gegeben, wir hatten alles von der einen in die andere Wohnung getragen, aber auch Umzug gespielt. In der Nacht donnerte und blitzte es. Die Mutter kam in unser Kinderzimmer, von denen es nun zwei gab. Hätte sein können, daß wir uns vor dem Gewitter fürchteten. Sie zog die Verdunklung hoch und sah, daß das letzte Haus in der Straße brannte, ein Versuchsgut der Universität.

Es war kein Gewitter, es war ein Bombenangriff, der erste auf

Leipzig, nach Mitternacht, also am 4. Dezember 1943. So wie wir waren, eilten wir in Richtung Luftschutzkeller. Ich war der letzte, der das Kinderzimmer verließ. Es gab einen Schlag, ich drehte mich um und sah, wie die Mauer, die Kinderzimmer und Küche trennte, auf mein Bett fiel.

Das war meine erste Begegnung mit dem Tod, auch wenn ich das erst viel später begriffen habe.

Über Glasscherben stolperten wir das Treppenhaus hinunter, die anderen Mieter und der Luftschutzwart empfingen uns entsetzt, vielleicht sahen sie uns schon tot. Niemand hatte uns geweckt, und wir waren fast im Wortsinn todmüde gewesen. So waren wir also ausgebombt und wußten nicht, wohin. Nach Bayern zu den Verwandten, aber die katholische Mutter hatte ja einen Evangelischen geheiratet.

So blieb uns nur das Erzgebirge, dort saß der Vater während eines Winterlehrganges in der Schreibstube, während er sonst zu einer Pionierkompanie gehörte.

Wir kamen in Reitzenhain im Dunkeln in einer kalten Dezembernacht an, und Vater holte uns vom Zug ab.

Soviel Schnee hatte ich in meinem Leben noch nie gesehen wie dort oben. Wir fuhren mit dem Pferdeschlitten, am Pferdegeschirr hingen kleine Glöckchen, und den Schlitten lenkte ein alter Mann, dessen Gesicht konnte ich mir nicht merken, weil ich es gar nicht sehen konnte. Er hatte dicke Filzstiefel an und trug eine alte lange Lederschürze, über der hing sein Bart und noch länger seine Tabakspfeife. So eine sah ich zum ersten Mal, mit einem Deckel, damit es in den Tabak nicht regnet oder schneit.

Wir fuhren durch den Wald und kamen in ein Dorf namens Satzung. Dort haben wir drei Jahre gelebt.

Vater mußte als Soldat nach Holland, wieder in den Krieg, wir blieben – und warteten.

Ich habe beim Bauern nebenan geholfen, es war für mich interessant. So habe ich gelernt, Kühe zu hüten, Heu zu machen, Hafer zu dreschen und mit der Sense umzugehen. Holz habe ich gehackt und am Butterfaß gedreht, mit der rechten und mit der linken Hand, denn das war anstrengende Arbeit. Was man damals in der Landwirtschaft brauchte, habe ich in Satzung im Erzgebirge gelernt.

Vom Krieg haben wir dort nichts gespürt, gar nichts. Unsers war ein Grenzdorf, auf der anderen Seite begann der damals deutsche »Sudetengau«. Kein Militär, keine Bomben, nichts, gar nichts, keine Lehre daraus, nichts, amen.

LIEBER ARNDT, das kann so nicht gewesen sein. Bei Kriegsende warst du neun Jahre alt. Und konntest vorher schon mit der Sense umgehen? Schon viel von der Arbeit, die auf einem Bauernhof gemacht werden muß, Krieg oder nicht?

Ich bin wegen der Bomben auch in einem Dorf aufgewachsen, in Oberösterreich, habe auch auf einem Bauernhof gelebt. Die Bauernkinder haben auch in friedlichen Zeiten früh ihre Pflichten gehabt, das war immer so. Aber nun fehlten die Männer, ob der Stier für die Kuh festgehalten werden mußte oder die schweren Erntewagen zu beladen waren. Aber die Sense durften wir selbst im Krieg nicht anfassen. Nicht dengeln, nicht mähen. Buttern, Kühe hüten, todlangweilige Tätigkeiten, Kartoffeln buddeln, kenn ich alles.

Unser Dorf und wohl auch das deine waren aber nur scheinbar von den Kriegsgeschehnissen weit entfernt. Der Krieg hockte in allem Tun, auch wenn wir die Bomber nicht sehr fürchteten, zumal wir sie nur an ihren Kondensstreifen ausmachen konnten. Wir lieferten aber sorgsam alles ab, was uns befremdlich erschien: auch Bonbons, die vom Himmel gefallen waren, Granatsplitter und Zettel. Die Frauen weinten in der Kirche, vorher war das nicht üblich, man zeigte außer Wut keine Gefühle.

Das war der Krieg.

Bist du nicht in die Schule gegangen? Hast du nicht gelernt, daß der Führer das deutsche Volk errettet, unser Erlöser ist und daß die Vorsehung ihm dabei hilft?

Aus den Höfen wurden Erbhöfe, damit die Bäuerinnen nach dem Heldentod des Mannes bleiben konnten, um dem Sohn den Bauernhof zu erhalten.

Das war der Krieg.

Die Bäume sind nicht im Phosphor verbrannt, es wurde nicht gehungert, niemand hat dort in Kleidern im Keller geschlafen. Der Frühling leuchtete wie unbedroht, das Getreide wuchs auf den Feldern, die Kühe mußten gemolken, die Eier abgesammelt, das Schwein mit amtlicher Erlaubnis geschlachtet werden. Wir wurden zwar ungesund, aber reichlich ernährt, was später ungute gesundheitliche Folgen mit sich brachte. Für meinen Kopf war es die ärmste Zeit. Meine Gier nach Büchern konnte ich nicht befriedigen, das wird bei euch nicht anders gewesen sein. Außer daß wir Heilkräuter sammeln mußten, mit den Kriegsgefangenen nicht reden sollten und daß über allem eine trauervolle ängstliche Erwartung lag, hätten auch wir uns den Krieg weit weg denken können.

Nein, das konnten wir nicht. Auch bei euch muß es eine Poststelle gegeben haben. Dort trafen die Nachrichten ein, die Briefe und die Meldungen. Von Männern, oder über Männer, die vielleicht bei Ankunft ihres letzten Lebenszeichens schon nicht mehr lebten. Oder sie galten als »vermißt«, das ließ eine kleine Hoffnung. Deswegen klebten wir abends mit dem Ohr am Radio, wenn die Listen Gefangener verlesen wurden. Unser Bauer Karl hätte genannt werden können, aber er war tot. Das war der Krieg. Ein Drittel der Männer aus unserem Dorf kehrte nicht heim.

Wurde die Glocke eurer Kirche nicht eingeschmolzen? Das war ein Sakrileg, es traf die Katholischen tief, das hatte es noch nicht gegeben. Die Leute spannten nun die Pferde nicht mehr aus, wenn der »Führer« sprach.

Den Platz des Bauern am Tisch nahm unser Raymond ein, ein Kriegsgefangener, der zu Hause seinen Hof brach wußte, in der besetzten Zone, aber er kriegte es nie fertig, auch nur einen Halm frevelhaft zu knicken. Die Erde und die tragende Kuh waren ihm heilig. Er war ja auch Katholik, schlug vor und nach den Mahlzeiten sein Kreuz unterm Kruzifix. Aber manchmal, besonders schlimm zu Weihnachten, hat er uns alle gehaßt und in sein Kissen geschrien, Flüche und Namen.

Das war der Krieg.

Auf Schwarzschlachten oder abfälliges Reden über den Kriegsverlauf stand die Todesstrafe. Von allen Erträgen mußte ein großer Teil abgeliefert werden, und niemand hätte sich getraut, es bei weniger zu belassen.

Wo der Krieg die Idylle nicht störte, hat er sie doch in den Köpfen zerstört.

Was habt ihr in der Schule gesungen? Ging es da nicht auch gegen Engelland und mit dem Panzer durch die Wüste?

Die Jahreszeiten verlangten ihre Arbeit, auch wenn die Männer sich am Dnjepr oder in Saloniki schuldig machen mußten. Bis heute kann ich solche Namen wie Kursker Bogen oder Witebsk nicht ohne Unbehagen hören. Und noch immer sehe ich, wie die Bäuerin mit dem Taschentuch in der Hand und angefeuchtetem Kopierstift an ihren Karl schreibt, der ihr bei einem kurzen Wiedersehen den Karli pflanzte und selber mit nicht einmal dreißig Jahren in Rußland verreckte.

Du warst neun Jahre, als der Krieg zu Ende war, dein Vater stak in Uniform. Und als in das stille Grenzdorf Satzung »Der Russe« kam, hast du gewußt, daß von dem Schreckliches zu erwarten ist.

ICH HABE DEN TEIL an Satzung geschildert, der Idylle war. Fliegeralarm, Hunger und anderen Mangel haben wir dort nicht gehabt. Das andere ist in meinem Kopf und in meiner Seele unauslöschlich erhalten geblieben.

Ich war ein kleiner Junge, acht Jahre und Zweitklässler, hatte für einen Augenblick schon den Tod gesehen, liebte Tiere und vertraute meinen Eltern.

Unser Lehrer hieß Herr Keilhaus. Er betrat die Schule nur in Uniform und war versessen darauf, uns dies einzudrillen: Sooft ihn die Lust dazu überkam, das konnte fünfmal oder zwanzigmal am Tag sein, ging er hinaus, riß die Klassentür auf, und wir hatten bis zu seinem Schritt in die Klasse aus der Bank zu flitzen, stramm zu stehen und den Arm gestreckt zum Hitlergruß zu entbieten.

Das war eine Schrecklichkeit und wehe dem, der sich bewegte. Noch schlimmer, es gab ein Mädchen, die war eine schwache Schülerin. Sie konnte nicht rechnen. Allmählich wohl auch

14

aus Angst die Zahlen nicht mehr erkennen. Vorn war die Schiebetafel, aber an einer Wand gab es noch eine Art aufgemalter Tafel, auf die schrieb Herr Keilhaus eine Rechenaufgabe und rief unsere arme Mitschülerin auf. Sie konnte nicht, wußte nicht, schwieg. Herr Keilhaus rannte zu ihr, riß sie an den Haaren zur Wand und schlug ihren Kopf immer wieder gegen die Tafel.

Und dann auch das: Die Erwachsenen waren unruhig. Irgendwelche Erwachsenen, irgendwie unruhig. Sie haben sich uns Kindern nicht mitgeteilt, und wir haben nicht gelernt, zu fragen. Es hat uns wohl auch nicht interessiert.

Am 7. Mai 1945 kam abends meine große Schwester Ruth mit ihrer Freundin auf dem Fahrrad von Reitzenhain quer durch den Wald, abseits der Straße waren die Mädchen gefahren . Sie waren völlig erschöpft, fielen fast vom Rad. »Die Russen kommen.« Das einzige, was ich wußte: Die schneiden uns die Kehlen durch. Mutter hatte Angst, denn sie war in der NS-Frauenschaft, der Vater in der Partei und in der SA. Keiner wußte, was die anderen wissen. Das große Zittern ging los.

Und dann kamen die Russen mit ihren kleinen Pferden und merkwürdig aussehenden LKWs und ebenso fremdartigen Maschinengewehren, sie kamen hoch nach Satzung und gruben sich um das Dorf herum in die Erde ein. Sie holten beim Bauern Stroh und Schweine zum Schlachten.

Zu uns kam ein junger Offizier ins Haus. Wir mußten alle im unteren Raum sitzen. Das wollte die Mutter so. Nur die Ruth hatte sie oben im Bett versteckt, die war schon sechzehn, um die hatte sie Angst. Der Offizier verlangte nach einem Radio. Da hat die Mutter das Radio geholt und auf den Tisch gestellt. Darauf hat der Offizier hinter dem Haus Posten aufgestellt, das hieß: In unser Haus durfte kein Soldat rein.

Das war ein unbegreifliches Glück, denn es war noch Kriegszustand. Und es wurde nicht nur geplündert, aber das weiß man. Der Offizier wollte einen russischen Sender hören. Er sprach kein Wort deutsch, wir verstanden seine Sprache nicht. Später haben wir oft genug erlebt, daß man sich doch irgendwie verständigt, das klappte auch da halbwegs.

Als er auf der Skala keinen Sender in russischer Sprache finden konnte, nahm er auf der Rückseite den Deckel ab und schraubte sachkundig im Gerät herum. Wir verstanden: Er war Rundfunkingenieur und stammte aus Kiew. Und nachts um 12 Uhr wurde bei uns auf dem Deutschlandsender auf einmal russisch gesprochen. Das war der 8. Mai, und der Jubel brach los, als wir nun hörten, der Krieg war aus. »Kapitulation ... Karlshorst ... Unterschrift.«

Er rannte raus, riß seinen Revolver aus dem Gürtel und schoß die Magazine leer. Immer wieder kam das Wort MIR, das Dorf stand kopf, und MIR hieß Frieden.

Am nächsten Tag zogen die Russen wieder ab, einfach wieder ab. Der Krieg war zu Ende. Wir waren davongekommen.

Als die Russen abgezogen waren, kamen die Tschechen. Sie kannten sich gut aus in Satzung. Herrn Keilhaus und den fanatischen Bürgermeister haben sie mitgenommen und im Wald aufgehängt. Und ich entsetze mich noch heute davor, wie wir uns gefreut haben, welche Genugtuung uns erfüllte. Sicher mögen wir auch gedacht haben, der Lehrer ist tot, die Schule ist aus, aber das war nebensächlich. Es gehört wohl ein Martyrium dazu, in solchen Knirpsen eine so ungehemmte und offene Freude über Hinrichtung ohne Federlesen zu wecken. Der Vater lag 1945 in Königslutter in einem englischen Militärlazarett. Die Mutter hat es geschafft, die Demarkationslinie zu überwinden, zum Teil im Kohlentender, zum Teil in einem Wasserbehälter. Sie erschien im Lazarett des Lagers und sagte: »Ich möchte meinen Mann abholen.« Das muß belustigend gewesen sein, da kommt eine Deutsche, eine Frau, und will einfach ihren Mann abholen. Sie hat den Vater, halbverhungert und krank, mitgebracht. Er wurde hochgefüttert, und dann sagten die Eltern: »Hier können wir nicht bleiben, hier können wir nicht existieren.«

So gelangten wir zurück nach Leipzig, zur Großmutter, zur Ahne. Die hatte eine 7-Zimmer-Wohnung im Musikviertel, in der Lampestraße 9. Dort kamen wir unter. Für den Vater wurde Arbeit gesucht, und nun sollte das ganz normale Leben wieder losgehen.

2. Das Klavier

DAS GANZ NORMALE LEBEN fing damit an, daß wir hungerten. Der Vater war Buchhalter, entnazifiziert, und verdiente im Monat etwa 200 Mark. Davon konnte eine Familie mit vier Kindern nicht leben. Nur die Große hatte schon etwas gelernt und stand auf eigenen Füßen. Was es auf Lebensmittelkarten gab, reichte nicht. Natürlich wollte meine Mutter die Lage ändern. Organisieren und Hamstern brachten nichts, also meine Mutter: Es muß geschoben werden. Alles schiebt, warum nicht auch ich.

Während wir zur Schule gingen oder in den Trümmern spielten, fing sie damit an. Geheimnisvolle Menschen kamen und gingen, Auskunft darüber gab es nicht. Manchmal mußten wir für eine Weile verschwinden und wurden erst gerufen, wenn die Luft rein war. Es gab mal Brot zu essen, mal etwas Warmes, irgendwie ging es vorwärts, bis eines Tages in der großen Wohnung ein ursprünglich als Dienstmädchenzimmer genutzter Raum, hoch, lang, schmal, abgeschlossen wurde. Der blieb verschlossen, keiner durfte ihn betreten. Wenn es im Dunkeln klingelte, mußten wir Kinder im Wohnzimmer bleiben. Wir durften nicht spähen.

Später habe ich rausgekriegt, wir hatten Osram-Glühbirnen aus Westberlin. In Leipzig, in der Ostzone, gab es keine Glühbirnen, und demzufolge waren Glühbirnen von Osram ein lukratives Geschäft geworden.

Diese Glühbirnen haben uns nicht nur sattgemacht, von dem Handel blieb auch etwas übrig. Wenn das so ist, besinnt der Mensch sich auf etwas, was er schon immer haben wollte und sich nie leisten konnte. Für meine Mutter war das ein Klavier. Es kam in unsere Wohnung, ein schwarzes großes Klavier, und wurde in das Wohnzimmer gestellt. Für meine kleine Schwester und mich wurde der Klavierunterricht beschlossen.

Es gab in unserer Straße einen Klavierlehrer, der bereit war, uns zu unterrichten.

Meine Schwester erwies sich als ebenso unmusikalisch wie mein Vater. Sie mußte nicht lange durchhalten, es hatte keinen Sinn, rausgeschmissenes Geld. An mir aber hatte sich der Klavierlehrer Walter Knape festgebissen, indem er behauptete, ich wäre musikalisch. Meine Mutter konnte er sofort überzeugen, natürlich war ihr Junge musikalisch. Er hat ja schon mit zwei Jahren vor dem Volksempfänger gestanden und Militärmärsche dirigiert. Ich meinte zwar, das machen alle Zweijährigen, aber das half mir nicht. Ich mußte jeden Tag eine Stunde lang Klavier üben und jede Woche zum Klavierunterricht gehen.

Das hat mich völlig von der Musik abgebracht. Mein einziger Trost war, es fiel mir leicht. Manchmal konnte ich mich mit Hilfe von Ausreden drücken oder Hochparterre über einen großen Sandsteinsims aus dem Fenster klettern. Wenn ich wiederkam, gab es Krach, ich bin dann ab ins Bett, aber geübt habe ich nicht. Außer am Sonnabend, vor dem Klavierunterricht, eine halbe Stunde lang, eben so durchgefingert. Dann habe ich mir von ihm sagen lassen, daß die Finger nicht stimmen und daß ich wieder nichts gelernt habe. Der Lehrer durchschaute mich, aber was sollte er machen. Wir haben uns hingequält, bis ich die Schule verlassen und endlich eine Lehre beginnen konnte.

Ich wurde Glasapparatebläser, auch noch bei meinem Vater im Betrieb, aber ich brauchte nicht mehr zum Klavierunterricht zu gehen. Vorher aber heiratete meine Schwester Ruth. Unter den Gästen war ein Medizinstudent, der irgendwie zum Bekanntenkreis meiner Mutter gehörte.

Zu vorgerückter Stunde setzte der sich ans Klavier und spielte Boogie-Woogie.

Das waren wohl die Minuten, in denen sich meine Zukunft entschied. Ich stand mit offenem Mund neben dem Klavier, ohne zu wissen, vielleicht aber zu ahnen, daß dies meine Musik ist. Am nächsten Morgen saß ich im Schlafanzug am Klavier und versuchte, die linke Hand zu üben. Das brachte mir einen Krach mit meiner Mutter ein, weil ich alle todmüden Feierer weckte.

Von da ab habe ich mir bei Musik-Brandt im Petersssteinweg alle Noten gekauft, mit denen man ähnliche Musik machen und die ich bezahlen konnte. Damals gab es bei Brandt Noten aus Westberlin.

Ich ging in Leipzig in die Petrischule, die hatte einen Musiklehrer, Reinhold Wächter. Der leitete einen damals in Leipzig bekannten Knabenchor. Da es sich um eine Oberschule handelte, hatten wir auch Tenöre und Bässe. Ich sang Alt. Das war eine sehr schöne Zeit, weil wir viel singen mußten, zum Beispiel, wenn Stalin Geburtstag hatte, oder als Stalin gestorben war, da sangen wir bei den Russen die Stalinkantate. Für die Veranstaltungen bekamen wir schulfrei.

Aus meiner heutigen Sicht bot der Chor noch einen großen Vorteil. In unser Klassenzimmer kam Franz Konwitschny und übte mit uns den Chor in der Neunten von Mahler. So durften wir dieses Werk abends mit dem Gewandhausorchester singen.

Auch Professor Ramin kam zu uns, der Kantor der Thomaner. Wir durften mit ihm üben und als Verstärkung mit den Thomanern die Matthäuspassion singen.

Fünf von uns Jungs wurden ausgesucht für die Puccini-Oper »La Boheme«. So kamen wir zum Opernrepetitor. Da ich am lautesten singen konnte, bekam ich ein Solo. In 75 Vorstellungen der »Boheme« verdiente ich dadurch 3, 5o Mark statt wie im Chor nur 2 Mark.

Ich habe außerdem im Kegelklub meiner Großmutter die Kegel aufgestellt, manche Koryphäen kennengelernt und noch mehr Geld verdient, für das ich bei Brandt einkaufen konnte. Diese Boogie-Woogie-Musik hat mich fasziniert, nicht Haydn, nicht Mozart, nicht Beethoven. Und ich war heilfroh, als berufstätiger Lehrling dem langweiligen Unterricht entkommen zu sein.

Im 3. Lehrjahr war ich mit Freunden in einer Kneipe, und in der stand ein altes Klavier. Ich war Ende siebzehn, wir hatten ein oder zwei Biere getrunken, da sagten die Kumpels: »Los, spiel jetzt Boogie.«

Ich setzte mich ans Klavier und spielte. Da kam ein Mann ans Instrument und sagte: »Sag mal, willst du in einer Band spielen?«

Ich dachte, ich spinne. Aber eh ich's dachte, sagte ich: »Ja.« Er wollte meine Adresse und meinte, er würde mir jemanden schicken.

Ein paar Tage später kam ein Mann und wollte sehen, ob ich nach Noten spielen kann. Ich konnte, unter anderem »Köhlerliesl«. Die Noten hatte er aus dem Stapel auf dem Klavier herausgesucht, dem alten schwarzen Klavier aus Osram-Glühbirnen.

In der Woche darauf bin ich in das Probenlokal gegangen, in eine Kneipe, ins Hinterzimmer, wo sonst ein Gesangsverein übte. Wir vereinten uns zu Schlagzeug, Gitarre, Akkordeon, Baß und meinem Klavierspiel. So haben wir geprobt.

Aber weder die Besetzung noch die Stücke entsprachen meinen Vorstellungen. Nach vier Wochen habe ich gefragt, ob nicht der Gitarrist die Trompete spielen könnte, und da ich am Klavier war, brauchten wir kein Akkordeon, der Musiker sollte Klarinette und Saxophon lernen, vielleicht könnten wir noch einen zweiten Saxophon-Mann einstellen, dann würde das ganz gut klingen. Die Arrangements würde ich schreiben, nach dem, was ich im Radio hörte, oder auch nach Noten.

So haben wir es dann gemacht.

Am 6. Oktober 1954 hatten wir die erste Mugge, im RC, Ruderclub Leipzig. Da war ich schon Geselle, und im November kam für mich ein wichtiger Tag.

Abends wurde ich ins Wohnzimmer gerufen, dort saßen die Eltern, und mein Vater sagte: »Du hast heute im Betrieb gekündigt?«

»Ja.«

»Und wo willst du hin?«

»Ich will gar nicht hin.«

»Was willst du machen?«

»Ich bin Musiker. Ich mache Musik.«

»Das kommt überhaupt nicht in Frage. Aus dir soll doch mal was werden.«

Ich habe gesagt: »Das ist jetzt zu spät.«

Er sagte: »Du ziehst die Kündigung zurück.«

Ich sagte: »Am 30. November bin ich achtzehn, dann bin ich

mündig.« Wir lebten in der DDR, da war man mit achtzehn Jahren mündig. Es war alles gesagt, was gesagt werden konnte. Mehr gab es nicht zu reden.

Ab 30. November war ich Musiker, verdiente recht und schlecht mein Geld und habe recht und schlecht gelebt. Allerdings, das sei nie vergessen, immer mit dem Beistand meiner Mutter. Sie hat mich blind unterstützt und immer gesagt: »Hoffentlich kriegt's der Vater nicht raus.«

3. Der Musiker

VON DEM, WAS wir in Leipzigs Umgebung als Musiker verdienten, war eigentlich schwer zu leben.

Eines Tages stieg in unsere Band ein neuer Bassist ein, und nach einer Weile sagte er, sein Vater wolle mich sprechen, ich solle zu ihm nach Hause kommen.

Der Vater erklärte mir, die Konzert- und Gastspieldirektion brauche außer Begleitern auch Trios. Es war die Zeit der Travellers, der Beheiros, des Cornel-Trios, es gab in Deutschland Tausende von Trios, also mußten wir auch noch ein Trio machen. Der Vater sagte, da wäre richtig Geld zu verdienen. Das hat mir gefallen. Ich mußte umsteigen von Klavier auf Akkordeon, der Bassist auf Gitarre, und der Vater spielte den Baß.

So wurde 1957 ein Programm erarbeitet, mit »Rock around the clock« als Parodie, anders wäre das nicht erlaubt gewesen, »zu amerikanisch«.

Wir boten uns der Konzert- und Gastspieldirektion an und wurden genommen. Zunächst getestet, in der Kongreßhalle in Leipzig, im Programm von Rudi Schuricke. Dann hatten wir mit Vico Torriani vier Veranstaltungen in der Messehalle. Es lief also ganz gut an. Danach fuhren wir mit dem Bus quer durchs Land und spielten unser Tourneeprogramm.

Auf dieser Tournee habe ich in Schwerin ein Mädchen kennengelernt, eine Kosmetikerin, sehr hübsch. Zu meiner großen Verwunderung kam sie zur Verabredung, und wir gingen in die Resi-Bar. Ich wollte ihr was bieten, habe sowjetischen Sekt bestellt, Pralinen, unsereiner verdiente mittlerweile richtig viel Geld, konnte das in Westberlin umrubeln und sich gute Klamotten kaufen, sah also aus, zumindest die Klamotten. Wir haben getanzt. Es war schon nach Mitternacht, als sich herausstellte, dieses Mädchen war knapp sechzehn. Also zahlen und sofort nach Hause bringen. Nichts passiert, um Gottes willen. An der Haustür haben wir uns verabschiedet, ich versprach, mal zu schreiben, habe es aber nicht gemacht.

STOP! LIEBER ARNDT. Über eure erste Begegnung gibt es sehr viele Versionen. Angret sagt, sie kennt mindestens zehn. Die Pralinen hast du nicht in der Resi-Bar bestellt, die hast du ihr zum ersten Rendezvous mitgebracht. Einen sehr großen Karton. Sie hat ihn als artiges Mädchen genommen, geöffnet, dir und sich daraus angeboten, und vor der Haustür, beim Abschied, hat sie dir den erheblichen Rest wiedergegeben. Sie weiß nicht, warum, außer: Der Karton war mir zu groß.

Dies die erste Korrektur.

Sie war wirklich knapp sechzehn und lernte in einem Institut. Du bist dort hingegangen, weil du dir etwas wegätzen lassen wolltest, so harmlos, daß sie als Lehrling das schon vornehmen durfte. Dort hast du sie zum »Konzert« eingeladen, sie kam mit ihrer Freundin, und anschließend habt ihr euch verabredet.

Wie ich Angret kenne, hätte sie sich von dir nicht auf der Straße ansprechen lassen, nicht einmal mit sechzehn. Nur deshalb diese Korrektur, nur deshalb habe ich mich an der Quelle erkundigt.

Die Pralinenschachtel war ihr zu groß. Mehr sagt sie nicht. Vielleicht wollte sie, mit ihren immer noch fünfzehn Jahren, damit nicht zu Hause antanzen, vielleicht kam ihr dies einem Kaufpreis gleich. Ulkig, aber in übertragenem Sinn könnte ich mir bei ihr auch heute noch so etwas vorstellen.

Dir hat das jugendliche Alter damals den Wind aus den Segeln genommen. Eine romantische Liebe auf den ersten Blick scheint es für den lebenshungrigen und zugleich unerfahrenen Burschen nicht gewesen zu sein. Mag auch sein, du wolltest endlich mal unkompliziert eine »aufreißen«, aber die taugte dazu nicht, und sie wohnte auch viel zu weit von Leipzig für weitere Begegnungen. Was man so über Musiker sagt: Aus den Augen, aus dem Sinn. Aber wohl doch nicht ganz.

DAS TRIO GING Ende des Jahres auseinander. Ich versuchte, anderswo in Leipzig Musik zu machen. Ein halbes Jahr später traf ich den Gitarristen aus dem Trio wieder. Der erzählte mir, daß er in Rostock in einer Nachtbar spiele und auf der

Straße das Mädchen aus Schwerin wiedergetroffen habe. Sie habe ihn, den hungrigen Musiker, zu Bratkartoffeln eingeladen (was für ihre Version spricht, sonst hätte sie den Kollegen ja gar nicht gekannt), und sie habe ihn nach mir ausgefragt, gezielt nach mir gefragt, wollte wissen, wie es mir geht – und das wollte er mir stecken.

Bis dahin hatte ich bei keinem weiblichen Wesen ein Interesse an mir bemerkt.

So kam es. Das Mädchen hat sich in Leipzig eine Arbeit gesucht, wir haben uns zusammengetan, zunächst nur so, bis zu dem Stand, wo man sagt, dann kann man sich auch verloben.

Das konnten wir, wir konnten alles mögliche, nur allein sein konnten wir nicht. Jedenfalls konnten wir diskutieren. Über die Verlobung, über eine Hochzeit. »Aber einen Musiker heirate ich nicht«, hat sie gesagt. »Draußen rumfahren, nach Hause kommen, Hemden waschen, bissel Geld abliefern und wieder draußen rumfahren. Das wird nie eine Ehe, das kann nicht gutgehen.«

Was konnte ich da machen? Wieder Glasblasen gehen. Und die Musik an den Nagel hängen, wegen einer Frau?

Apparateglasbläser wurden gebraucht, Arbeit gab es in der Deutschen Akademie der Wissenschaften, Permoserstraße. Nun stand einer Heirat nichts mehr im Wege.

Ich hatte ein Zimmer in der Wohnung meiner Eltern. Die war groß. Dort wohnten auch zwei meiner Schwestern. Wenn ich meine Kosmetikerin, die immer noch nicht meine Frau war, bei »Patina« am Markt von der Arbeit abholte, gingen wir in den Clara-Zetkin-Park, früher Johanna-Park, ins Freilichtkino oder Eis essen, weil es sich für meine Eltern nicht schickte, ein Mädchen mit »hochzubringen«. In ihr Zimmer konnten wir nicht, weil es eine Kemenate war, außerdem waren meine Eltern mit den Vermietern bekannt. Um all diesen Hindernissen ein Ende zu machen, wollten wir heiraten. Aber wovon? Wie jeder normale Musiker hatte auch ich Steuerschulden. Meine zukünftige Frau half mir, die abzustottern. Da blieb nichts übrig, auch wegen Eis und Freilichtkino. Für unsere Hochzeit mußten wir uns von Kumpel King 150 Mark

24

pumpen. Naiv gingen wir zum Amt für Personenstandswesen und wollten auf der Stelle heiraten. Da wir keine Geburtsurkunden hatten, ging das nicht. Die mußten erst angefordert werden, auch in Schwerin, aber endlich hatten wir alles beisammen und gingen wieder zum Amt. Wir wollten heiraten, um Anspruch auf eigenen Wohnraum zu haben, anders war das nicht möglich.

Der nächste freie Termin war der sechste im Monat. Im Monat Oktober. An diesem Tag wollte niemand heiraten, denn der nächste Morgen war der Tag der Republik, ein Feiertag. Uns störte das nicht, wir wollten nur eine eigene Bude, endlich ungestört sein.

Unsere ersehnte Hochzeit war aus heutiger Sicht eine Katastrophe. Als nach der Trauung das Zwischenspiel zum »Goldenen Pavillon« erklang, schluchzte hinter uns meine Mutter laut auf. Sie fand den Vorgang nicht so lustig wie wir.

Nach der Hochzeit sind wir mit dem Zug nach Schwerin gefahren. Dort stand zur Begrüßung auf dem Bahnsteig der Klempnermeister Eduard Hinsch, nunmehr mein Schwiegervater. Auf dem Kopf trug er die unvermeidliche Baskenmütze, im Arm den Rehpinscher Nuddeli, und der ganze Mann war in einen viel zu engen schwarzen Anzug eingeklemmt. Er habe schon alles für die Feier vorbereitet und sein Freund Heini Niemann käme auch.

Damit ich mein Urteil über die bereitgestellten Alkoholika abgeben konnte, gab er mir von allen zu kosten. Als die Gäste kamen, wurde ich vorgestellt und durfte jedem zuprosten.

So fiel unsere Hochzeitsnacht wegen Volltrunkenheit aus. Aber unsere Ehe hält seit vierzig Jahren.

Wir haben drei schöne Töchter. Katrin war als Miß Frühling die erste Schönheitskönigin der DDR, Anja ist Diplom-Tonmeisterin und Inka ist Sängerin geworden.

Und uns beiden geht es miteinander besser denn je.

JA, ABER nun tu nicht so, als wäre alles immer ganz einfach gewesen, lieber Arndt.

Als die Puhdys auf die Idee kamen, in der »Alten Feuerwache« eine Königin der Schönheit zu küren, hattest du vorher keine Ahnung und hinterher gemurrt und geknurrt. »Bleedsinn«, und es hat dir einiges daran nicht gepaßt. Sie sollte sich nicht anbieten. Daß sie hübsch war, wußtet ihr allein, und zwischen Bierweinschnaps und Zigaretten mußten Männer ihr das nicht bestätigen.

Es hat ziemlich gedauert, bis sich der Vater damit ausgesöhnt hatte. Drei schöne Töchter machen drei mal dreißig Probleme, auch wenn die eine fast sanft und die andere um so experimentierfreudiger ist. Das meiste von dem, was beim Aufwachsen und Reifen nicht ausbleibt, hatte Angret zu tragen. Deine Familie war für dich das Größte, das Wichtigste. Aber selbst sie konnte dich nicht davon abbringen, daß die Arbeit eine Leidenschaft war, von der du dich nur selten, nur ungern, nur widerstrebend abgewandt hast – es sei denn, es brannte, und die Nerven lagen bloß. Dann hast du hochgeguckt, deine Lieben wiedererkannt und deine ganze Verantwortung wahrgenommen. Das macht ja auch nicht jeder. Hermann Hesse zum Beispiel ist immer spontan erkrankt, wenn etwas anderes als Schreiben anlag. Er hat seiner Ninon alles überlassen, ohne daß sie mit ihm am Tisch sitzen durfte, wenn ihm nicht so war. Und Brecht hat seine Heli geschickt und sich auch prima um alles Unkünstlerische zu drücken gewußt. Künstler haben gern eine oder einen zu Hause, dem sie alles aufpacken können, um anschließend zu sagen, wie sie es hätten anpacken sollen. Oder können, oder müssen.

So war das bei euch nicht. Der Trieb zum schönen Egoismus war zweifellos vorhanden, aber du hast ihm nicht erlaubt, deinen ganzen Charakter zu beherrschen. Deine Frau hat im Lauf der Jahre ihren Instinkt und ihr Wissen um deine Arbeit ausgebildet, aber sie war die Hüterin der Familie, die konntest du manchmal nicht wegschieben, auf dem Weg ins Studio. Das es noch nicht gab.

ANGRET UND ICH bekamen nach der Trauung ein vierzig Quadratmeter großes Zimmer mit Küchenbenutzung in einer Sechs-Zimmerwohnung, in der schon drei Ehepaare wohnten. Da zogen wir als Ehepaar ein. Eine Kosmetikerin und ein Apparateglasbläser. Und weil wir Möbel brauchten, das Geld dafür aber nicht reichte, wurde am Wochenende wieder Musik gemacht. Das ging eine Weile gut. Aber dann haben wir überlegt, ob wir nicht vielleicht auch, wie so viele andere, über Westberlin aus der DDR abhauen sollten.

Aber was sollten wir im Westen? Ich war 1956 bei meiner Schwester, im Westen. Ich habe dort Arbeit gesucht, ich wollte als Musiker unterkommen. Das hat nicht geklappt. Nach sechs Wochen bin ich wieder nach Hause gefahren. Danach wollte ich eigentlich nicht mehr in den Westen.

Nicht in die Bundesrepublik, aber vielleicht nach Kanada?

Wir waren in einem tiefen Gewissenskonflikt, als wir nach Schwerin gefahren sind, um mit den Schwiegereltern zu reden. Ein schöner Tag, wir haben auf der Insel Pöhl gebadet, an einem Sonntag. Abends vertiefte sich der Schwiegervater in die Nachrichten im Westfernsehen und rief mich: »So, mein Junge, guck dir mal an, was es Neues gibt.«

Es war der 13. August, und in Berlin wurde die Mauer gebaut. Am Montag konnten wir ganz beruhigt nach Leipzig fahren. Die Würfel waren gefallen, aus mit Kanada.

Alles mußte neu bedacht und neu geordnet werden. Und das, was neu geordnet werden mußte, gipfelte in der Idee: Ich werde Komponist.

Viel später, als ich schon mit einigen Titeln bekannt geworden war, hielt mich in Leipzig eine Mama mit Kinderwagen und Kind an der Hand auf und tat mir kund, ich sei ja nun wirklich Komponist geworden, »das hätte damals niemand geglaubt«.

Damals, das war in der Berufsschule. Die mußte ich besuchen. Die junge Mama war dort meine Mitschülerin und wollte Laborantin werden. Sie wußte noch, daß mich dort nichts interessierte. Manchmal habe ich mich ruhig verhalten, manchmal aus Langeweile gestört. Eines Tages hatte ein Lehrer die Nerven verloren und geschrien: »Bause, ich möchte mal wissen, was aus dir werden soll!« Es passierte mir, ich bin aufgestanden und sagte: »Ich werde Komponist.« Das war ein großer Ulk für die Klasse, die haben laut gelacht, minutenlang.

Also, ich werde Komponist.

Die erste Orchesternummer habe ich 1962 geschrieben, sie mit der Band geübt, gespielt, arrangiert und zum Rundfunk geschickt. Dort wurde das Stück angenommen. Walter Eichenberg und Jürgen Hermann nahmen es mit ihren Orchestern auf, das war schon mal gut gelaufen. Ich dachte, so einfach geht das also. Du brauchst nur zu komponieren, und schon bist du auf dem richtigen Weg.

Aber alle weiteren Bemühungen waren vergeblich.

Ich bekam meine Noten jedesmal mit einer Ablehnung zurück. Mit dem Beruf des Komponisten schien es doch nichts zu werden.

Nach zwei Jahren fruchtloser Versuche habe ich zu meiner Frau gesagt: »Ich lasse es sein. Ich werde wohl ewig in meinem Leben Glas blasen und Musik machen, aber mit dem Komponieren wird das nichts. In diesem Land schaffe ich es nicht. Das wird nicht gehen.«

Meine Frau sagte: »Ich finde sehr gut, was du machst. Ja, es stimmt etwas nicht, aber das kann nicht an dir liegen.«

Ich sagte, daß ich einen letzten Versuch machen wolle, fuhr mit dem Zug nach Berlin-Oberschöneweide, ging zu Fuß bis zum Rundfunkhaus in der Nalepastraße. Ich hatte gesagt, dort werde ich mich melden und fragen, was los ist.

An einem Mittwoch kam ich dort an, und Mittwoch war immer Lektorat.

Ich kam bis zur Sekretärin. »Mein Name ist Bause, ich komme aus Leipzig und habe Titel mit, die möchte ich hier vorspielen.«

Um Gottes willen. Eine heilige Ordnung schien gestört. Ich konnte nur in einen Raum hineingucken und sah Leute wie Jürgen Hermann, Walter Kubiczek, Klaus Hugo und Ralf Petersen alias Horst Fliegel. Dort drin saß die Créme, und ich stand draußen.

Da die Sekretärin nicht wußte, was sie mit mir anfangen sollte, holte sie schließlich Herrn Hugo heraus, der die Macht hatte, Produktionen zu veranlassen. Herr Hugo war sehr nett zu mir. Er sagte: »Herr – wie? – Bause, so geht das nun wirklich nicht. Sie kriegen ja die Titel, die Sie vorige Woche geschickt haben, schon zurück.«

So bin ich wieder nach Hause gefahren, mitten im schönsten Mai. Es folgten noch mehr schöne ruhige Monate. Aber im August kam ein Brief vom Rundfunk, ich solle mich Anfang September in Berlin einfinden, »zum Saisonauftakt«. Einfach so, als wär gar nichts gewesen, zum Saisonauftakt wird der Komponist eingeladen, klar, um über Arbeit zu reden.

Also bin ich wieder mit dem Zug nach Berlin gefahren, mit dem Fahrstuhl aus der Steinzeit wieder in den fünften Stock und kam diesmal anstandslos ins besagte Zimmer voller namhafter Leute aus der Branche. Wir wurden in zwei Gruppen geteilt, eine für Aufnahmen mit dem Big-Band-Orchester Günter Gollasch, die andere für die Tanzstreicher unter Jürgen Hermann. Ich saß hinten in der Ecke neben Gollasch und war neugierig, was passieren würde. Vor mir die »ganz großen berühmten Leute«, deren Noten ich beim Harth-Musik-Verlag für die Band kaufen konnte und fleißig spielen sollte. Ihre Urheber waren nun hier beim Rundfunk und versuchten, neue Titel zu verkaufen. Es war alles sehr merkwürdig.

Gegen Mittag sagte Herr Hugo: »Das war bisher nicht das, was wir uns erhofft hatten. Ich weiß nicht, was ihr im Urlaub die ganze Zeit gemacht habt, aber komponiert habt ihr nicht. Dann hörn wir jetzt auf. Aber da hinten sitzt noch jemand. Ihr Name? Ach ja, Bause. Haben Sie was?«

»Ja, ich habe was.«

»Geben Sie mal her.«

»Kann man hier vielleicht selber spielen?«

»Ja, selbstverständlich können Sie selber spielen.« Das wollte ich unbedingt, denn am Klavier saß ein lustloser Mann, dessen Spielweise altmodisch und zickig war. Der zog alles runter. Ihm hingen die Kompositionen von vornherein zum Hals heraus, und so spielte er auch. Mit meiner Musik wäre der nie zurande gekommen.

Ich kam ja von der Bühne, aus dem Leben, wir spielten auch

weit draußen auf dem Lande. Dort kam die AWA nicht hin und erwischte uns nie bei den falschen, den westlichen Titeln. Nie bei denen vom Sender AFN. Die spielten wir, gemischt mit Evergreens und meinen Kompositionen, auch ein paar anderen DDR-Titeln, aber wir mißachteten die vorgeschriebenen Quoten 70-30 und 60-40. Das war eine zu hohe Hürde. Draußen – hintern Berg – waren wir auf dem Freien Markt, und dafür hatte ich das Repertoire abgeschrieben und arrangiert. Der Saal mußte ausverkauft sein, und die Leute wollten »richtige« Musik hören. Das hatte meine Art zu komponieren natürlich auch beeinflußt.

Nun vertrieb ich Hajo Fiebig und setzte mich ans Klavier. Da ich wußte, daß ich nicht singen kann, half ich mir mit sehr hoher Stimmlage, spielte sehr laut und sang sehr laut.

Von zwölf Titeln wurden neun sofort angenommen. Allerdings wurden neue Texte verlangt.

Neun Titel, das bedeutete Geld für uns, viel Geld, denn pro Titel gab es 150 Mark, abzüglich 20 Prozent Steuern.

Ich wollte zum Bahnhof, nach Hause, um die gute Nachricht zu bringen.

Auf dem Gang des Rundfunkhauses hielt mich ein Mann auf. Er sagte: »Mein Name ist Dieter Schneider. Ich will mit dir reden, bleib hier stehen, rede aber mit keinem anderen. Ich muß da drüben schnell noch was bequatschen. Warte hier und rede mit keinem.«

Das war also der Schneider. Der, von dem der Leipziger Pianist Wolfram Schöne zu mir gesagt hatte: »Den brauchst du gar nicht zu fragen. Der textet nicht für dich. Der schreibt nur für ganz große Leute und für mich nur zweimal im Jahr.«

Ich hatte Schneider nicht gefragt, ich kannte ihn nicht persönlich, aber er wollte etwas von mir: »Haste ein Auto?«

»Nee.«

»Dann nehme ich dich mit. Wir fahren ins Berolina essen.«

Das »Berolina« war damals für mich Erste Adresse, wir schrieben 1964, und Steaks, Champignons und Fritten waren die Krönung der Küchenkunst in der DDR.

Er: »Hast du ein Tonbandgerät?«

»Ja.«

Er: »Gut. Du singst deine Lieder mit Klavier auf Tonband und schickst sie mir her. Bei jedem Lied schreibst du, wer das singen soll. Den Rest mache ich.«

Ich fragte: »Brauer, und Wachholz, die ganz Großen?«

Er: »Spielt doch keine Rolle. Schreib's rauf, ich werde es schon machen.«

ARNDT, ALS CHEFREDAKTEUR für Musik muß mein Mann damals mit in jenem Raum gewesen sein. Was du über Hajo Fiebigs Verdrossenheit und Spiellust sagst, kann ich dir nur bestätigen. Er hat uns Juroren einen ganzen Schlagerwettbewerb lang glauben lassen, alle Autoren und Komponisten seien lächerliche Idioten.

Was das sogenannte Keilen eines neuen Talentes angeht, da habe ich meine eigene Meinung. Ich war immer dagegen, daß Künstler okkupiert werden, aber leider ist es heute so üblich wie in der DDR: Alles von mir oder gar nichts. Auf diese Weise sind auch Interpreten erpreßt und in eine enge Gasse geführt worden, aber ich werde keine Namen nennen, weil das Verfahren bis zur Unwürdigkeit aller Beteiligten gegangen ist. Es hat meistens auf die Dauer nicht gut getan. Wollte mal einer ausscheren, egal, wer von den drei Beteiligten, gab es äußerste Empfindlichkeiten. Nur in seltenen Fällen war es so, daß sich eine Dreifaltigkeit ergab, bei der dann gesucht wurde, experimentiert, angeknüpft, aber eben weitergedacht und über die ersten Grenzen hinaus. War das schon beim Schlager so, wurde es beim Beat, später Rock, noch extremer.

Aber für dich muß es damals sehr eindrucksvoll gewesen sein und ließ spätere Enge auch nicht ahnen, als dich einer beschlagnahmte, der dir vorher als unerreichbare Größe erklärt worden war. Ein Mann, der an der Krippe saß, der schon einen Namen hatte, der wußte, wo es langging, ein Routinier, Zyniker auch, aber mit allen zehn Fingern in zehn Näpfen.

Er konnte auch anders sein. Zu mir war er kollegial, mir gegenüber ließ er seine Faxen, die ich einfach nicht zur Kenntnis nahm oder anmahnte. Ich nahm ihn ernst, von mir ließ er sich Kritik gefallen, und wir haben auch zusammen gearbeitet. Ich war zu anders und für ihn keine Konkurrenz. Er nahm mich ernst und war fair. Das war nicht unbedingt sein Ruf. Und mir hat auch nicht alles gefallen, was er aus Routine zu schnell und zu glatt gemacht hat. Aber manchmal hatte er den richtigen Riecher, hat den richtigen Augenblick erwischt und den nächsten Trend als erster erkannt. Und er hat nicht immer auf das sichere Pferd gesetzt, sondern war auch offen für jemanden, der außer möglichem Talent nichts zu bieten hatte.

Es war wichtig für dich und also richtig.

Den mir nahestehenden ehemaligen Chefredakteur habe ich nur deshalb erwähnt, weil er sich seinen Respekt vor dir bewahrt hat. Er sagt über damals: »Da kamen Leute mit beschmierten Zetteln, oder Pfeifkomponisten, die nicht einmal Noten lesen konnten. Die haben mehr erklärt als komponiert. Bause war da ganz anders, der hatte immer mindestens ein Particell.«

Was ist ein Particell? Nun, das ist die Notierung der Musik, die Skizzen des Arrangements, der Kundige kann bis zur Interpretation erkennen, was der Komponist mit dem Stück will. Diese Mühe haben sich die meisten anderen nicht gemacht. Solide Arbeit und etwas mehr, als verlangt.

Beruf wird zur Berufung, wenn die Arbeit Spaß macht, sich mit dem Fleiß verbündet und die Begabung nicht so klein ist, daß alles zur Schinderei wird.

Du hast von Anfang an die Leidenschaft mit der Ordnung und Zuverlässigkeit gepaart. Das geht ja wahrhaftig nicht immer zusammen.

SCHNEIDER HAT MICH ins Geschäft gebracht. Er selber war schon drin. Er kannte alles und jeden. Es dauerte nicht lange, schon 1965 hatten wir den ersten Platz in der Fernseh-Hitparade, mit Gipsy, der Frau des Saxophonisten Friedhelm Schönfeld vom Gollasch-Orchester. Die Sängerin kannte bis dahin kaum jemand, nun, nach »Hey Joe«, war sie gefragt. Es ging schnell bergauf. Ich habe sehr viel gearbeitet und war deswegen nur noch vier Tage in der Woche als Glasbläser in der Akademie. Einen Tag hatte ich mir freigeboxt, an dem fuhr ich nach Berlin und argumentierte in Leipzig, das sei kulturpolitisch wichtig. Der Kaderleiter sah das ein, und Kollegen hatten meinen Namen auch schon im Rundfunk gehört. Da war auch gesagt worden, der soll Glasbläser sein.

Es konnte nicht lange dauern, bis der Parteisekretär mich zum Gespräch bestellte. Der Inhalt: Als Glasbläser, als Arbeiter, mit einer derart wichtigen Funktion als Komponist, muß man als Vorbild wirken und unbedingt in die SED eintreten. Nach längerer Zeit verließ ich das Zimmer des Parteisekretärs, eines Doktors der Akademie, ohne das Versprechen, Mitglied der Partei zu werden.

Ich wollte das prinzipiell nicht, schon 1965 nicht.

Unsere beiden ersten Töchter wurden zwischen 1962 und 1965 geboren. Katrin und Anja.

Nun kam von der AWA schon hin und wieder Geld, es kam Geld vom Rundfunk, es wurde für das Glasblasen bezahlt, ich spielte in der Band. Eines Tages sagte ich zu meiner Frau: »Ich sehe in der Akademie, was ein Doktor, ein Akademiker verdient. Die fahren alle Wartburg, tragen gute Anzüge, die sehen gut aus. Ich habe mir errechnet, wieviel ich brauche. Das sind 2000 Mark im Monat. Sobald ich die habe, kann ich mit Glasblasen, mit der Band und mit Arrangieren aufhören. Ich brauche nur noch zu komponieren. Und dann studiere ich.«

Mittlerweile hatte ich mit Schöbel ein paar Erfolgstitel, und der brachte eines Tages seine Freundin vom Erich-Weinert-Ensemble mit, wo er seinen Armee-Ersatzdienst leistete. Das Mädchen hieß Chris Doerk und brauchte unbedingt ein Lied. Schon unser zweites für sie wurde ein Hit. »Es kam alles ganz anders«, Text Dieter Schneider. Später hieß es, Chris sei mit »Heißer Sommer« vom Gerd Natschinski groß herausgekommen, aber das stimmt nicht.

Ich hatte es mir ja versprochen: Wenn ich 2000 Mark im Monat verdiene, studiere ich Musik. Als 1968 die Abrechnung der AWA-Tantiemen kam, war es so weit.

In der Hochschule Grassistraße habe ich zum Pförtner gesagt:

»Guten Tag, mein Name ist Bause, ich möchte hier Komposition studieren.« Der hat mich gleichgültig angeguckt und mich ins Sekretariat, in die erste Etage geschickt. Dort habe ich vor der unvergessenen Frau Hartrumpf meinen Spruch wiederholt. Sie gab mir ein Formular zum Ausfüllen. Im April 69 bekam ich eine Einladung zur Aufnahmeprüfung in die Musikhochschule. Da war unsere dritte Tochter Inka als schwierige Frühgeburt auf die Welt gekommen. Meine Frau mußte sich ganz auf das Kind konzentrieren.

LIEBER ARNDT, ehe die nun dreifache Mama sich ganz ihrem zarten Frühchen widmen konnte, dem empfindlichen, aller Zuwendung bedürftigen Mädchen Inka, mußte sie sich selber erholen. Sie wäre an der schwierigen Geburt beinahe gestorben, innerlich verblutet. Die Ärzte haben während der beschwerlichen Schwangerschaft diese Gefahr übersehen und den Grund der häufigen Schmerzen nicht gefunden. Ein Kaiserschnitt mit Komplikationen.
Wir haben uns angewöhnt, Geburten als einen ganz normalen, durchaus auch beglückenden Vorgang zu verbreiten. Selbst eine sogenannte »leichte« ist eine Tortur.
Inka wollte Ende ihres sechsten Monats auf die Welt und wog 1500 Gramm. Angret hat darum gebeten, dich nicht zu beunruhigen und bei der Arbeit zu lassen. Aber danach wurde deine Kraft und Hilfe gebraucht. Es ist bei den drei attraktiven Töchtern geblieben. Und sie blieb eine der Mütter, deren Flügel immer so weit reichen, wie es gebraucht wird. Du bist zu loben, weil du sofort gekündigt und Töchter, Haushalt und die Pflege deiner Frau übernommen hast, ganz selbstverständlich.

ICH HABE an der Akademie gekündigt, aufgehört, Musik zu machen, habe mich um den Haushalt und die Töchter gekümmert, habe komponiert und bin regelmäßig nach Berlin zum Lektorat des Rundfunks gefahren. Das alles war vor der Aufnahmeprüfung im Mai 69.
Die war kurios. Ohne Professor Karl-Ernst Ortwein, Pseu-

34

donym Conny Ott, wäre ich nicht als Student aufgenommen worden. Der sagte: »Den nehmen wir unbedingt.« Obwohl das, was ich bei der Prüfung an Theorie und Klavierspiel ablieferte, so miserabel war, daß sich das hohe Gremium der Professoren veralbert fühlte. Conny meinte, meine Erfolge rechtfertigen den Studienplatz. Sie haben mich genommen, und ich durfte studieren, vier Jahre zunächst, dann bekam ich nach dem Staatsexamen noch ein sogenanntes »Meisterjahr«, in dem ich bei Professor Siegfried Thiele konzentriert Komposition studiert habe.

Er hatte es nicht leicht, war auch nicht in der Partei und hatte außer mit Komposition und seiner Frau – in dieser Reihenfolge – mit der DDR nichts im Sinn. Aber er hat mir viel beigebracht und mich aus dem begabten Dilettieren herausgeholt.

Ich komponierte nun als examinierter Mann, es ging aufwärts, vorwärts, zunächst mit Frank Schöbel, Chris Doerk und Andreas Holm.

Zu den Weltfestspielen 1972 hatten wir mit »Gold in deinen Augen« unseren ersten großen, wirklich großen Hit. Und ich konnte nun mit einem Moskwitsch zur Produktion meiner Titel nach Berlin fahren. Bald brauchte ich jedes Jahr einen neuen Moskwitsch, weil nach 100 000 km nicht nur die Maschine, sondern auch Achsen, Stoßdämpfer und Lager verschlissen waren. An die »Qualität« des Moskwitsch erinnern sich Betroffene bis heute. Der stand mehr in der Werkstatt als parkend auf der Straße. Beim Rat des Bezirkes sagten sie: »Wenn Sie keine Autobestellung haben, können Sie kein Auto kriegen. Außer Moskwitsch, da sind immer freie Kapazitäten.«

ARNDT, AN SOLCH EINER Kremlkuh ist meine ohnehin sehr laue Reiselust noch mehr abgekühlt. Das sogenannte Auto hat uns in allen Jahreszeiten immer im Stich gelassen, vorzüglich bei glutender Hitze, oder bei Eis und Schnee. Wetter konnte er ebenso wenig ertragen wie eingestiegene Menschen, Mondlicht, vielleicht auch lautes Reden. Wir haben es nach dem ersten dann noch mit einem zweiten versucht. Seinetwegen hat mich mein Mann mehr angeknurrt als aus allen anderen ehelichen Gründen zusammengenommen. Wenn wir uns so oft ratlos ins Gesicht geblickt hätten, wie in das Innere jenes Autos, hätte unsere Beziehung auch nicht dreißig Jahre gehalten. Und bei jeder Fahrt sahen wir die überforderten Autofahrer am Rand, ohne Handy, ohne ADAC, ohne erreichbare Ersatzteile. Ich will nicht ungerecht sein, aber da stritten sich Trabant und Moskwitsch um die ersten Plätze. Und dir, in der Situation eines Menschen, der durch seine Arbeit auf das Auto angewiesen war, blieb auch keine andere Wahl, als alle paar Jahre einen überstehenden Moskwitsch zu kaufen und mit dem auszukommen.

4. Bauses nach Berlin

ANGRET HATTE SELTEN Zeit, mich nach Berlin zu beglei-
ten. Einmal aber doch, zu Aufnahmen im Amiga-Studio in
der Brunnenstraße. Tonmeister war Gerhard Siebholz, meist
Siepe genannt. Ein bekannter Schlagerkomponist und vielbe-
schäftigter kundiger Mann im Tonstudio. Eines Tages hatte
der eine Nierenkolik und kam ins Krankenhaus, statt für die
Fernsehsendungen »Klock acht, achtern Storm« Titel zu schreiben. Da mußten mehr Lieder als sonst arrangiert und eingespielt werden. Die Termine standen fest. Siepe beauftragte im
Krankenhaus seine Frau Britt Kersten, Dieter Schneider anzurufen. Der sollte sofort die Texte nach Leipzig zu Bause
schicken ... »Er hat noch vier Tage Zeit!«
Schneider schickte die Texte und informierte mich, in vier
Tagen sei Einspiel, im Rundfunk, mit Gollasch.
Ich habe es geschafft, und seitdem hatten Siepe und ich ein
besonders gutes Verhältnis. Ich wollte ihn für die Aufnahmen
mit Schöbel und Doerk, und wir haben vieles gemacht, was
dann »große Erfolge« wurden.
An jenem Abend nun ging er mit uns ins »Berolina«, noch
nach Mitternacht, solange hatten wir gearbeitet. Siebholz trank
gern, »noch einen und dann nach Hause«. Sein Zuhause war
nebenan, in der Schillingstraße, zu Fuß erreichbar.
Was für ein schöner Abend. Das in der DDR sonst Unerreichbare wurde wahr: Er kannte einen im Hotel, der uns ein
Zimmer für die Nacht verschaffte, also keine Eile. Früh um 3
Uhr sagte Siepe: »Warum zieht ihr eigentlich nicht nach Berlin? Während du mit deinem Auto auf der Landstraße liegst,
schreibe ich zu Hause schon das nächste Lied. Leipzig ist
geschäftlich, künstlerisch und finanziell schädlich für dich.«
Aber wir wollten nicht aus Leipzig weg. Wir hatten uns mit
viel Mühe eine Neubauwohnung in der Straße des 18. Oktober erkämpft, verkehrten in einem wunderbaren Freundeskreis
mit Prof. Wolfgang Reuschel und seine Frau Lilo, mit Dr. Dieter Krause und seiner Sonja. Von 1960 bis 1970 hatten wir in
dieser 6-Zimmerwohnung in Teilhauptmiete mit Küchenbe-

nutzung gewohnt, mit drei Kindern und zwei anderen Familien. Wir wollten dann auch eine Neubauwohnung haben. Angret ging zum Stadtrat Heumann, und der versprach ihr eine 4-Zimmer-Wohnung. Aber er wurde versetzt, und alles war hinfällig. Unsere Freunde setzten dann mit uns einen Brief an den Staatsratsvorsitzenden Walter Ulbricht auf, als Parteiloser durfte ich das. Wir schilderten unser Dilemma im »Stadtbezirk Süd«. Von Berlin aus wurde dann »Befassung« angeordnet, und wir bekamen in kürzester Zeit unsere 4-Zimmer-Wohnung in der Straße des 18. Oktober. Die haben wir mit Tante Lenes Tapeten aus Hamburg, böhmischen Glaslüstern und Fliesen aus dem Tschechischen zur Traumwohnung hochgepuscht. Wir wollten bleiben.

Doch nun kam Siepe mit seiner Logik.

Es war nicht erlaubt, zwecks Wohnungswechsels nach Berlin zu annoncieren, nur in der »Wochenpost«, die war überregional. Wir haben es also versucht. Darauf meldete sich eines Sonntags ein Professor, früher Direktor der Bauhochschule in Leipzig. Er und seine Frau besichtigten unsere Puppenstube, in der die Familie vier Jahre lang gewohnt hatte. Der Professor sagte: »Die nehmen wir.« Keine der vorher besichtigten Behausungen konnte es wohl mit unserer Ausstattung aufnehmen.

Die beiden waren begeistert, »lieber heute als morgen«. Er sollte ursprünglich in Berlin die neue Charité bauen. Aber dann wurde das mit den vorgesehenen Schweden nichts, DDR-Firmen übernahmen die Arbeiten, und das mit seiner Position zerschlug sich. Nun wollte er zurück nach Leipzig, in unsere Wohnung, und dafür überließ er uns die seine in Berlin-Friedrichshain. So wurde es gemacht, zum Schuljahresende, nicht ganz problemlos. Inmitten des Umzugs, schon mit der Hand auf der Türklinke, hatte uns Herr Peresson noch etwas mitzuteilen: »Falls die Humboldt-Universität sich meldet, streiten Sie ab, daß es sich um eine Dienstwohnung handelt. Und um ein Diensttelefon. Das stimmt nämlich nicht.«

Er verschwand, wir zogen aneinander vorbei und saßen in Berlin in einem Neubaublock gegenüber dem Verlag »Neues

Deutschland« in erheblichem Lärm, nämlich »vorübergehend« in einem Studentenwohnheim, durchgängig von jungen Leuten laut bewohnt. Das Haus sollte irgendwann leer werden. »Sobald der neue Bau für die Studenten fertig ist.«

Danach allerdings sollten Mitarbeiter des Zentralorgans »Neues Deutschland« endlich in ihre ihnen zugesagten Wohnungen ziehen dürfen. Jeder kannte seine, und einer wartete auf unsere. Daran war nicht zu rütteln, die Kompetenzen überschnitten sich. Es war absehbar, wir stehen irgendwann auf der Straße. Wir wurden zum technischen Direktor der Humboldt-Universität bestellt, und der bestätigte unsere Befürchtungen. Dennoch haben wir um Wohnung und Diensttelefon gekämpft. Wir drohten der Humboldt-Universität, wir ziehen nach Leipzig und schmeißen Herrn Peresson aus unserer schönen Wohnung raus. Den wollten die nicht wiederhaben, aber das änderte die beunruhigende Lage nicht. Wir wollten ja auch in Berlin bleiben, aber raus aus dieser Situation, also ein Haus kaufen.

Als wir noch in Leipzig lebten, arbeiteten wir einmal im Amiga-Studio mit Aurora Lacasa. Meine Frau war auch dabei, das sollte wohl so sein. Thomas Lück holte Aurora ab, und Lück lud uns beide ein, bei ihnen zu übernachten. »Janze Branche spricht davon, wir haben dit Haus übahaupt, wa! Nüscht Hotel, ihr kommt beede mit.«

So fuhren wir mit dem damaligen Paar nach Biesdorf. Im Dunkeln war nicht viel zu sehen, aber mir klappte schon die Kinnlade runter, als wir in das Haus kamen. Und morgens erst! Sommer, Sonne, Marmorterrasse, Springbrunnen, ein reich gedeckter Frühstückstisch, frischer Bierschinken, frische Brötchen, Auroras legendäre Gastfreundschaft. Wie denn das alles? Thommy sagte: »Drei Grundstücke weiter, dit is der Fleischer Marx, und dit is mein Freund, bei den kriej ick allet hintenrum. Und rechts hundert Meter is der Bäcker, und da jibts die frischen Schrippen.«

Auf der Autobahn schwiegen wir eine Weile, dann warfen wir uns einen kurzen Blick zu und sagten: Das ist unser Haus. Unser Traumhaus. Wir haben unser Haus gesehen. Angret hat

Lück angerufen und gesagt: »Danke für alles. Und wir würden gern so ein Haus haben. Falls ...« Er lachte laut und sagte: »Nee, bei dieser großen Liebe wirst du das nicht erleben. Wir haben uns gesucht und gefunden, das ist unser Haus.«

Ein halbes Jahr später saß Thomas bei uns auf der Couch, tief geknickt: »Ihr könnt mein Haus haben. Aurora ist zu Schöbel gezogen.« Thommy konnte das Haus allein nicht halten, Aurora bekam noch Geld von ihm und hatte auch noch einen Kredit laufen. Als wir den Kaufpreis von einer Viertelmillion hörten, stockte uns der Atem.

Dies alles ist Vorgeschichte, die könnte noch weitschweifig ausgebreitet werden, aber das Wichtigste: Der Staat hatte sich das Vorkaufsrecht gesichert. Die Welle der Anerkennung der DDR lief, Botschaften wurden vorranging versorgt.

Auf der einen Seite hatten wir noch nie gehört, daß ein Haus soviel kosten konnte. Andererseits wollten wir es unbedingt haben. Die Hürde war zweifach hoch, das Verkaufsverbot und der Preis. Aber die Welle ebbte auch wieder ab, es kamen nur noch Botschafter aus Honolulu, Uganda oder Mali, für die war das Haus einfach zu teuer. Es war getaxt worden, und was uns fast vom Stuhl gehauen hatte, war der reale Preis.

Wir bekamen das Haus, weil wir unsere Wohnung in Friedrichshain zum Tausch für zwei kleine Wohnungen bieten konnten, eine für Aurora, eine für Thomas.

Für uns tat sich eine neue Welt auf.

Es kam zum Termin bei einem Notar in der Frankfurter Allee. Ich hatte noch nie ein Haus gekauft und keine Ahnung, wie das geht. Muß da Angret mit? Wer sind die Besitzer?

Thomas sagte: »Det Wichtigste is, du mußt das Haus anzahlen.«

Ich fragte: »Wieviel?«

»Bring ma' hunderttausend in bar mit.«

In der Sparkasse sagte ich wie nebenbei: »Am Freitag früh um neun brauche ich hunderttauend Mark.« Die Bankfrau war völlig verwirrt: »Herr Bause, soviel haben wir gar nicht. Das Geld müssen wir bestellen.«

»Na, dann bestellen Sie das Geld.«

»Aber wir wissen doch gar nicht, ob wir es bis dahin bekommen.«

Ich sagte: »Um Himmels willen, ich will ein Haus kaufen, ich brauche das Geld.«

Am Freitag um neun Uhr waren in der Sparkasse zwei Schalter geöffnet, davor jeweils die übliche Schlange. Als ich dran war, sagte ich: »Guten Tag. Da bin ich. Ich möchte einen Zettel ausfüllen: Hunderttausend in bar.«

Der linke Schalter wurde spontan geschlossen. Zwei Kolleginnen holten einen Leinensack mit einem Schloß davor, das wurde geöffnet, die Bündel wurden herausgeholt und die Scheine gezählt. Die Leute vom linken Schalter wanderten nach rechts und bildeten nun eine richtig große Schlange mit vielen langen Hälsen. Es dauerte und dauerte, weil es in der DDR nur 100-Markscheine gab. Noch länger dauerte es, die 50-Markscheine zu zählen. Alles mußte in Gegenwart einer Zeugin vor sich gehen.

Von liebevollen Blicken der Wartenden begleitet zog ich mit meiner übervollen Aktentasche ab und stellte sie beim Notar an das Bein seines Schreibtischs. Dann kam der Moment, als der Notar sagte: »Herr Bause, ich nehme an, Sie haben noch nie ein Haus gekauft?« Nee, wir hatten noch nie ein Haus gekauft. »Dann muß ich Sie auf etwas aufmerksam machen. Sie müssen jetzt, wenn wir den Vertrag unterschreiben, eine Anzahlung leisten.«

Ich sagte: »Ja, das weiß ich. Herr Lück hat es mir gesagt. Wir leisten jetzt eine Anzahlung.«

Er: »Diese Anzahlung muß in dem Vertrag verankert werden. Sagen Sie mir bitte, wie hoch sie ist.«

»Die Anzahlung ist hunderttausend Mark.«

»Wie bitte?«

Ich sagte: »Herr Lück hat gesagt, ich soll hunderttausend Mark mitbringen.«

»Nein, um Himmels willen. Sie zahlen im Höchstfall zehntausend Mark an. Das restliche Geld wird erst dann gezahlt, wenn Sie und Ihre Frau im Grundbuch stehen.«

Nun gut, zehntausend Mark an Herrn Lück, und Frau Lacasa kriegt siebenundsechzigtausend Mark. Aurora sagte: »Ich denk nicht dran. Ich lauf doch nicht mit siebenundsechzigtausend Mark über die Straße. Das müßt ihr mir überweisen.« Also zehntausend Mark raus, Koffer wieder zu. Eine Stunde später war ich wieder in der Sparkasse: »Guten Tag. Bitte einen Einzahlungsschein. Neunzigtausend Mark.«

»Wie bitte?«

»Ja, ich bringe das Geld wieder.«

Linker Schalter zu, Schlange zum rechten Schalter, alles wieder durchzählen. Kontrolle muß sein.

Soweit die geniale Idee von Thomas Lück, wie man ein Haus kauft.

Als ich dann in der Sparkasse Nummer 1 am Alexanderplatz den Hunderttausendmark-Kredit tilgen wollte und meinen Vertrag vorlegte, der bewies , daß ich ein Haus gekauft habe, für das ich hier hunderttausend Mark bezahlen möchte, sagte die Zuständige: »Also wissen Sie, Herr Bause, ich glaube nicht, daß Sie das können. Das ist ein personengebundener Kredit, und Sie müssen im Monat zweitausend Mark zurückzahlen. Ich kann mir nicht vorstellen, daß Sie was anderes können.«

Ich sagte: »Nee, das will ich ja auch gar nicht.«

»Ja, was wollen Sie denn?«

»Ich will den Kredit tilgen.«

»Wie denn?«

»Indem ich einen Scheck ausschreibe und auf den Scheck sechsundneunzigtausend Mark schreibe.«

Sie war überfordert.

Das war 1975, in der DDR.

Sie hat den Scheck genommen und sich telefonisch über das Konto erkundigt. Das Konto gab es. Damit war die Sache vom Tisch. Zu Ostern sind wir nach Biesdorf gezogen und haben die Jugendweihe unserer Großen schon im neuen Haus gefeiert. Es wurde noch ein Flügel gekauft, der Boden ausgebaut, und damit waren wir endlich in Berlin angekommen. Am Ziel unserer Wünsche, in unserem Traumhaus, in dem wir heute noch leben.

ARNDT, DAS IST eine saukomische Geschichte. Der Kaufpreis von damals erweist sich nachträglich als Schnäppchen. Nicht, daß ich mir so etwas je hätte leisten können, aber ich kenne das Haus. Es ist großzügig gebaut und ermangelt jeder kleinlichen Raumaufteilung, steht außerdem auf reichlichem Grund. Aber heute, mein Freund, könntest du einen einmal genommenen Kredit unter keinen Umständen einfach tilgen. Damit würdest du ja die langfristige Mehreinnahme der Bank verhindern. Daß die Frau nur wissen wollte, ob das Geld überhaupt auf deinem Konto ist und daß sie den Scheck dann genommen hat, das ist wie eine alte Mär.

Und dann denk ich noch: Obwohl auch Leipzig eine Großstadt war, wie unerfahren und wie jung ihr doch gewesen sein müßt. Etwas von jener Gutgläubigkeit, die Herrn Professor Peresson so dienlich war, ist euch geblieben. So was ganz altväterlich oder urmütterlich Ehrbares, wo man eben andere Menschen nicht übers Ohr haut, über eine zerbrechende oder zerbrochene Freundschaft das langsamste Gras wachsen läßt und »anderen immer in die Augen gucken kann«. Es hat gekostet, ich weiß es und kann es mir zudem denken, aber anders wiederum, mit zunehmender Schläue und Kälte, hättet ihr euer Leben vergiftet.

Lehrgeld, Arndt, zahlt man nicht nur in den jungen, den unbedachten Jahren. Die Neigung zum Überzahlen ist angelegt, im einzelnen Menschen und natürlich auch in einer so engen Beziehung. Ihr seid einzeln auch nicht ohne Egoismus, und eure Anfangszeit hat viele Wünsche geweckt, aber im Fall eines Konfliktes habt ihr immer versucht, etwas zu erhalten oder jemanden zu halten und etwas von dem weiterzugeben, was ihr immer auch Glück, nicht nur Tüchtigkeit genannt habt.

5. Die Lyra

AUCH IN DEN sozialistischen Ländern gab es, vom Westen abgeguckt, Festivals. Das große in Zopot, das internationale, in der Waldoper, an dem auch Leute aus dem westlichen Ausland teilnahmen. Auch auf der Krim gab es ein Songfestival. Und es gab die Bratislavska Lyra. Rund um das Jahr war immer irgendwo ein Festival. Die Lyra war neben Zopot das renommierteste Ereignis, schon seit Anfang der sechziger Jahre. Die DDR hatte dort allerdings noch nie den ersten Preis gewonnen. In Zopot bekam Schöbel mit »Gold in deinen Augen« wenigstens schon mal den zweiten Preis. Aber die sowjetischen Freunde bestanden auf allen Festivals auf dem ersten Preis. Wenn es gar nicht anders ging, wenn es zu unglaubwürdig geworden wäre, kriegten sie wenigstens den zweiten Preis, darunter ging nichts. Nach Schöbel war ich noch einmal mit Hans-Jürgen Beyer in Zopot. Er hat dort einen glücklosen vierten Platz gemacht. Ansonsten haben mich Festivals bis auf den heutigen Tag nicht interessiert. Der Wettbewerb findet nicht auf der Bühne statt, sondern in einem Zimmer im Hotel. Dort tagt das eigentliche Gremium und handelt die Preise aus.

Was nun das Reisen betraf, habe ich immer durchgesetzt, mit meiner Frau oder eben nicht zu reisen. Nie allein, nie ohne sie. Einmal bekamen wir eine Einladung von der Generaldirektion für Unterhaltungskunst, angebunden beim Ministerium für Kultur. Der Generaldirektor hieß Peter Czerny.

ARNDT, CZERNY WAR Musikwissenschaftler und hat sogar eine Art Standardwerk »Operette« geschrieben, ich hab's nicht gelesen. Er war zum GD ernannt, leider in der Unterhaltungskunst. Deren Praxis war seinem pedantischen Wesen fremd, er war geizig beim Ausgeben von sozialistischem Geld, und obwohl er eine beachtliche Karriere machen durfte – eine Zeitlang im ZK, dann war er Chef bei Amiga, schließlich GD für Unterhaltungskünstler, anschließend Intendant des »Metropoltheaters –, blieben ihm die ausübenden Künstler fremd. Er hatte keinen Funken Phantasie, konnte sich nicht an Talent begeistern, zumal er es nicht erkannte, und war ohne Besessenheit. Das macht taktlos, lieblos, und dagegen wächst kein Kraut. Eine Art Instetten in der buntesten Szene, nicht ohne Tragik. Aber darauf lag kein Segen. Es war ihm nicht zu helfen. Da er glücklos und ungeschickt war, organisierte er sich die Pannen immer selber, und je öfter ihm das widerfuhr, um so schadenfroher ließ man ihn auch hineinplumpsen. Außer seiner Treue und Ergebenheit gegenüber der Partei hatte er nichts, gar nichts, was es ihm möglich machte, jemandem einen Rat zu geben oder in eine Versammlung einen Hauch Leben zu bringen. Es gibt solche Menschen. Nicht böse, nicht einmal schlau, ohne Intrigen, die rings um ihn eifrig gesponnen wurden und von denen er nie oder als Letzter erfuhr, irgendwem oder irgendwie treu. Es hat lange gedauert, die Zuständigen davon zu überzeugen, daß die Künstler diesen Mann nie ernst nehmen und nie als Autorität anerkennen würden. Sie hätten ihn ewig als Bremse für all die Ungebärdigen sitzen lassen. Aber dann muß ihm ein Fehler unterlaufen sein, ein vermutlich nebensächlicher, gemessen an dem Schaden, den das Amt durch ihn genommen hat, aber dann war er weg. Kurz nach seinem 50. Geburtstag, zu dem er sauren Wein aus dem Konsum über die Hintertreppe bringen ließ, den billigsten. Ich war ihm nicht abgeneigt, er erinnerte mich an Molièrsche Figuren, die auf der Bühne von mittelmäßigen Schauspielern gänzlich preisgegeben werden. Aber in Bratislava, an deiner Stelle, hätte ich mich bei ihm auch nicht untergehakt. Weil das alles vielleicht zu absolut klingt, sei ein Beispiel gegeben, das plastisch genug ist, den bedauerten Mann kenntlich zu machen: In Zopot lernten die Bauses einen Österreicher, einen armen Kerl kennen, der das Festival unbedingt besuchen wollte und sich eine Fahrkarte dorthin selber bezahlt hatte. Aber weiter reichte es dann auch nicht, also luden die Bauses den Mann zum Essen und Trinken ein. Es war Abend, Teilnehmer und Gäste strömten in den Klub.

So auch der Generaldirektor bei der Generaldirektion für Unterhaltungskunst, mit seinem gerade aktuellen Adlatus, Herrn L. K., in der Szene auch treffend Lord Kacke genannt, weil er sich immer benahm, als wäre er ein vornehmer Mann, dem man leider nicht beigebracht hatte, wie sich ein vornehmer Mann benimmt. Herr Czerny steuerte durch den Raum, bemerkte, daß Bauses mit dem Klassenfeind ein Abendbrot verzehrten und suchte sich einen Tisch aus, der unbesetzt und ausreichend weitab stand. Von dort aus schickte er Lord Kacke durch den Raum, der tauchte am Tisch der Bauses auf, griff sich mit etwas Gemurmelten den kleinen hölzernen Ständer mit dem DDR-Wimpel und trug ihn dorthin, wo der rechtens zu sein hatte, zu Czerny. Denn wo der war, war die DDR rechtmäßig vertreten.

Bauses und der Österreicher waren nun sozusagen staatenlos, denn zwei Wimpel für die kleine DDR gab es nicht. Das war Czerny, wie er leibt und lebt.

Noch ein Wort zu »Zopot«. Es fand immer am 28. August statt, dem Tag der Geburt unseres lieben Goethe, da hätte die Sonne scheinen müssen, aber zu diesen festlichen Tagen war es in Zopot immer saukalt, und es regnete, beziehungsweise das Wasser fiel gleich so vom Himmel. Dennoch fand der große Auftrieb immer in der Freilichtbühne statt. Das hatte zur Folge, daß sich viele Menschen, auftretende, zuguckende oder organisierende, stark erkälteten. Dies war einer der Gründe, warum mein Mann nur einmal und dann nie wieder als Juror nach Zopot fuhr. Der Hauptgrund für künftige absolute Abwesenheit war das schamlos offene, wenn auch heimlich gemeinte Reglement. Es gab einen sogenannten Ehrenpreis, der Ausweg aus der Forderung der sowjetischen Freunde nach dem Abonnement auf den ersten Preis. Den bekam jeweils der Vertreter eines Landes, mit dem unsere polnischen Freunde gerade Großes auf politischem Feld vorhatten. So erlebte mein Juror einen Kolumbianer, der nichts, gar nichts konnte und dennoch den ersten Preis bekam, weil sich gerade eine Regierungsdelegation auf den Weg nach Kolumbien machen wollte. Die polnischen Interpreten, darunter hervorragende, wurden immer so plaziert, daß sie entweder außerhalb des Wettbewerbs auftraten, so wie die schöne Anna German. Es konnte ihnen also nicht schaden, oder sie wurden mit Sonderpreisen besser als auf dem Treppchen versorgt. Aber du schickst dich ja gerade zu einem ganz anderen Trip an.

PETER CZERNY ALSO hatte uns eingeladen. Wir sollten mit einer Studiengruppe der Generaldirektion zur Lyra nach Bratislava fahren. Die Absprachen wurden getroffen, außer uns sollte noch Hartmut Schulze-Gerlach mitreisen, außerdem die jungen, noch unbekannten Sängerinnen Gabi Rückert und Ingrid Pollow. Wir bildeten also die Studiendelegation. Wofür auch immer wurde uns ein Genosse an die Seite gegeben, und wir hoben ab nach B. Von dort aus ging es an den Stadtrand in ein ziemlich heruntergekommenes Hotel. Na gut.

Wir sollten die Proben und den Ablauf des Festivals beobachten, damit wir für vielleicht spätere Teilnahme was lernten. Am nächsten Tag kamen wir in die Eissporthalle, die zu Ehren des Weltmeisters im Eiskunstlauf gebaut worden war und nach ihm Nepela-Halle hieß. In der fand das Festival statt. Wir folgten unserem Auftrag und sahen nun zu, wie international geprobt wird. Jeder Künstler hatte eine halbe Stunde Zeit, mit dem Orchester zu proben, dann wurde unerbittlich der nächste aufgerufen. Und plötzlich war Andreas Holm dran, sang: »Siebenmal Morgenrot, siebenmal Abendrot ...« Ja, wie denn das jetzt? Ich bin der Komponist, aber niemand hatte mir die Teilnahme dieses Sängers verklickert. Die Delegation mit Herrn Czerny, seinem damaligen Stellvertreter Walter Kubiczek, seine Mitarbeiterin Frau Dr. Fehlberg und Herr Holm mit Gattin wohnten im noblen Grand-Hotel, mitten in der Stadt. Wir waren ja nur die Studiendelegation.

Am Hauptabend saßen wir irgendwo ganz weit oben. Die Halle war brechend voll, und noch die Treppenstufen waren dicht besetzt. Selbst bei Ausbruch eines Feuers wäre Flucht kaum möglich gewesen. Der Wettbewerb lief, schließlich kam Andreas Holm, sang, und wie man in der Branche sagt, räumte ab. »Morgenrot Abendrot« war damals in dieser Gegend und zu diesem Zeitpunkt das Lied überhaupt, es hatte, wie es ja Liedern so geschieht, einen Bezug, den wir nicht kannten, irgendeine geheimnisvolle Ausdeutung, von der wir nichts ahnten. Von uns wußte es keiner, aber hinter der Bühne stand schon vorher dieser als Siegertitel fest. Walter Kubiczek rannte oder stolperte mühsam in der Arena herum und suchte unsere Delegation, in deren Mitte sich der Komponist befand. Das war ihm wieder eingefallen. Er machte die wildesten Zeichen, und ich sollte versuchen, vom Dachboden einen Weg durch die Menge zu finden. Bis zu diesem Zeitpunkt war eigentlich alles ziemlicher Mist, und die lieben Genossen hatten sich selber eine Blamage bereitet. Denn als es mir endlich gelungen war, nach unten und anzukommen, stellte sich heraus, daß nicht Holm, sondern ich der Sieger war, denn es handelte sich um einen Autorenwettbewerb. Es ging um Komponist und Texter, nicht um den Sänger.

Herr Bause und Gattin sollten umgehend ins Grand-Hotel umziehen. Das war eine weitere Taktlosigkeit, die wir umgehend ablehnten. Wir würden doch unsere Kollegen nicht im Stich lassen. Wir sollten auch von Herrn Czerny zum Essen eingeladen werden, aber für beide angebotenen Verbesserungen unseres Lebens sagten wir: Alle oder keiner.

Am nächsten Tag gab es dann eine Gala beim Kulturminister der Slowakei, ohne den Textdichter Schneider, der war ja kein Mitglied der Studiendelegation.

Wir hatten den Preis und folgten einer Einladung von Herrn Kubiczek in ein Lokal unten an der Donau, großer Tisch mit etwa zwölf Gästen. Als die Rechnung kam, hatte die Generaldirektion kein Geld mit. Hilfesuchend guckte mich Walter K. an: »Hast du Geld?« Ja, ich hatte. Mir kam also die Ehre zu, das Essen der Generaldirektion zu bezahlen. Als wir dann auf dem Flugplatz standen und auf unseren Abflug warteten, kam der Mitarbeiter der GD Bernd Ausner zu mir, gab mir einen Briefumschlag und sagte: »Wir müssen jetzt durch die Kontrolle, aber das Geld mußt du durchschleusen. Wieso soll ich mich hochnehmen lassen? Hier, Schneiders und deins.« Außer einer goldenen Lyra im Lederetui waren 12000 Kronen der Preis der »Lyra«. Ich wurde von Staats wegen aufgefordert, mein Geld durch den Zoll zu schmuggeln, Geld, das ich ehrlich gewonnen hatte, und die haben die ganze Zeit da

48

herumgesessen und nicht einmal dafür gesorgt, daß ich das Geld offiziell ausführen oder vorher umtauschen konnte.

Wegen des Siegertitels wurden wir im nächsten Jahr automatisch wieder eingeladen, um den Preis zu verteidigen. Da sind wir aber privat mit dem Auto hingefahren, mit Monika Herz als Sängerin und ihrem Ehemann und Texter Dieter Schneider. Im Verlauf dieser Reise habe ich mir geschworen, in meinem ganzen Leben nie mehr an einem Wettbewerb teilzunehmen.

Immerhin, Monika Herz sollte den dritten Platz kriegen. Ich traf einen alten Bekannten aus der Zeit meiner Arbeit mit Karel Gott. Staidl, mein alter Ladislav, hatte dort zu dirigieren, und seine Band spielte, aber er hatte ein Problem. Kalogjera und seine Frau Ljubka Dimitrowska machten einen Riesenkandal. Weil sie keinen Preis kriegen würde, hatte sie im Hotelzimmer Weinkrämpfe. Das also war der Skandal. Staidl meinte: »Können wir dem nicht aus dem Weg gehen, indem ihr euren dritten Platz der Ljupka laßt, und wir bieten euch dafür den Preis der Schallplattenfirma Supraphon oder den Preis der Journalisten. Ihr könnt euch aussuchen, was ihr wollt.«

Wir haben uns für den Preis von Supraphon entschieden, der bestand aus einer Blumenvase.

So werden Festivals gemacht.

Vermutlich im Auftrag verkündete Peter Czerny irgendwann, es ginge nicht an, daß wir nur nach Zopot oder zur Lyra führen, die DDR brauche selber ein großes Schlagerfestival. Wozu haben wir in Dresden einen Kulturpalast, dort gründen wir ein Dresden-Festival. So wurde es gemacht. Und dort waren in jedem Jahr Titel von mir dabei. Das hat mich aber nicht interessiert.

Ein Jahr gab es, da trat Jürgen Walter mit seinem ganz großen Hit »Schallala Schallali« in Dresden im Wettbewerb an. Im Vorfeld war Veronika Fischer in den Westen ausgereist, damit saß ihre Band mit Franz Bartzsch auf dem trockenen. Die Generaldirektion unterstützte sie und bildete eine Gruppe: 4 PS. Kurt Demmler schrieb Texte, Franzl Bartzsch komponierte. Um diese Gruppe zu stabilisieren, kamen zwei ihrer

Lieder zum Dresden-Festival. Alles liebe Musiker, alles liebe Kollegen.

Mich erreichte in Berlin ein Anruf: »Jürgen Walter gewinnt in Dresden den ersten Preis.« Also Frau, rein ins Auto, wir fahren zum Gewinnen nach Dresden, sitzen in der Veranstaltung, Jürgen Walter bekommt den ersten Preis, wie schön. Siehst du, wieder mal geschafft. Nein!! Irgendwie natürlich schon, aber wiederum auch nicht. Der erste Preis war schon was, den bekam Jürgen Walter auch, aber: Es gab etwas Neues, nämlich den Grand Prix.

Jürgen Walter hat am »deutschen Tag« gewonnen, aber am internationalen Tag bekam 4 PS den neu erfundenen Grand Prix, der nach dem Reglement dem zustand, der an beiden Tagen gewann. Aber darüber hat man sich in Dresden hinweggesetzt. Sie hatten gemerkt, daß sie an Jürgen Walter und seinem Titel nicht vorbeikamen, da haben sie einen neuen Preis installiert, damit 4 PS auf dem höheren Treppchen steht. Und die Heimatgefühle vielleicht gestärkt werden.

Beim Empfang kam dann Bartzsch zu uns und Jürgen Walter an den Tisch. Natürlich kannte er die ganze Geschichte. Er sagte: »Weeßte, Alter, sei doch nicht sauer. Du hast schon so ville Preise, ich hab noch gar keenen.« Da haben wir gelacht, das war's dann. Das sind so Festivals. Bei der Goldenen Lyra kam noch ein Telegramm vom Kulturminister Hoffmann und von Herrn Hager, da wurde man beglückwünscht, daß man für die Deutsche Demokratische Republik einen Sieg errungen hatte. Das gab's in Dresden nicht, schade.

NOCH EIN WORT von mir zur Generaldirektion, Arndt. Sie hatte eigentlich nicht nur dumm rumzustehen und taktlos provinzlerisches Gehabe vorzuführen. Sicher war sie ein Feigenblatt über dem eigentlichen tiefreichenden Desinteresse und Mißtrauen der Partei gegenüber diesem ganzen ulkigen gemischten, nie wirklich zuverlässigen Volk auf dem bunten Wagen. Der Staat gab der Institution aber etwas, davon können heutige Anfänger und sogar Etablierte nur träumen. Sie bekamen Geld, das konnten sie ausgeben. Zwar saßen sie in abbruchreifen Räumen in der Bizetstraße, das hätte sich keine E-Kunst gefallen lassen, so weit vom Geschehen, mit schlechtschließenden Fenstern, Ofenheizung, eng und mit Ausweichquartier in der Nebenstraße, wo auch unsere Parteiversammlungen stattfanden, unglaublich erfrischend nach der gepflegten Langeweile und dem ständigen Touchieren mit stumpfem Degen im Schriftstellerverband. In der Mahlerstraße froren wir uns im Mantel die Nasen ab, während wir fast alles aussprachen. Die Rocker und Sänger, Moderatoren und der Zauberer, die Chansonleute und Komponisten haben kein Blatt vor den Mund genommen, und wir haben die schweigende fleißig mitschreibende Genossin von der Kreisleitung aufgefordert, mitzureden oder das Schreiben zu unterlassen. Sie war schwanger, ging in ihren schönen Urlaub, und es kam niemand nach. Sie holten sich den Parteisekretär in die Kreisleitung, dort kriegte der jedesmal seinen Ärger über nicht abgelieferte Berichte und unbotmäßige Redereien, und er schwatzte das alles wieder in der Gruppe aus – aber das meine ich nicht, wenn ich von den guten Seiten rede.

Die GD konnte lange Probezeiten für die Künstler bezahlen, nach Ermessen – und schweigen wir darüber, wer das alles in Anspruch genommen hat. Sie konnten Repertoire bezahlen, Studienreisen organisieren, und nachdem nicht mehr Czerny dergleichen verpatzen konnte, ging es ja wohl angemessener zu. Andere mögen andere Erfahrung haben, aber ich setze die meine dagegen, und die anderen haben diese Adresse auch immer als erstes gewußt, wenn etwas reinzuholen war und die Behörde um Frau Adler wieder einmal die Zollgebühren unanständig in Anwendung brachte, während berühmte E-Künstler mit ganzen Einrichtungen, mit Gewächshaus und Villenzubehör unbehelligt von Nachfrage einreisen durften.

Eine beliebte Methode war auch, Geräte zu beschlagnahmen, um den Sprößlingen von Genossen eine Freude zu machen. So ist es auch Schneider passiert, der das Zeug nicht einmal für sich geholt hatte und es nie wieder sah, denn was schon weg war, kriegte auch der neue GD Gluschke nicht zurück und Bodo Zabel im Kulturministerium auch nicht.

Die Kompetenzen der GD waren begrenzt, sie reichten nie an die der ehrenwerten Künstlerverbände heran, daran hat sich auch nichts geändert, als die Unterhaltungskünstler eine eigene Interessenvertretung durch ihresgleichen durchgesetzt haben, aber die Fördermittel und der Einfluß reichten gegen unverschuldete Notlage, für ein bißchen Begünstigung von Freunden, und es diente, um mal eine Werkstatt, mal die erste Reise nach »drüben« zu ermöglichen oder eine Strafakte wegen Verordnungsübertretung zu verhindern.

Die DDR war ein überaus beliebtes Sprungbrett, eine Oase auf dem Weg in die eigentlich ersehnte Welt des Showbusiness im Westen. Sie kamen aus Bulgarien wie die Dimitrowska, aus der CSSR, wie Staidl, Gott und Helena Vondrackowa, sie gelangten bei uns auf den Bildschirm, und das war sehr wichtig, um sich im Westen anzudienen. Wenn sie sich im Kessel Buntes, bei der Goldenen Note oder in einer der anderen vielen Samstagabend-Shows gezeigt hatten, kamen sie auch später aus Verbundenheit oder sogar Dankbarkeit noch mal vorbei, aber um so seltener, je weiter sie der Anfang in unseren Breiten getragen hatte.

Was für die einen aus dem Osten galt, nahmen auch die anderen aus dem Westen gern in Anspruch. Ob Nana Mouskouri, Katja Ebstein oder Peter Hofmann, Branduardi oder Hermann van Veen, sie alle wußten das Publikum zu rühmen, das unvergleichlich intelligente, erlebnisfähige, unverdorbene Publikum.

Na sicher, das hat auch Süverkrüp gerühmt, aber die von der Unterhaltung hatten ebenfalls knallharte Interessen, die sie den Auftritt bei uns lieben ließen. Daß sie nur Ostgeld verdienten, dieses woanders nahezu wertlose Papier, machte nichts. Erstens waren es schwindelnde Summen, von denen unsere eigenen Leute nur träumen konnten, zweitens werden wir an anderer Stelle davon reden, welche Leckerli ihnen dafür in den Mund flogen. Was immer heute darüber gesagt wird, und obwohl ein Verdikt den Udo Lindenberg weghielt, wir waren ein brauchbares Sprungbrett für internationale Karrieren oder deren Auffrischung samt luxuriösen Umständen fürs Portemonnaie.

6. Das Traumpaar

FRANK SCHÖBEL sorgte beim Erich-Weinert-Ensemble als Ersatz für seinen Wehrdienst für gute Laune mit politischem Positivismus. Dort fand er sein Mädchen, brachte sie mit nach Leipzig, stellte sie uns vor, das ist Chris, für die mußt du schreiben.

Wie gesagt, das haben wir gemacht, Schneider und ich. Schon das zweite Lied, auch schon gesagt, reihte sich an die Erfolge mit Frank Schöbel. Seine Lieder hatten so bedeutungsvolle Merkzeilen wie »Ich komm zu spät«, »Bitte geh doch«, »Verzeih den Kuß« und so weiter.

So gab es eine gewisse Art von Verbindung mit der Familie Schöbel, die einen Sohn kriegten, der ein Jahr vor unserer Jüngsten geboren wurde. Man sah sich, man sprach miteinander, produzierte, eigentlich ging alles ganz normal vor sich, bis Chris und Frank eine Fernsehsendung machten: Mode und Musik. Für die wurden mehr Titel gebraucht als sonst. In dieser Zeit entstand das Lied »Da war Gold in deinen Augen«, Text Dieter Schneider, das vom Publikum hochfavorisiert wurde. Frank hatte sich einen guten jungen Musiker aus Dresden geholt, einen begabten Arrangeur. Der spielte die Titel für diese Sendung ein. Als wir von »Gold in deinen Augen« singen hörten, merkten wir, daß wir vermutlich Gold in den Händen hatten.

Ob ein Lied unter vielen ein Hit wird, das kann man nie voraussagen, da laufen auch Ursachen und Wirkungen mit, die man nicht beeinflussen kann. Das gilt allerdings nicht für heute. Heute werden Titel geschoben und gestoßen, da geht viel Geld von einer Hand in die andere, bis das Publikum glaubt, es habe mit entschieden. Wir jedenfalls hofften, und der Erfolg schien sich zu bestätigen. Nur wußte ich nicht, daß Hans-Georg Schmiedecke auch einen Foxtrott geschrieben hatte, der von Thomas Lück gesungen werden sollte. Walter Bartel vom Rundfunk arrangierte den Titel moderner, nun paßten Interpret und Lied nicht mehr zusammen. Es wurde eine Version mit Chris und Frank als Duett aufgenommen. Aber Siebholz hörte das Lied, schrieb ein neues Arrangement für Frank Schöbel als Solist, und der Super-Hit »Wie ein Stern« überstrahlte alles andere.

Schöbel sollte das Lied sogar während der Weltfestspiele in der Werner-Seelenbinder-Halle singen. Wir hatten mit unserem »Gold in deinen Augen« zunächst das Nachsehen, aber Erfolg macht ja begehrt, so kam nach dem Stern auch das Gold zu seinem Recht. Und in die Charts, aber dieses Wort kannten wir noch nicht.

Es war Schmiedeckes Tragik, daß ihm nie wieder ähnliches gelungen ist, vielleicht, weil er es nicht unterbieten wollte, aber nicht mehr unbefangen war. Er wollte es wohl erzwingen, aber das geht nicht.

Ich lasse mich weder von Erfolg noch von Mißerfolg wirklich ablenken oder aufhalten. Nicht feiern, sondern einfach weitermachen.

Es kam die Schnulzenwelle, und sie riß nicht ab. Also habe ich es anders versucht. Mit den Zeilen »Ich geh von Frankfurt nach Dresden zu Fuß/ für einen Kuß ...« Meinen Einfall fand ich deshalb so toll, weil es in Deutschland nur zwei große Städte mit gleichem Namen gibt, Frankfurt an der Oder und, wie ich heimlich dachte und meinte, Frankfurt am Main. Beides zu denken war möglich. Die Verse dazu hat Schneider gemacht, und wir sind damit zu Amiga gegangen. Der Chefproduzent Wolfgang Kähne sagte, so geht das nicht. Man weiß ja gar nicht, welche Stadt gemeint ist, Frankfurt an der Oder oder Frankfurt am Main. Ich sagte: »Na und? Frank war in der ›Schaubude‹ im Westfernsehen, da meine ich Frankfurt am Main, und dann kommt er eben zurück nach Dresden. Er läuft ja von Frankfurt am Main zurück in die DDR.«

Der Titel wurde bei Amiga abgelehnt. Wir sollten uns was Neues einfallen lassen, vielleicht »Von Rostock nach Dresden«. Wie fad, wie witzlos. Eine reine Provinznummer.

Monika Herz war es, sie fand die geniale Zeile: »Ich geh vom Nordpol zum Südpol zu Fuß ...« Damit kamen wir unserer Absicht am nächsten und mußten uns von keinem Argument mehr beeindrucken lassen. Das Publikum klatschte lachend mit, durchschaute die Absicht, und wir hatten wieder einen Titel ganz vorn.

ARNDT, WIR ERINNERN uns: Jürgen Walter kriegte keine erste Platte, weil er die Erpressung von Herrn Kähne zurückgewiesen hatte, schlechte Lieder mit auf die »Scheibe« zu nehmen. Lieder von Kähne. Der Mann hatte die Macht, das zu verlangen. Jürgen konnte nur stolz und zu seinem vorläufigen Schaden verzichten. Da saß wieder ein von der Partei eingesetzter Mann auf dem falschen Stuhl, saß, klebte, bis er eines Tages, wie eingesetzt, so unvermutet und offiziell grundlos abgesetzt wurde.
Ich habe in meinem Leben wenige Menschen so verachtet wie diesen schadenden und käuflichen Mann. Das wollte ich hinzufügen, sonst hätte es mir die Seele gesprengt. Ich hoffe, er wird sich beschweren, dann mache ich eine Demo mit all den Künstlern, die er gekränkt und in ihrer Arbeit behindert hat.

IN DIESER ZEIT waren wir Bauses mit unseren Kindern in Warnemünde im »Neptun«. Mit dem Urlaub war das in der DDR schwierig. Wenn man nicht in der Partei war, kam man nicht in ein schöngelegenes Parteiheim, war man nicht in der Gewerkschaft, kriegte man keinen FDGB-Platz. Im Ausland Urlaub zu machen, das war schwierig, denn es fehlte uns an Devisen. Mit fünf Personen in Ungarn, der CSSR oder in Polen die Hotelzimmer bezahlen, das konnten wir uns nicht leisten. Soviel konnte man schwarz nicht umtauschen.
Dank Heinz Quermann bekamen wir über die Chefsekretärin im Neptun auf Abruf zwei Hotelzimmer oder ein Appartement. Teuer, aber schön. Nur daß nicht wir, sondern die Chefsekretärin über den Abruf verfügte. Wenn sie anrief, in den Frühjahrs- oder Herbstferien, im Sommer war auch ihr das nicht möglich, sagte sie: »Ich habe eine Woche.« Dann sind wir losgefahren. Im Intershop des Hotels habe ich mich erkenntlich gekauft, zum Beispiel mit einem dünnen goldenen Armreif für eine ihrer beiden Töchter. Das funktionierte über lange Jahre.

Einmal trafen wir Schöbels mit Sohn. Wir frühstückten zusammen, und Frank druckste, nahm Anlauf und sagte: »Wir lassen uns scheiden. Ihr seid die ersten, die es erfahren.«

In jener Zeit waren Chris und Frank das Traumpaar der Nation. Das wollten die aufgeben?

Später, im Zimmer, sagte meine Frau in mein Reden hinein: »Raushalten. Bei einer Scheidung ist immer der Dumme, der die guten Ratschläge gibt. Also raushalten.«

Sie haben sich scheiden lassen.

Schneiders Idee war ein Lied für Chris, die gerade eine Platte machte: »Wenn du gehst, die Erinnerung bleibt ...« Es ist ein schönes und erfolgreiches Lied geworden. Das Publikum war begeistert, auf diese Weise Tröstliches über die bedauerliche Trennung zu hören.

Eigentlich verlangte es nach einem Pendant von Frank. Pelle Brandenstein schrieb einen sehr guten Text, es war ein richtiger Einfall: »Dreh dich nicht mehr um.« Eine herrliche Antwort, die Leute warten darauf, und so können sich zwei gute Menschen vorbildhaft voneinander verabschieden. Frank meinte, es sei ja eine geniale Nummer, aber singen wird er die nicht. »Ich lasse mich zwar scheiden, aber darüber muß ich nicht auch noch ein Lied singen. Es könnte riesig werden, aber ich sing das nicht.« Da kann man nichts machen.

Wir suchten beim Rundfunk einen Sänger, wieder mal ein ganz neuer, noch unbekannter. Peter Albert sang das Lied, und es wurde sein größter Erfolg. Er hat in der DDR-Hitparade den Rekord erreicht, weder vor noch nach ihm hat jemand 17 Wochen lang den ersten Platz gehalten.

Auch gut, aber die Arbeit ging weiter. Wir machten die Langspielplatte mit Chris Doerk, der Siepe und ich. Aber nun kam der neue Mann mit, Klaus D. Schwarz, ein Fotograf. Der mischte sich in alles ein, nicht kundig, sondern rechthaberisch. Er wußte alles besser und sprach alles auch aus, bis mir der Geduldsfaden riß. Ich legte ihm einen Orwo-Color-Film hin und sagte: »Du kannst jetzt rausgehen und die Brunnenstraße bei Nacht fotografieren. Davon verstehst du was. Von dem, was wir hier machen, verstehste nichts.«

Das war der Bruch. Damit hatte sich die Zusammenarbeit zwischen mir und der verliebten, also parteiischen Chris erledigt. Die Arbeit mit Frank lief noch, nach diesem Prinzip: Er kriegt eine Kassette, die packt er ein und rennt zu jedem, den er kennt. Wochen später erfahre ich, er hat das Lied dem und dem und dem vorgespielt. Wo er hinkam, hat er das Lied getestet, auch bei Leuten, die keine Ahnung von einer Demokassette hatten. Bei jedem fragte er: »Wie findest du das?« Der eine sagte: Toller Titel. – Dann sagte Frank, finde ich auch. Der nächste sagte: Du willst doch nicht im Ernst dieses Lied singen. Dann sagte Frank, richtig, ich singe das nicht.

Er konnte sich nie entscheiden, er wußte nicht, was er singen sollte. Er brauchte immer eine Rückversicherung. Diese für einen Komponisten wahrlich anregende Methode hat sich hingezogen bis 1976. Es war wohl nach Verkünden seiner Idee, er müsse mit Lederjacke und hochgestelltem Kragen auftreten und eine Band hinter sich haben, eine etwas rockige Band. Da müssen richtige Gitarren-Chorusse abgehen.

Ich habe gesagt: »Das begreife ich nicht. Ob dein Publikum mitmacht, das weiß ich nicht, aber ich stelle mir Frank Schöbel anders vor.« Ich war ungeduldig, die ständige Eierei hielt mich auf und war mir zuviel.

Es kam zu einer friedlichen Aussprache bei uns zu Hause, mit dem Ergebnis, jeder macht besser seins.

Interpreten neigen nach meiner Erfahrung dazu, plötzlich zu spinnen. Dann fühlen sie sich unverstanden und hauen in ein neues Leben ab. Viele haben nichts dabei gewonnen, weil sie nicht auf den Punkt ihrer Unzufriedenheit kamen und Reife mit Anderssein verwechselten.

Frank hat auf seine komplizierte Art weitergemacht, selber komponiert und getextet, er ist immer der Liebling des Publikums geblieben, er hat unumstrittene Saalhits und Schlager im weitesten Sinne gemacht, zwar immer einen Kick zuviel fishing for compliments, aber was er selber schrieb, mußte er wohl nicht so weitschweifig testen. Ich war ihm nie und wir waren uns nie böse.

Irgendwann im Jahr 1996 habe ich ein Lied geschrieben, das

mir mehr als andere gefiel. Meine Tochter Inka hat darauf einen Text gemacht, der war so gut, daß ich gesagt habe, das Lied kriegt niemand, das behalte ich für mich. Später habe ich es Schneider vorgespielt, der stutzte, lobte die Musik, fragte aber: Wer macht denn so einen Text? Ich sagte es ihm. Er meinte, das kann nicht sein. Das ist ein Text mit Lebensweisheit. Das kann doch so ein junges Mädchen noch gar nicht denken.

Inkas Text handelte davon, wieviel Lebenszeit ein Mensch hat und was er mit ihr anfangen kann. In der Überzeugung, daß ich ein gutes Lied habe, rief ich dann 1996 doch noch einmal den Frank an und sagte, ich hätte was für ihn. Er kam auch, hörte sich das Lied an, guckte sich den Text an, es stand kein Autorenname darunter. Er hatte also keinen Anhaltspunkt für gute oder schlechte Einordnung. Dann sagte er, wie immer: »Sag mal, Alter, an dem Text kann man doch aber noch was ändern?« Da habe ich gewußt, daß Frank der richtige alte Ossi geblieben ist. Aus seinen Anfängen hat er beibehalten, daß immer irgendwas geändert werden muß. Das hat er verinnerlicht. Er nahm zwar die Kassette mit, aber wir wußten beide, das wird nie was. Nach ungefähr sechs Monaten habe ich ihn um Rückgabe gebeten. Da wurde er ärgerlich: »Wieso denn? Was hast denn du gedacht, wie schnell das geht?«

Ich hatte gar nichts gedacht. Der Interpret Schöbel war für mich als Kapitel abgeschlossen.

Eines Tages wird ein Interpret zu mir kommen und sagen: »Ich möchte gern, daß Sie mir ein Repertoire von Texten schreiben, die von einem genialen Komponisten vertont werden. Wenn Sie sich bitte darum auch kümmern würden. Ich hätte gern, daß alle Titel aus Hits bestehen, daß sie einen Exklusiv-Vertrag mit einer Major-Firma nach sich ziehen und mich landauf, landab ins Gespräch bringen als eine unverwechselbare Persönlichkeit mit eigenem Stil. Er würde sich bereit erklären, alle paar Tage mal anzurufen, ob die Sache losgeht und läuft. Vermutlich wäre er so entgegenkommend, sich das fertige Material persönlich bei mir abzuholen, um mir Wege zu ersparen.

Wenn er die Titel eingesackt hätte, würde ich lange Zeit nichts von ihm hören, weil ihm die Auftritte wenig Zeit ließen, mit mir im Gespräch zu bleiben oder gar mitzuteilen, was er gestrichen und auf welche Weise er an den Texten herumgedoktort hat. Und auch, daß er einfach vergessen hat, anzurufen, und je länger, desto schlechter sein Gewissen, desto größer sein Unbehagen. Er dachte, wir treffen uns zufällig. Sowieso und irgendwann.

Dabei hat es sich sogar bis zu ihm herumgesprochen, daß das Profil eines Interpreten sein eigenes sein müßte, soweit vorhanden. Niemand kann es ihm herlügen. Ich kann nicht so einfühlsam für ihn herumdichten, bis es scheint, er habe eine Meinung, eine Moral und einen Geschmack.

Wenn er dies alles nicht hat, kriegt er es durch mich auch nicht. Die Genregrenzen sind hoffnungsvoll verwischt. Was ist das eigentlich, ein Schlager? Für manche Rocksängerin ein beschimpfendes Wort, und auch manchem, der lieber sähe, daß in seinem Zusammenhang von Chansons gesprochen wird, was übersetzt auch nichts anderes heißt, als daß etwas Poetisches gesungen wird.

Ein Schlager, das ist eigentlich ein besonders erfolgreiches Lied, das Elemente vom Rock, vom Chanson und vom Kunstlied enthalten kann, auch von Gedichten, von gegenwärtigem Denken. Die guten Schlager gehören dazu, auch wenn die Presse und die Hüter der heiligen Ernsthaftigkeit entsetzt darauf reagieren. Ein Schlager handelt meist von zwei bestimmten Leuten, die ihre ganz bestimmte Geschichte haben, ihre einmaligen Wünsche, Lebensvorstellungen, Sehnsüchte. Und ihren einmaligen Trieb zueinander, an einem unvergleichlichen, aber sehr wohl beschreibbaren Abend im Sommer oder Winter. Weiß das mein Interpret, während er nach Texten ruft, die sein Nichtwissen und seine unausgebildeten Fähigkeiten zudecken sollen? Weiß er, daß Auswendiglernen kein Arbeiten an einem Lied ist? Daß er niemanden etwas vermitteln kann, was er selber nicht verstanden hat?

Was soll ich als Autorin mit einem Interpreten anfangen, der nicht einmal die Zeitung liest und mir ein Krisengebiet wohl kaum auf der Karte zeigen könnte? Und der gar keine Haltung zu den dortigen Geschehnissen hat?

Ich stelle solch Wissen nicht über sein Talent. Aber begabt für irgendwas ist fast jeder. Talent bedeutet noch nicht viel. Es geht verloren unterwegs, ohne den Charakter, der sich dieses Talentes mit Liebe und Ausdauer, auch mit Besessenheit, annimmt, es ausbeutet und ständig bereichert.

Wahr wird für das Publikum nur, was der Interpret vorher als wahr empfunden hat. Ohne Kenntnis und Bildung unterlaufen ihm dem Publikum gegenüber Taktlosigkeiten. Ohne Respekt vor sich selber hat er keinen vor den Zuhörern. Das aber ist jenes Holz, auf dem Herablassung und Hochmut wuchern. »Die sind so blöde, mich zu feiern.« Und du? Unausgeschlafen und siegestrunken glaubst du, deine bloße Anwesenheit sei schon ein Erfolg.

Das Verhältnis zwischen Autor und Interpret läßt sich weder durch Vertrag noch durch Saufabende gründen. Als Autorin muß ich auch Wesenszüge des Interpreten erkennen, die der selber nicht, oder noch nicht, ahnt. Ich muß ihn mir vorausdenken, ihn neu entwerfen und ihm einen Mantel umlegen, in den er allmählich hineinwachsen mag. Ich versuche, ihm ein Bild von sich zu geben, das bleibt aber ein Angebot, das er mit Leben erfüllen muß, denn auf der Bühne hat er mich als Persönlichkeit zu vergessen. Dann gehören Musik und Text ihm, als hätte es nie Urheber gegeben. Das muß er lernen, um es zu können.

Achtet mein Interpret auf sein Publikum, und achtet er es? Entlockt er ihm nur solche Reaktionen, für die sich weder er noch sie schämen?

Das schafft dir dein angeborener Zauber nicht her, das mußt du können. Zum Beispiel auf die Bühne kommen, das mußt du können. Dastehen, dich ansehen lassen, eingreifen in die Erwartung, Raum geben und Atem, wenn du den Seelen Zunder gegeben hast, du mußt das Publikum ertappen, ohne es zu beschämen, du darfst es klüger machen, ohne oberschlau zu wirken.

Du brauchst für deine Arbeit den Komponisten, der dir die Chance gibt, Gefühle auszudrücken und der dir Arrangements schreibt, in denen du nicht steckst wie die Wurst in der Schrippe. Und du brauchst den Autor, aber vor allem, mein lieber Interpret, brauchst du dich selber. Deine Kenntnis von deinen Wirkungen und von der Welt. Die bringt dir keiner in einem Intensivkursus bei.

Du bist dir selber nur durch Arbeit zu erlangen. Durch Arbeit an deinen baumelnden fuchtelnden Armen, deinen steifen Beinen, *deinem krampfhaften Grinsen, deiner Erdenschwere, deinen nuschelnden oder behäbigen Sprechwerkzeugen, an deiner peinlichen Art, einem im Publikum auf die Pelle zu rücken und dessen Partner dadurch zu desavuieren. Gegen das alles gibt es Handwerkszeug, das alles kann man abstellen.*

Aber der da auf der Bühne steht, das bist du, umfassend du, in jeder Melodie und mit jeder Ansage. Du stehst da oben, und wenn alles gut geht, denkt niemand mehr daran, wie viele Menschen dir zugearbeitet haben, damit du jetzt da oben stehen kannst. In der Unterhaltung kommt es wie bei jedem Teil der Kunst nicht auf das Genre an, sondern auf die Qualität. Also mach oder let it be. Vorerst grüße ich dich als dein sehr ergebener Nichtfan. Solltest du mich telefonisch nicht erreichen, liegt es am von mir sorgfältig eingebauten Zahlendreher.

(Aus: Briefe 1981 und September 2000)

Nachsatz von G. St.: Kreative Menschen sind bezaubernd. Nicht, wenn sie sich etwas ausdenken: dann hängen sie meist mit schafsdummem Gesicht herum, die Intelligenz findet im Kopf statt, von außen ist nichts zu sehen. Aber die andern, die auf der Bühne austragen, was wir uns ausgedacht haben, die haben einen Zauber, eine Präsenz, eine wenn auch vorübergehende Vollkommenheit und eine sprühende und überspringende Kraft, daß man vor ihnen knien möchte. Keine Namen, jeder hat seine Erinnerungen und Erlebnisse, jeder lasse sie aufsteigen.

Weil die so sind, sehen wir ihnen in den gewöhnlichen Zeiten vieles nach. Wir wissen, sie leben gefährlich. Darum tolerieren wir, daß jemand außerhalb der Bühne, wo er alles zu verstehen scheint, ein bißchen doof bleibt, zuviel trinkt, sich anmaßend benimmt, jeden Erfolg nur sich selber zuschreibt – und vielleicht sogar die Leute da unten, die ihm abnehmen, was er im Dunkeln im Bette durchaus in Zweifel zieht, ein bißchen verachtet. Wie sonst könnte er mit denselben Wörtern und Gesten über Jahre hinweg vor vielfach sich wandelnde Menge treten. Das muß sich erschöpfen. Ich weiß, wovon du redest, Arndt, wenn du immer drängelst: was Neues, was anderes machen.

Das kann man freilich auch mit demselben Team. Wenn alle Beteiligten sich der Aufgabe bewußt sind und es auf sich nehmen, durch Risiko den Adrenalinstoß wieder zu steigern.

Aber unsere bezaubernden Wesen gehen auf geisttötende lange Tourneen, so lange und so weit weg wie möglich. Besonders am Anfang, besonders jetzt in die offene Welt hinein, ehe sie begreifen, daß die schönen Tage von Aranjuéz zu Hause keinen Fatz nützen, für die Medien uninteressant sind und daß es nur Verschleiß war, sonst nichts.

Was sollen sie unterwegs auch machen? Ich habe keinen abends etwa lesen sehen. Da kommen jeden Abend die Karten und die Gläser auf den Tisch, da wird geblödelt und gepokert, der Abend nach dem Auftritt ist fürs Abtrieseln gedacht und verläuft auch so. Allmählich legt sich auf das Faszinierende die Patina.

Das Publikum, wenn der Bezaubernde ein Star ist, muß nicht erobert werden. Es kommt, weil es schon erobert ist, der Beifall ist Wiedererkennen, sie feuern den an, gut zu sein, aber es reicht auch, wenn er das Erwartete und Bekannte vorführt.

Es dabei nicht bewenden zu lassen, die Kraft zum Zurückziehen für eine schöpferische Pause zu haben, muß er sich leisten können, er muß denken, daß er Zeit hat, er muß genügend Geld für eine Auszeit haben. Aber dann ist er schon über den Berg. Dann gehört er zu denen, die es ernst nehmen. Sonst strahlt er dieselbe gute Laune aus, ob die Welt beinahe untergegangen ist oder beinahe gerettet worden wäre.

Schlagertexte zu schreiben erschien mir nie als ein Beruf. Lieder, die es wert sind, schreibt man nicht ein Arbeitsleben lang aus Kalkül und weil man an der Quelle sitzt. Wolfgang Kohlhaase hat einen Text geschrieben, als der für einen Film gebraucht wurde: »Ich war das kälteste Blond im Lokal«, und es hat den verruchten, meisterhaften Refrain »Wenn Paule kam ...«, aber Kohlhaase hat es bei diesem Titel belassen. »He, Jude« ist ein Schlager, und »My way« und »Morning has broken« auch. Neid, Neid. Aber wenn wir nicht so großartig sind, müssen wir uns eben mehr Mühe geben, damit unsere Lieblinge auf der Bühne ihren ganzen Zauber entfalten können.

7. Der Texter

WIE SCHON ERZÄHLT, hatte mich der damals erfolgreichste Texter im Rundfunk beiseite genommen, war mit mir essen gegangen, und wir haben uns unterhalten. Er hatte in meiner Musik etwas gehört, was in seinen Ohren anders als das Alltägliche klang. Oder er wollte sich einen kommenden Mann sichern. Clever, wie er war, ist ihm das gelungen. Durch ihn bekam ich Zugang zum Rundfunk, weil der Produktionschef im Berliner Rundfunk Klaus Hugo zugleich ein Komponist war, für den Schneider Texte schrieb. Horst Fliegel war dort Musikredakteur und Lektoratsmitglied, als Ralf Petersen ebenfalls Komponist und mit Schneider verbunden. Der aus Dresden stammende Arrangeur Kretschmar war damals der modernste Studiomann in der DDR, er komponierte auch, Texter: Dieter Schneider. Auch Rudi Werion vom Verlag »Lied der Zeit« gehörte dazu, Texter: Schneider.

So gesehen hatte Schneider die Erfolgreichen der Branche an der Hand, es war einfach für ihn, einen Neuling reinzubringen, indem er Titel von mir vorlegte, zu denen er die Texte geschrieben hatte. Es wäre nicht gelungen, wenn die Kompositionen schlecht gewesen wären, aber es war schwer, durch diesen Kordon eingefahrener Routiniers zu kommen, durch ein in sich geschlossenes System, und insofern habe ich Dieter Schneider etwas zu verdanken, denn auch mit guter Musik hätte ich allein das nicht geschafft.

Ständig abgewiesen zu werden, das geht an niemandem spurlos vorüber. Der Zweifel am eigenen Talent und den eigenen Versuchen wuchs. Der Mut schleifte am Boden.

Es war im Leipziger Sportforum. Nach einer Veranstaltung stand ein besonders langer Mann auf und fragte, ob sich im Raum der Herr Bause befände. Er befand sich, und der Mann wollte mit Bause reden. Auf dem Gang sagte er: »Herr Bause, Sie werden es nicht schaffen, solange Sie nur so gut sind wie die anderen. Sie müssen besser sein. Und das können Sie. Ihre Zeit kommt.«

ARNDT, DIESE GESCHICHTE paßt zu den beteiligten Personen, und ich glaube dir, daß sie damals die eigentliche, die wesentliche, die nötig gebrauchte Ermutigung war. Der Mann war ja nicht irgendein Fan, sondern Chefredakteur für Musik beim Rundfunk. Damals kannte ich ihn noch nicht, aber solche Situationen sind mir nicht fremd. Und ich glaube dir auch, wenn du sagst, du habest sie mir nicht deshalb erzählt, weil ich diesen besonders langen Mann nun seit fast dreißig Jahren besonders gut kenne. Auch starke Begabung kann durch zu langen Anlauf schwach werden, noch eher als Mittelmaß.

SCHNEIDER UND ICH, wir blieben zusammen und haben manche Schlacht geschlagen. Ich erlebte dann auch mit, wie alle seine Mädchengeschichten ein Ende fanden, als er Ilka Lux traf und heiratete.

Ilka Lux war eigentlich nicht zum Heiraten nach Berlin gekommen, sondern um zu singen. Schneider hat sie bei einer Mikrofonprobe aufgegabelt, ähnlich wie mich, sie also quasi entdeckt. Aber sie sollte nicht singen, sondern ihn heiraten. Als sie verheiratet war, wollte sie trotzdem singen. Da hieß es dann, Bause muß die Musik machen, wer denn sonst.

Also hatte ich Schneiders erste Ehefrau musikalisch auf dem Hals. Das war nicht ganz einfach, denn sie war, gelinde gesagt, etwas exzentrisch.

Nur um ein Beispiel zu nennen: Wir haben das Jahresende 1969 gemeinsam in einem Hotel in Budapest verbracht. Dort sah Ilka an meiner Frau eine Guanaco-Weste. Es war ein Unikat, außer dieser gab es in der DDR keine. Obwohl Ilka einen Kopf kleiner war, wollte sie die Weste haben und meiner Frau unbedingt abkaufen. Angret hat das einfach nicht zur Kenntnis genommen, kein Wort verloren. Das gab Krach bis zu Weinkrämpfen, aber die Weste bekam sie nicht. Und Schneider war in dieser Situation eine ziemliche Flasche, denn er pflegte ihr sonst jeden noch so ausgefallenen Wunsch gutmütig zu erfüllen.

Wir haben Lieder für sie gemacht und haben Ilka auch zu einer

Weihnachten 1939, mit Eltern, Geschwistern und Großmutter, die Ahne

Klassenfoto, Arndt, rechts, sitzend, 1947

Als Fünfzehnjähriger

In Leipzig, 1954

Als Zwanzigjähriger

*1959, Arbeit als Glasapparate-
bläser*

1958, mit den Roxis, Bause am Flügel

Trompeter und Pianist: Klaus Kasper und Arndt Bause

Mit dem Jugendfreund Agga

Frühschoppen, Bause mit den Freunden (v.l.n.r.) Nip, King, Nase, 1969

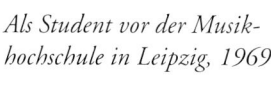

Als Student vor der Musik-
hochschule in Leipzig, 1969

Mit Dieter Schneider
im Johanna-Park in
Leipzig

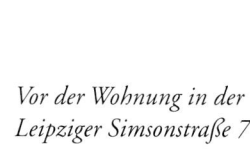

Vor der Wohnung in der
Leipziger Simsonstraße 7

Mit den Töchtern Katrin, Anja und Inka, 1969

Der Pfeifenraucher zu Hause, 1965

Bei Amiga im Studio, 1984

Bause neben seinem Konterfei, 1988 – ein Geschenk der Tochter Anja

Arnd Bause 1936-2006

Im Garten – mit »Herrn Lehmann« von Lothar Sell

Schallplatte verholfen, obwohl sie nicht sehr begabt war. Half alles nichts, nichts war ihr gut und nichts genug.

Es kam die Scheidung. Ein Rutenbündel auf dem Rücken weniger. Nun kam die zweite Frau. Ein Mädchen aus Frankfurt an der Oder, aus einem Ensemble. Schneider brachte sie nach Berlin und umgehend zu mir nach Leipzig. »Du mußt unbedingt für sie schreiben. Sie ist Sängerin. Wir machen jetzt Hits.« Der erste Titel hieß: »Ich will dich ganz oder gar nicht.« Nicht sehr neu, aber für die beiden wahrscheinlich gerade programmatisch.

Ich sollte wieder einmal eine völlig unbekannte Person berühmt machen. Wie im Falle Ilka wurde geheiratet.

Die Frau hieß Monika Herz, nicht von Geburt, aber als Sängerin. Mit passenden Texten, Musiken und Arrangements, mit guten Produktionen und unseren inzwischen guten Erfahrungen haben wir sie populär gemacht. Es gab Stimmen von Kritikern, die ihr die Fähigkeit zum Singen abgesprochen haben. Als ob es im Schlager darum ginge! Sie hatte etwas Eigenes, etwas Unverwechselbares, und da wir nicht ein Lied, sondern ein Produkt herstellen, paßte es zusammen. Sie war liebenswürdig und bei der Arbeit diszipliniert. Es hat funktioniert.

Mit Monika Herz haben wir vier LPen gemacht, gut verkauft, es war eine richtig schöne Zeit. Bis zum bitteren Ende, bis zur Scheidung. Da kam halt ein anderer der Weges, wie das eben so ist.

LIEBER ARNDT, du hast Texte vertont, die hätte die Welt nicht vermißt, wären sie im Papierkorb gelandet. Dabei weiß ich doch, wie das zuging. Die Sendung »stand«, die Termine waren knapp, die Texte kamen im letzten Moment, die Sendung mußte aufgezeichnet werden, politisch gab's keinen Einwand, alles andere konnte so oder auch anders sein. Zum Klatschen oder Mitklatschen langte es allemal. Und es konnte ja auch sein, man irrt sich und andere finden gut, was man eher anzweifelt, und wenn sie es denn schlecht finden, dann ist es auch gut, weil man die Vorurteile der Kritiker kennt, und wenn die sich auf jemanden geeinigt haben, könnte man noch viel besser sein und sie fänden es trotzdem nicht gut.

Es ist die gemalte Welt in diesen Texten, die mich oft wütend gemacht hat. Die Moral war nicht biblisch, nicht kapitalistisch, nicht sozialistisch, sie war stinkend beschränkt. Und verlogen. Eine Welt wie bei der Courths-Mahler. Die Rollenverteilung hie Frau, hie Mann war so auffallend unemanzipatorisch, daß es schon auffiel, wenn eine keck war. »Sieh mal einer an, diese Kleine« – klein im Verhältnis zu wem? Unterlegen wem gegenüber, wer wagt es, ihr Courage zu bescheinigen? Der im »himmelblauen Trabant«? Aber an dem bist du unschuldig. Das Leben ist prall und saftig, derb und kantig, aber in den Schlagern wird ewig nur Kommen und Gehen bejubelt oder bejammert.

Es war auch bei uns eine Puppenstube, in der Püppchen Frau und Puppe Mann ihr Leben in einer Gefühlswelt darboten, die im normalen Leben der Leute in solcher Absolutheit nicht den behaupteten Raum einnahm.

Natürlich gab es Ausnahmen, natürlich wurde damals in der Presse über diese ganze Tümelei noch heftig gestritten, aber den schlechten Ruf verdankt die Branche mehr den Texten als den Vertonungen. Schreiben kann jeder, lernt er ja in der Schule. Wenn er nun auch noch auf Musik schreiben kann, ist er für den Komponisten ein Glücksfall. Paßt! Geht genau drauf! Ich kenne nur wenige Interpreten, die sich trauen, einem Texter das Angebot zurückzureichen und zu sagen, »is echt Scheiße, Mann ...« Autoren haben oft wegen der reichlichen Kohle das Denken eingestellt und sich das Bedienen angewöhnt. Bei niemandem anecken, das geht am besten mit den Feuer- und Eis-Floskeln, und die Komponisten haben ihnen oft Originelleres auch nicht abverlangt. Die ausländischen Interpreten wußten sowieso nicht, worüber sie sangen, und unsere einheimischen vertagten allzu oft auf Irgendwann den Traum von einem Text, der wirklich von ihnen selber sein könnte. Wie solche dann aussehen, haben wir gemerkt, als in vielen Bands die Dichterei üblich wurde, nach 1990, um die Tantiemen nicht teilen zu müssen. Dazu kein Beispiel, nicht, wenn wir über unsere Arbeit reden, aber ein beschämendes Resultat ist da oft entstanden.

Auch du, lieber Arndt, hast an die Autoren lange Zeit zu wenig Anspruch gestellt. Auch du hast Kompromisse gemacht, die faul waren. Dabei gab es doch Leute wie Demmler, Karma, Reimann, zuletzt sogar Tamara Danz als Ausnahme, die gezeigt haben, daß es möglich war, dem Leben etwas abzulauschen, nicht der gerade laufenden Hitparade.

Der erste Fehler für einen Autor ist, ans Telefon zu gehen. Der zweite, sich zu verabreden. Da stand dann bei mir das glühende Paar Dean Reed und Renate Blume mit der Bitte, Liebeslieder zu schreiben. Renate schämte sich für das Repertoire von Dean. Für mich war Dean ein wunderbarer Mensch, ein schlechter Schauspieler und ein grauenhafter Sänger. Aber ich kann der Liebe nicht widerstehen. Also rief ich Dr. Büttner, den Chef von AMIGA, an und bettelte, er möge so eine Platte verhindern helfen. Er sagte: »Mache ich die Platte, blamiert er sich, mache ich sie nicht, fliege ich. Nun kannst du mal raten, was ich mache.« Strafverschärfend kam hinzu, daß es Liebeslieder sein sollten, in denen kein Vorleben erwähnt werden durfte.

Neulich habe ich gelesen, die Partei hätte diese Platte für Reed einfach angewiesen. Da hätte ich ja leicht absagen können. Aber die beiden, im Glanz der großen Liebe? Zum Glück hat sie fast niemand gekauft. Und geschämt habe ich mich trotzdem, und gut können die Texte nicht gewesen sein. Damals habe ich dich mit hineingezogen, so war es nicht nur mein, sondern auch dein Flop.

Man darf es halt nicht machen. Aber so ist das Leben nicht. Müßte das Publikum nicht bei »Ich vermiß dich wie die Hölle« zu den Trillerpfeifen greifen? Einmal gespielt, schon ganz oben. Weitaus seltener, daß ein origineller Text es schafft, eine nicht sofort das Ohr durchbohrende Musik ankommt. Das Banale hat eben im Menschen seinen Platz, weil er über viele Dinge selber banal denkt und hocherfreut feststellt, daß andere so ähnlich denken wie er. Er fühlt sich verstanden.

Ich hab mich auch vertan, wie du. Dabei sagst du, du wolltest nicht die Welt verändern. Ich wollte das schon. Nur eins glaube ich dir nicht: daß du jemals Talmi für Gold gehalten hast. Jedenfalls nicht an deinem Klavier, da wird alles Material nackt und ehrlich.

Wenn ich zu einer Musik einen Text mache, kommt der Moment der Erkenntnis auch. Das taugt nix, oder: das ist Musik.

Bei der Arbeit können wir uns nichts vormachen.

Du wolltest nie jemanden wegschicken. Das hättest du manchmal tun sollen.

Theoretisch wollte ich manchen gern kränken. Aber praktisch habe ich es eben auch manchmal nicht gekonnt.

DIE NÄCHSTE FRAU, mit der Schneider sich zusammengetan hat, die sang nicht.

Das war eine wesentliche Lebenserleichterung und trug gewiß dazu bei, daß wir weiterhin miteinander auskamen und arbeiteten.

Als Team haben wir in den siebziger Jahren dominiert. Das kann ich anhand meines Archivs nachweisen. Ina Maria Federowski trat mit einem ersten Titel von uns an. »Siebenmal Morgenrot, siebenmal Abendrot« war nicht Holms erster Titel, aber sein größter Erfolg. Sandra Mo und Jan Gregor hatten drei Langspielplatten. Die schöne zigeunerhafte Sandra und der freilich etwas unbeholfene Jan bekamen mit dem Lied »Hätt ich noch mal die Wahl« riesige Nachfrage und mit allen Titeln immer miese Kritiken. Da stand zu lesen, es sei ja furchtbar, wie die singt, aber als Produkt auf der Bühne haben die beiden eine Weile gestimmt, jedenfalls solange sie selber daran glaubten. Der Plattenverkauf von fünfhunderttausend Exemplaren war auch nicht gerade entmutigend.

Es ging ganz gut mit Schneider, es ging ihm ganz gut mit mir, auch ohne Monika Herz, bis meine Tochter Inka den Titel »Spielverderber« sang. Da kam Dieter Schneider auf die dumme Idee, uns einen Brief zu schreiben. In dem ließ er sich darüber aus, daß er es nicht gut fände, wenn wir unsere Tochter weiterhin singen ließen. Sie sollte vielleicht doch lieber aufhören, er fände sie nicht so toll. Obwohl sie mit diesem Titel im Fernsehen den ersten silbernen »Bong« bekam und das Lied ein Hit war, ein vielgespielter Ohrwurm.

Wir waren erbost darüber, daß er nicht mit uns redete, sondern einen Brief schrieb und damit einen Bruch herbeiführte, nach zwanzig Jahren der Zusammenarbeit. Das war 1984, und das Thema Schneider hatte sich damit für mich erledigt. Zur Jahreshauptversammlung der GEMA, 1995 in München, im Park Hilton, dachte ich an nichts Schönes und nichts Böses, aber wer kam da in der Lobby über den Gang? Schneider ging auf mich zu, halb unsicher, halb grinsend und sagte: »Na, trinkst du noch ein Bier mit mir oder nicht?«

Es waren elf Jahre vergangen. Ich sagte: »Warum nicht? Gehen wir ein Bier trinken.«

Das taten wir auch. Er sagte: »Weißt du, eigentlich möchte ich mal wieder bei Angret auf der Terrasse sitzen.«

»Wenn du das willst, mußt du in Berlin bei ihr anrufen.«

»Kannst du das nicht machen?«

Na gut, ich habe es gemacht. »Dieter ist mir über den Weg gelaufen, er will bei dir auf der Terrasse sitzen.« Sie sagte, das kann er tun, wenn ihr zurückkommt.

Zwei Tage später kam Schneider, zu früh wie immer, mit einem Blumenstrauß, und saß auf unserer Terrasse. Nach kaum zehn Minuten fing er wieder mit seiner zynischen Stichelei an, die vielleicht auf seine körperliche Behinderung zurückzuführen ist und ein Schutzschild gegen ausgeprägte Sensibilität sein soll, aber andere Leute kommen da auch nicht mit ihm klar, mit dieser Art von scheinbar kaltschnäuziger Frozzelei. Angret sagte: »Elf Jahre reichen doch wohl. Wenn du jetzt im Unfrieden gehst, gehst du für immer.«

Seitdem haben wir ein neues, wunderbares Verhältnis mit ihm. Er kommt jede Woche. Jede Woche koche ich für ihn Spaghetti, es gibt eine Flasche Rotwein, und dann wird über Arbeit geredet. Denn arbeiten müssen wir beide, er wie ich. Wir sind zu jung, um aufzuhören. Ob das nun heutzutage Geld bringt oder nicht, spielt zunächst mal keine Rolle. Wir freuen uns trotzdem, wenn uns ein gutes Lied einfällt.

69

Das Thema Schneider ist ein weites Feld, mit vielen Geschichten, die noch nicht erzählt sind, nicht erzählt werden, oder sie sind nicht mehr wichtig. Unglaubliches ist auch darunter. Was man zusammen so erlebt hat, welche Schlachten geschlagen und welche verloren. Über das alles muß ich noch eine Weile nachdenken. Lassen wir es also vorerst ruhen. Wir waren oft begeistert, manchmal mit unserer Arbeit zufrieden und hatten auch auszuhalten, wenn die Kritiker immer wieder Einwände hatten, oft schien es uns, als ob immer dieselben Rezensenten händereibend auf unsere nächste Platte oder Sendung warten, um es uns wieder zu geben. Es gibt eine Art vernichtender Kritik, die geht von immer ungerechten Vergleichen aus – und immer bleibt der Stachel, es ist vielleicht was dran, aber die Arbeit muß weitergehen, es wird wieder Luft geholt, und der Spaß, seltsam, kommt wieder.

Wer sich anmaßt, Texte zu beurteilen, sollte Texte mögen und auch fragen können, nicht nur urteilen. Er sollte sich hüten, nur von seinem persönlichen Geschmack auszugehen. Der ist ihm viel wert, er kann aber schlecht sein, der Kritiker und sein Geschmack. Ein selten geäusserter, aber doch interessanter Gedanke. Er kann schlecht sein, selbst wenn sie staatlich angestellt sind, der Mann und sein Geschmack. Er sollte nicht glauben, daß sein Sinn für Humor die Krone und der Maßstab für Humor sind. Er sollte sich vor Unterstellung hüten, für die die Politik ein allzu weites Feld bietet, und davor, in Routine zu geraten. Da weiß er schon von vornherein, wen er gut und wen er mies findet. Nicht alles Kritische ist feindlich, und manches ist nichts anderes wert. Nicht alles Heitere lacht über den Falschen. Es gibt auch sehr witzige Vorschläge für Verbesserungen.
(Gisela Steineckert in einem öffentlichen Brief an Programmgestalter, 1975)

ARNDT, DEINE WORTE haben mich erinnert: In Bratislava befand sich in Rufweite des damaligen Generaldirektors Czerny die Frau Dr. Fehlberg, eine an sich unscheinbare Frau, die oft auch sehr unscheinbare Ansichten von sich gab, und deren Aufgabe im Apparat der GD mir deswegen nie klar geworden ist, weil es einen nachweisbaren Umfang an Pressearbeit, in die sie konzeptionell hätte eingreifen können, gar nicht gab. Es fragte sie doch weder in der »Unterhaltungskunst« noch in »Melodie und Rhythmus«, vom »Sonntag« zu schweigen, jemand, ehe ein Journalist seine Rezension oder Meinung schrieb, angriff oder schmeichelte.

Na gut, wir hatten die Vollbeschäftigung, die galt auch für Frau Dr. Fehlberg.

Eines Tages aber brach sie aus ihrer Unscheinbarkeit aus und folgte, darauf möchte ich schwören, nach einer Dienstbesprechung dem Dienstauftrag, die Kritiker mal zur Ordnung zu rufen. Sie verlangte nicht weniger, als daß die Kritiker nur noch »helfende Kritik« schreiben sollen.

Auf so eine dumme Idee muß man kommen. Da tanzte in anderem Gewand etwas herein, womit die Kulturpolitik schon beim Theater, beim Film und bei der Literatur abgeblitzt war. Das scheint der Doktorin nicht gegenwärtig gewesen zu sein, und es ist ja auch schierer Unfug.

Ich schrieb der Redaktion einen Brief, und sie haben ihn als Artikel gedruckt, was mir zeigte, wie die Redakteure darüber gedacht haben, und als kein Widerspruch von Seiten der GD erfolgte, war der Wind aus den Segeln, und es hatte nichts, nichts gebracht.

Ich lasse hinter mir keinen Papierberg wachsen und habe schon oft Einwände und sogar aufgeregte Belehrung ausgehalten, weil ich von keinem Gedicht die siebte bis neunzehnte Fassung aufhebe, und ich werfe alles weg, wovon ich denke, daß es nach mir keinen Menschen interessieren wird. Meine Liedertexte natürlich nicht, Manuskripte immer, aber diesen Brief oder Artikel habe ich in einer Mappe gefunden.

... wir kommen nicht weiter (wohin wohl wollten wir kommen?), wenn wir einzelnen Genres besondere Kriterien zugestehen. Welcher begabte Mensch würde sich auf Dauer befassen wollen mit einer Sache, die so unerheblich scheint, daß sie nicht einmal einen begründeten Einwand aushält und vor ihm geschützt werden muß? Ich würde die Hälfte meiner Lust am Lied verlieren, wenn

man mir einredete, ich könne im Text sowieso nichts Wichtiges sagen, viel weniger als in einem dickleibigen Roman.

Die Grenzen setzt nicht das Genre, die Grenzen setzt die Qualität. Klammere ich diese Ernsthaftigkeit aus, stelle ich die Unterhaltung bloß.

Auf jedem Gebiet der Kunst muß Erfahrung erworben werden und das Wollen inbrünstig bleiben. In Drama oder Vers steckt die teuflische Dialektik, daß man sie von Geburt an können und ein Leben lang lernen muß. Das Handwerk ist es nicht, aber auch, viel mehr, als mancher glaubt. Talent kann man nicht lernen, aber entwickeln, befähigen, entfalten, das Rinnsal muß geleitet werden, ihm sind andere Rinnsale aus der Seele und dem Hirn zuzulenken, so daß endlich ein Strom daraus wird, der einmündet in das große Reservoir, in das alle mit ihren großen Flüssen oder kleinen Bächlein doch wollen.

All das gilt nicht nur für den Künstler, es hat auch für den Kritiker zu gelten. Der ist nicht fein raus, nur weil er sich über die Arbeit anderer hermachen darf, was seine eigene Befähigung scheinbar außer Frage stellt. Er ist nicht gebildet, nur weil er die Bildung anderer anzweifelt. Wenn seine Seele klein wird vom Einwenden, dann wird auch seine Sicht klein. Er muß sagen, was ist, aber so, daß der Kritisierte die Arbeit nicht aufgibt, sondern sie deutlicher sieht. Die Einwände machen ihm möglich, sie zu beachten, nicht beim vorliegenden, aber vielleicht beim nächsten Werk. Wenn es sich um ein gutes Talent handelt, besteht immer die Gefahr der Entmutigung, zumindest der vorübergehenden. Schwankend zwischen Selbstzweifeln und Euphorie überlebt gerade das starke Talent für eine Weile den Angriff auf das Detail nicht, wenn er grob und unausgewogen daherkommt.

Um den Händler mit Kunstgewerbe braucht der Kritiker nicht zu fürchten, von ihm kann er sich aber auch nichts erhoffen. Unbegabte eifrige Leute, das sei zugestanden, können den Kritiker so verschleißen, daß er unerbittlich und wild entschlossen wird, daß er die Gürtellinie nicht mehr bemerkt und allmählich einen Ton anschlägt, als rede er über Vergehen und nicht über Arbeit. Da sich das meist ulkig liest und man selber grade nicht dran ist, nimmt man dies zu oft als sein Markenzeichen und eben hin. Ver-

risse beleben, das war schon immer so, man weiß schließlich, wie Karl Kraus mit dem Feuilleton umgegangen ist und Tucholsky mit dem Theater, den Wahlen und dem Varieté, das waren doch berühmte Zeiten; nichts wie hinterher und auch so gefürchtet und ähnlich sein.

Und dennoch finde ich, Frau Dr. F. faselt, sie tut durch die Blume guten Leuten Unrecht, indem sie so schreibt, als müßte man die dringend einkriegen.

Haben wir denn eine blühende Landschaft der Rezensionen, gar der Sachkunde für die Unterhaltungskunst, daß wir in das allzu Üppige ein paar eingrenzende Zäune setzen müßten? Was wir haben, auf der Bühne, kann sich sehen lassen. Die Unterhaltung ist reicher, vielfältiger, in ihren besten Leistungen sowohl dem Leben als auch anderen Künsten näher, etwas weniger abgeguckt, einfältig, vorgestrig.

Und wir haben ein paar sachkundige Leute, die sich für diese Sache engagieren, sich über einen Schlager genauso ereifern können wie über eine Oper. Die lehnen nicht das Produkt Unterhaltung ab, sondern dessen Mißbrauch. Sie wollen nicht »abschaffen«, sondern Bewegung verursachen, zusammen mit den Komponisten, Autoren und Interpreten, und ein paar von ihnen erkennen die gemeinsame Leistung solcher Dreifaltigkeit durchaus an.

Gute Kritiker lassen wir uns durchaus gefallen. Neben der sachkundigen Belehrung für uns bleibt ihnen die Chance, dem Publikum zu helfen, mehr Kunstverstand zu entwickeln. Manchmal halten sie ihm den Spiegel vor: Darüber hast du gelacht? Das hast du abgelehnt, nur weil du nicht in die Hände patschen konntest? Eine schöne Aufgabe, auch die sogenannten »einfachen Leute« zu befähigen, im Opernhaus, Theatersaal oder auf der Tanzfläche Schmock und Schmarrn von Schönem unterscheiden zu können. Wozu eigentlich ruft Frau Dr. F. auf? Zu helfenden Kritik? Das glaube ich nicht. Sie verlangt Milde und Nachsicht. Das finde ich beleidigend. Kritik, lese ich in ihrem Text, soll unterhaltsam sein. Der Artikel las sich nicht gar so genußvoll, wie er es von anderen verlangt. Ja, es wird manchmal zu hart angefaßt, im Detail. Es gibt Formulierungen, die gehen an die Person, das ist nicht zu erlauben. Aber manchmal gehen sie auch nur scheinbar an die Person, eher wohl an das Kostüm, das Image, die Schminke, alles Äußerliche, das sich als die Person ausgibt. Wenn das Selbst gar nicht eingebracht wurde, ist es unfair, auf seine Verletztheit hinzuweisen. Die Theaterkritiken von Brecht, Döblin, Fontane, die Reihe ist lang, wenn auch einmal abgerissen und kaum in gleicher Qualität fortgesetzt, sind heute noch genußvolle Lektüre. Und keine zahme Sprache. Am meisten trifft jenes Wort, von dem man weiß, es kommt der Wahrheit zu nahe.

Könnte doch sein, der eine oder andere Kritiker der Unterhaltung wird sich an diese edle Reihe anschließen. Das können wir jetzt nicht beurteilen.

Wir wisen aber: Die Unterhaltungskunst hat durch ihre riesige Ausbreitung enormen Einfluß auf die Gedanken- und Gefühlswelt vieler Menschen jeden Alters. Auch durch unsere Schlager werden Wünsche geweckt und Werte beeinflußt, zumindest die Vorstellung von ihnen. Deshalb ist es schon wichtig, wenn aus einem »Kessel Buntes« ein Kessel Plumpes wird. Und das sollte ein Kritiker nicht sagen dürfen?

In eurem Artikel finde ich keine helfende Kritik für die Kritiker und den Artikel grundlegend nicht genügend grundlegend. Wahrscheinlich ist er überhaupt nicht wichtig.

Das war die eine Seite. Ich will die andere nicht verschweigen. In den Künstlerverbänden der DDR wurde mit Akribie untersucht, ob die Literatur, die bildende Kunst und die E-Musik unseren unterstellten äthetischen Maßstäben genügen. Es gab Administrieren, staatliche Eingriffe und oft langmähriges Aufhalten von etwas, was dann ebenso administrativ zu »besonders wertvoll« erklärt wurde. Sie hätten es Strittmatter wie Cremer, Hacks wie Heiner Müller wahrhaftig leichter machen können, aber die alle haben ihre Beulen in der Mehrheit nicht vom »Gegner«.

Es mußten gar keine »Nationalwerke« sein, bei denen die einmal geübte Art sofortigen Eingreifens mit beschämenden Argumenten angewendet wurde. Kritik ist ein schwierig Ding, ich will das hier nicht einfacher darstellen, als es ist.

Beispiele verdeutlichen das Gemeinte besser: Kurt Demmler

hatte ein Lied geschrieben: »Söhneland heißt das Land / das wir baun auf Vaterländern / Söhneland heißt das Land / in dem die Menschen auch sich selbst verändern.«

Das war ein dicker fetter Wurm für die Schnäbel aller, die nur darauf warteten, daß die Konterrevolution schreitet. Niemand hat gelacht, niemand hat bezweifelt, daß die Menschen sich selber vom Grund auf ändern. An dieser voreiligen und, wie sich zeigte, auch nicht besonders zutreffenden Zeile hat sich keiner gestoßen, sie klang ja hinreichend vorwärtsweisend und positiv.

Aurora Lacasa hat das Lied sehr schön gesungen, und ihr Publikum dachte sich nichts Böses. Aber »Auf Vaterländern?« Sollen wir etwa mit unserer ganzen Geschichte leben, auch mit den gehaßten unglückseligen Teilen? Sollen wir akzeptieren, daß wir ungeachtet unserer persönlichen Herkunft zu dem Volk gehörten, das nicht nur Dichter und Denker, sondern auch Henker hervorgebracht hat? Wo wir doch per Dekret verlautbart haben, daß wir nicht deren Erben sind?

Das war vor der Zeit, nach der Bismarck wieder ein Vorfahre sein durfte, vor der Aufstellung des reitenden Königs Unter den Linden, es war vor manchem, und es war typisch. Denn in die politischen Einwände mischte sich auch so ein Ton, der meinte: Und man muß ja auch daran denken, vor wem das gesungen wird. Vor den doofen Werktätigen, nach Feierabend. Es ist viel Zeit vertan worden, das Lied zu verbieten, ein bißchen zuzulassen, ins Archiv zu stellen und dort wieder herauszunehmen. Ein sehr langweiliger und lustverschlagender Vorgang. Mich haben nur die Einwände aufgeregt, das Lied hat mich erfreut.

Aber geärgert habe ich mich darüber, daß Ilka Lux ohne jegliche Anfechtung, auch keine solche von mir, in heißen Höschen steckend sang: »So wie Friedrich Schillers Millers Töchterlein / bin auch ich verliebt / Doch deinetwegen nehm ich keine Gifte ein … etc.« Luise Miller wurde ermordet, vergiftet, sie hat gar nichts »eingenommen«. Und die ordinäre Art, ein Werk der Weltliteratur kokett abzuhandeln, hat mich arg gestört. Text: Dieter Schneider.

In dem Schlager »Lichterglänzendes Rad«, womit ein Riesenrad und der Blick von oben gemeint sind, hieß es: »Nirgendwo war Einsamkeit, überall Gemeinsamkeit.« Komm runter, Frau, hätte ich der Autorin gern gesagt, guck dich um, wieviel Einsamkeit, wie wenig Gemeinsamkeit – wenn auch vielleicht nicht mehr als heute. Beschönigung der Wirklichkeit heißt Euphemismus.

War es nicht blöd, wenn Frank Schöbel sang: »Mädchen mit roten Haaren, die mußt du fragen, was Liebe ist ...«?

Oder wenn Chris Doerk sang: »Nein, ich ändre mich nicht / ich bleibe so wie ich bin.« Ich dachte, wenn ein junges Mädchen sich dazu bekennt, sich unter keinen Umständen ändern zu wollen, da wird sie es im Leben nicht leicht haben. Das ist spießig und backfischhaft. So etwas vertraut man höchstens dem Tagebuch an, nicht dem Publikum. Aber solcher Fragen der Lebenshaltung haben sich die Kritiker damals auch nicht angenommen. Vielleicht war es zu viel, vielleicht haperte es allenthalben. In jeder Familie leben im Normalfall 4 Generationen und versuchen ihre Sicht und ihre Normen durchzusetzen. Die ändern sich sowieso nicht mehr, die Alten, aber wenn die Jungen schon ältlich anfangen, das muß man nicht propagieren.

Nirgends so wie in der Unterhaltung gab es in der DDR Cliquenwirtschaft, Protektion, Karrierismus, Ausnutzung von Einfluß, eine Hand wusch die andere, ein schmuddliges Geheimnis wurde wegen eines anderen bewahrt. Als ich das einmal, vor Lampenfieber und Engagement zitternd, im Rundfunk bei einer Versammlung der Branche vorbrachte und anklagte, sogar anmahnte, das doch zu ändern, sah ich mitleidige Blicke, bemerkte, daß ich mich eben selber vorgeführt hatte und sehr weit draußen war, und begriff auch, daß ich meinen Appell an die Adresse richtete, die ich so nahe nicht glaubte.

Ich habe gar nichts geändert, nur meine Weltfremdheit offenbart.

In den vornehmen Schriftstellerverband kamen die Autoren von Schlagertexten nicht einmal, wenn sie schon einen Kunstpreis bekommen hatten, was weniger über ihre Kunst als über ihren Erfolg und die Langjährigkeit ihrer Arbeit aussagte. Der Verband hielt sie sich vom Hals.

In den fast 30 Jahren, die ich dort Mitglied war, wurde über Unterhaltung nicht gesprochen. Also hätte es nicht genützt, dort Mitglied zu sein. Die meisten Autoren von Texten für Schlager waren freischaffend und hatten freiwillig ihre Schulbildung nicht weitergeführt. Außer privat konnten sie eigentlich mit niemandem über ihre Arbeit reden. Aber wozu gefährden, was so gut läuft? Manche Autoren, darunter hervorzuheben Dieter Schneider, wollten sich die ständigen Einwände durchaus zu Herzen nehmen. Er wäre gern in einem Kreis von Menschen gewesen, mit denen man über die Arbeit hätte reden können, und hat mich einmal sehr bewegt gefragt: »Was muß man denn noch machen, um im Verband Mitglied zu werden?« Dann hat er mir seine Arbeit der letzten zwanzig Jahre aufgezählt. Für den Verband mußte man Bürgen haben. Ich wäre gern sein Bürge gewesen.

Bei Bettina Wegner hat es über ein Jahr gedauert, ich war auch die Bürgin für Monika Erhardt-Lakomy und bin zunächst ausgelacht worden, ich stieß auf harte Vorbehalte wegen Mensching, Andert und Wenzel – wenn es doch gelang, so, weil sie meiner Attacken müde waren, die Kollegen. Die Hürde hieß, sie haben keine zwei Bücher geschrieben. Die hätten schlecht sein können, das war egal. Aber Bücher, was heißt hier Programme, Aufführungen, Wirkungskreis. In jedem Fall mußte eine Mappe vorgelegt werden, und es hätte passieren können, daß einer sich ein Gaudi daraus macht, Zitate vorzulesen.

Ich wußte, daß ich Schneider, zum Beispiel, nicht hineinkriege. Das hat ihn gekränkt, und es bleibt ungerecht, denn auf seinem Gebiet ist er ein Könner, während ich stark bezweifle, daß sich in der Akademie der Künste nur solche ihres Gebietes spreizen durften. Vergangen, versunken, vorbei. Heute kommt es auf Verbindungen und Verquickungen nicht weniger an, nur daß die Einflußreichen seit langem feststehen, und nun gehören wir alle nicht dazu. Das ist doch ein Zipfelchen Gerechtigkeit, wenn auch wider Willen.

8. Der Chansonnier

IN UNSERE WOHNUNG in Leipzig kam eines Tages ein junger Mann, der in einer Nachtbar der Stadt sang. Wir haben uns angefreundet, paßten irgendwie zusammen. Zweimal im Jahr kam er vorbei, vielleicht war er inzwischen mal wieder in Kuba gewesen, oder anderswo im Ausland, irgendwann sang er wieder in Leipzig und kam vorbei.

So ging das eine ganze Weile. Kurze Zeit war er bei der FDJ gewesen, war dort aber schnell wieder raus und versuchte, auf eigenen Füßen zu stehen. Er hatte studiert, war intelligent, geschmackvoll gekleidet, angenehm. Er hat aber nie gefragt, ob ich ihm mal einen Titel schreibe. Darüber war ich eigentlich froh und dachte, er meint wahrscheinlich, daß ich nicht der richtige Komponist für ihn bin. Jedenfalls zog sich das mindestens zwei Jahre so hin. Das konnte natürlich meinem Texter Dieter Schneider nicht verborgen bleiben. »Menschenskind, da machen wir doch was.« Er mußte immer was machen, er kann noch heute nichts auf sich beruhen lassen. Also haben wir zwei Lieder geschrieben. Das eine Lied war für Schöbel gedacht, aber Schöbel wollte es nicht. Zu »Wenn zwei sich finden« gab es sogar schon ein produziertes Band im Rundfunk. Wir haben ein zweites Lied gemacht: »Solange wir uns lieben.« Ich habe den jungen Mann gefragt und hatte nicht das Gefühl, daß er mir mit seiner Zusage einen Gefallen tun wollte. Er hat nicht gesagt, daß ihm die Lieder gefallen, er hat auch nicht gesagt, sie gefallen ihm nicht, er hat sie gesungen, wie auch immer.

Ab dieser Zeit gab es außerhalb der Nachtbars, außerhalb des Namens Jürgen Pippig einen Sänger, der Jürgen Walter hieß. Er war gestartet, wieder einmal waren wir die ersten gewesen, Bause und Schneider. Mit »Solange wir uns lieben« war er sogar in der Jahres- Bilanzsendung »Einmal im Jahr.«

Es war die Zeit, als wir nach Berlin ziehen wollten. Als wir dann in Biesdorf in unserem Haus zur Ruhe gekommen waren, bekam ich eine Einladung in das Klubhaus des VEB Müllabfuhr, hinter der Schönhauser Allee, nahe der Grenze.

Jürgen war wieder mal in Kuba gewesen. Als er zurückkam, hatte ihm seine mütterliche Freundin Gisela Steineckert die Koffer vor die Tür gestellt, ein neuer Mann war eingezogen, der Chefredakteur von Radio DDR. Jürgen war völlig fertig. Er mußte zurück in die miese kleine Wohnung im Hinterhof. Aber bei der Müllabfuhr merkte ich, daß zwar die Liebe zu Gisela eingeschlafen war, oder abrupt abgebrochen wurde, aber die künstlerische Liebe ist, so wie ich das jetzt beurteilen kann, immer geblieben. Zur Königin Mutter, wie wir sie hinter ihrem Rücken genannt haben.

LIEBER ARNDT, Königin Mutter wurden mehrere Frauen genannt, auch Frau Oelschlegel in Leipzig, die Direktorin der Konzert- und Gastspieldirektion, und ich hatte hinter dem Rücken mehrere Namen, auch süffisant gemeinte wie »Meisterin«, aber das lasse ich beiseite. Ich habe nie in meinem Leben einem Menschen die Koffer vor die Tür gestellt, hätte ich bei Jürgen auch deshalb nicht gekonnt, weil er sie mithatte.
Der Jürgen Walter und ich sind uns im Oktoberklub begegnet und waren voneinander fasziniert. Wir waren uns vieles und sind uns in manchem einzigartig geblieben – aber seine mütterliche Freundin war ich nie. Ich habe ihn heute gefragt, er sagte: »Das wohl zuallerletzt. Vielleicht kommt das noch.« Ich kann ein Talent erkennen. Weil ich begierig bin auf Begabung. Ich erkenne es, auch wenn es mit dem Daumen ungeschickt auf der Gitarre klimpert und einen selbstgemachten naiven, eigentlich schlechten Text zu einer nicht sehr originellen Musik singt. Das Talent war so deutlich, dazu brauchte es eigentlich meine ausgepichte Freude am Erkennen nicht. Er war sehr schön, eher exotisch, hochsensibel, dünn, lockig, mit ehrlichen Blicken und einem tiefgründigen Sinn für Ironie und Selbstironie. Wir haben uns ganz normal ineinander verknallt, versteckten das erschrocken, denn er fühlte sich mir, und ich fühlte mich ihm unterlegen.
Neben einem gleichaltrigen Mann war ich eine junge Frau, gerade Mitte Dreißig, aber die Oktobris hatten mich nicht ein-

geladen, damit ich mich in eins ihrer Mitglieder verliebe. Das ganze Leben lag noch vor mir, trotz bereits erfolgter Niederlagen, angeknackster Seele, und was ein Weib so alles Mitte Dreißig hat. Und er, er steckte in einem Studium, das ihm nicht seine Begabungen abverlangte, sondern ihn mit genau jenen Regeln nervte, nach denen er nie leben konnte. Er hat ein geniales Talent, Sprachen zu lernen, aber an der Uni hat er keine gelernt, sondern wie nebenbei in einem Ferieneinsatz. Fania Fenelon hat mir gesagt: »Er spricht wie ein Franzose, nur schneller. Keiner von meinen Freunden glaubt, daß er nicht in Paris aufgewachsen ist.«

Ich habe erlebt, wie er an einem Abend, nach der Eröffnung des 1. Festivals des politischen Liedes, in unserer damals gemeinsamen Wohnung in der Schönhauser mit sämtlichen Anwesenden in ihrer Muttersprache redete und für mich gleichzeitig übersetzte. Polnisch, russisch, spanisch, englisch und französisch. Als er in der Slovakei auftrat, sagte er nach drei Abenden in der Landessprache an.

Aber die Leichtigkeit, mit der seine außerordentliche Intelligenz Wissen aufnahm und umsetzte, wurde an der Uni verschlagen und schlug um in Lustlosigkeit, Mangel an Antrieb und echte Faulheit. Sie haben sich den Studenten aufgezwungen und nichts, nichts an ihnen herausgefordert.

Wir waren verliebt, aber ich konnte nicht glauben, daß er neben so vielen sehr jungen schönen Mädchen mich meinte. Mit denen konnte er nichts anfangen, er war hungrig nach geistigem Kontakt, nach ewig langen Gesprächen und nach Reife. Aber neben ihm fühlte ich mich älter, alt, und die jungen Mädchen ersparten mir, auch aus Neid, keine Taktlosigkeit.

Das alles ist Jahrzehnte her. Der Altersunterschied zwischen uns hat nur für mich eine bedeutende Rolle gespielt. Jürgen Walter war der galanteste, manierlichste und charmanteste Prinz, bei ihm sah ein Handkuß ganz normal aus, und er konnte mit dem Herzen sehen.

Mit seinen gerade 22 Jahren war er noch nicht besonders gebildet oder kenntnisreich, aber die Herkunft aus dem kleinen grünen Dorf hatte er schon ebenso abgestreift wie den für jeden Künstler tödlichen markanten Dialekt. Er war leicht zu fesseln und begriff sehr schnell.

Eine gewisse Verspieltheit und Egozentrik war ihm nebst Sturkopf gleich zu eigen, aber seine Zuneigung, sagen wir Verliebtheit, setzte er mit Hingabe gegen meine Ängste. Heute denke ich, wir haben uns damals gebraucht, genau so, wie wir waren, in aller Anfänglichkeit und in allem Unzulänglichen. Es war eine Liebe, die sich veränderte. Je ernsthafter ich mit ihm umging, desto mehr fand er zu sich selber, und als er den bedrängenden Zustand des Studenten hinter sich hatte, wurde er erwachsen, nicht ganz, nicht gleich und nicht in allem dauerhaft, aber er wollte es in manchem Sinne auch nicht werden.

Ich wußte damals noch nicht, wie ein Lied für ihn zu schreiben wäre, und begnügte mich damit, seine Rohübersetzungen französischer Chansons nachzudichten.

Wir lebten sechs Jahre zusammen, nicht auf den Tag genau. Aber es wurde Zeit, ihn in sein Leben zu entlassen und zu mir selber zu finden. Für Unordnung in den privaten Dingen waren wir beide nicht geeignet. Ich wußte, daß ich meinen Mann gefunden hatte, und daß er die für ihn richtige Partnerschaft finden würde.

Damals ahnten wir nicht, daß unsere eigentliche Zusammengehörigkeit, daß der beste Teil noch vor uns lag.

Aber es hat weh getan, und wir brauchten eine Pause. Die haben wir gehabt. Bis auch ich eine Einladung in den Kulturraum des VEB Müllabfuhr bekam.

ICH BIN DORT HINGEFAHREN, vormittags, zur Müllabfuhr. Dort saßen Brandenstein, Gisela Steineckert, Texterin und Lyrikerin, berühmt, und Hans-Georg Schmiedecke. Von dem mag sich, siehe »Stern«, Jürgen wohl auch etwas versprochen haben.

Was dort begann, war eine andere Welt, eine andere Verabredung. Jürgen hatte Geld gespart, sich die Stilow-Band gemietet, mit den Musikern geprobt und wollte sich vorstellen. Er dachte, ich kriege nur dann die Lieder, die ich will, wenn ich »meinen« Autoren vorführe, was ich kann. Die kommen ja nicht dorthin, wo ich auftrete.

Das fand ich sehr mutig. Jeder bekam einen Kaffee, und dann spulte er ein ganzes Programm ab, mindestens dreißig Titel. Er zeigte alle Seiten seiner Begabung und seine Vorstellung von guten Liedern. Mittags um zwölf war die Sache vorbei, alle nickten mit den Köpfen, alle waren überzeugt, daß das gut, hervorragend war. Nun müßte man was machen. Aber was? Ich bin nach Biesdorf gefahren, habe mich an den Flügel gesetzt, ein bißchen rumgeklimpert, Kassettenrekorder angestellt und habe gesungen »Schallali schallala, es tut nicht mehr weh ...« Ich habe nacheinander sechs Titel gemacht. Dann rief ich Gisela Steineckert an, weil ich die Lieder verteilen wollte, und sagte: »Die Lieder für den Jürgen sind fertig.« Sie muß wahrscheinlich vom Stuhl gefallen sein.

KEINESWEGS, ARNDT, denn ich hatte auch mit dem Kopf genickt, mich verabschiedet, war nach Hause gefahren und hatte mich an meine Maschine gesetzt, die laut klappernde, auf der man noch Durchschläge schreiben mußte. Der Text »Barbara« war mir aus der Seele geströmt, ein zweiter folgte ihm. Als du angerufen hast, war das die normalste Sache. Ich wußte, daß du gleich oder nie etwas machst, ich wußte, daß ich alle die Empfindungen, die Jürgens Vorstellung geweckt hatte, in Texte bringen mußte, gleich, nicht irgendwann.

ICH HABE IHR die Kassetten hingebracht. Wir haben geredet, dann war ich bei Pelle Brandenstein, der hat »Du bist ein Teufel« beigetragen, und die Steineckert fand die tiefgründige Zeile »Schallala schallali« so bedeutend, daß sie sie übernommen und einen zauberhaften Titel daraus gemacht hat, der inzwischen mit allen Varianten fester Bestandteil seines Repertoirs ist und ihn an die Schlagerspitze katapultiert hat.

JA, LIEBER ARNDT, aber ein weiteres Mal muß ich sagen, es ist nicht so gewesen. Deine Musiken haben mich sofort inspiriert, darunter war das spätere »Wär mir doch alles ganz egal«, »Der Vorhang fällt vor unsre Nacht« etc. Aber erst ganz zuletzt, schon an der Tür, hast du gesagt: »Bei dem da stelle ich mir sowas ganz Gängiges vor, so ä Schallala schallali ...«, kein Wort mehr. Als du raus warst und es mich ans Werk riß, wurde ich aufgehalten, weil ich das unmöglich fand. Was heißt hier »schallala schallali«, wer bin ich denn? Warum nicht trallala trallali? Mir wird hoffentlich was Gescheiteres einfallen, ich laß mich doch nicht in Niederungen ziehen.

Aber die beiden Wörter gingen mir nicht mehr aus dem Kopf, und ich dachte: Ich könnte die natürlich auch benutzen, im Sinne von »Na und? Was soll sein, ist lange vorbei ...«, da kriegen diese Leer- oder Schimmelsilben einen tragikomischen Touch.

So hab ich's dann gemacht. Das Lied war so erfolgreich, daß ich mir von den Tantiemen zwei behutsame Gedichtbände leisten konnte, für die es ja bekanntermaßen kaum Geld gibt. Ja, »Barbara« war dabei, und deine Musik dazu find ich noch heute genau der Stimmung und den Worten entsprechend, es ist nicht nur eins seiner, es ist eins unserer schönsten Lieder, so gut, daß es nie von einem anderen Interpreten nachgesungen wurde. Sie haben gesagt, nee, das ist der, das kann man nicht besser machen.

Arndt, du sagst, ich hätte Klaus Hugo angerufen und gesagt, wir müssen sofort sechs Titel mit Jürgen Walter produzieren. In meiner Erinnerung ist das anders. Ich glaube nicht, daß ich mich das getraut hätte. Ich behaupte, du hast sie im Lektorat vorgestellt, sie sind sofort angenommen und dann von dir produziert worden. Ein Titel mit Schmiedecke, einer mit Brandenstein, von da an deine Musiken mit Texten von mir.

NUN GAB ES FÜR MICH als Komponisten den Interpreten Walter. In der Schlagerszene war etwas passiert. Wir hatten uns Mühe gegeben, wollten eigentlich einen Anspruch wecken, wir haben uns außerhalb aller Schubladen den Spaß geleistet, uns herausgefordert, etwas anderes als den üblichen Tagesschlager zu machen. Es hatte uns gereizt, obwohl wir wußten, daß damit kein Geld zu verdienen war. Wir konnten es uns leisten. Endlich hatten wir einen Interpreten, der Ansprüche an uns stellte und sie auf der Bühne umsetzen konnte. Das hat er uns mit dem Konzert in der Müllabfuhr bewiesen.

Und damit ging es los. Die Schallplatte wollte unbedingt die ersten sechs Titel, also brauchten wir für eine Langspielplatte noch sechs dazu. Damit war klar, wie das künftige Team aussehen würde, denn es sollten Lieder von Bause-Steineckert-Walter sein. Dazu kam, was man sich heute nicht mehr vorstellen kann, von der Platte eine Zusage, ich könne für die Produktion in der Brunnenstraße alles nehmen, was ich brauche. Ich kann die Streicher von der Komischen Oper holen, auch Pauken und Harfen, ich kann besetzen, egal, was es kostet.

Die Platte kam raus, wurde ein Riesenerfolg, die Leute standen im Plattenladen an wie sonst, wenn es eine begrenzte Anzahl von Udo-Jürgens-Scheiben gab. Es wurde auch ein finanzieller Erfolg, was Amiga dazu brachte, nach »weiter so« zu rufen. Endlich gab es einmal gute Kritiken für intelligente Texte mit etwas anspruchsvollerer Musik. Ich habe mich mit Riesenspaß reingekniet, denn ich konnte ohne Lektorat alles machen, was ich wollte. Es gab zwischen uns dreien die meist problemlosen Absprachen, soweit sie nötig waren, und wir haben experimentiert, bis alle im Team zufrieden waren. Wie das zu klingen hat, wie es gehen könnte, und so sind richtig gute Lieder entstanden.

Zwischendurch, Schnurre, hatte Jürgen einen Bauunternehmer aus Reutlingen kennengelernt. Ein Unikum von Mensch, aber er half Jürgen, hat ihm Bose-Boxen durch die Grenze geschmuggelt, mir später auf demselben Weg Autoreifen mitgebracht.

Nach der zweiten Platte wurden wir zum Pressefest der Humanité nach Paris eingeladen.

Jürgen bestand darauf, daß Bause mitfuhr. Die Künstleragentur lehnte das ab: Bause fährt nicht mit. Jürgen blieb dabei, ohne Bause fährt er nicht. Wenn der meine Musik macht, muß er mit nach Paris. Walter sagte ab und setzte damit seinen Kopf durch. Bause durfte mit.

Meine Frau fuhr uns mit dem Auto nach Leipzig zum Sonderzug, dann – damit ging es mir nicht gut – allein wieder zurück nach Berlin.

Im Sonderzug nun sitzen schon die Musiker vom Rundfunk-Sinfonieorchester Leipzig und die Kollegen der Gruppe Karat. Wir fahren gemeinsam nach Paris. Am nächsten Tag ist Probe. Die Franzosen sagen, solche Musik wie die von Karat brauchen wir nicht. Wie schön für die Kollegen. Sie kriegen ihr Geld ohne Arbeit und können drei Tage lang in Paris spazierengehen. Wir proben, Jürgen kommt groß an, und wir müssen beim Botschafter eine Gala geben. Jürgen muß viermal am Tag sein ganzes Programm runterspulen, bis nachts. Und dann ist noch dazu sein Pianist Pitius abgehauen.

Einmal hatten wir frei und sind vom billigen Quartier am Stadtrand mit der U-Bahn in die City gefahren, bis zu den Champs Elysees. Bauunternehmer Robert war mit seiner Frau im großen Auto aus Reutlingen gekommen, mit seiner Videokamera hat er das ganze Programm gefilmt und uns das Essen bezahlt. Das war leider nötig, denn bei Empfängen hatten wir zu tun, und welcher Sänger ißt schon vor einem Auftritt. Für hinterher hat uns leider nie einer eine Schmalzstulle aufgehoben, aber nun lud uns Robert ein – Geld hatte man uns nicht gerade mitgegeben –, und wir aßen vom Feinsten.

Ein bißchen Schwarzgetauschtes hatte ich natürlich und trieb den Jürgen unerbittlich durch Paris, entschlossen, für meine Frau das schönste Kleid aus Paris zu kaufen.

Abends um neun Uhr hatten wir es gefunden und uns vorführen lassen, es war sündhaft teuer, aber ich habe es bezahlt, die ganzen achthundert D-Mark, ließ es mir einpacken und schritt damit von dannen.

Ich brachte auch für die Kinder Geschenke mit nach Berlin, aber der Höhepunkt war das Kleid aus Paris für meine Frau. Später einmal wollten wir mit Ina-Maria Federowski in der Sendung »Bong« den ersten Preis gewinnen. Meine Frau verschwand mit Ina-Maria in unserem Schlafzimmer, probierte ihr das Kleid an und sagte: »So treten Sie auf. Dann gewinnen wir.«

Ina-Maria ist in »Bong« aufgetreten und hat das Kleid nicht getragen, aber es war weg.

Ich war verletzt, durfte das aber nicht so richtig zeigen, denn alles hing mit Paris zusammen, mit der Stimmung, dem Alleinsein, dem heftigen Wunsch nach Entgelt für das entgangene Zusammensein dort, wie soll man das vermitteln. Ich konnte ja nicht verlangen, daß dieses Kleid neben die Meißner Tassen in die Vitrine gestellt wird.

Die anderen sind mit dem Zug zurückgefahren, wir hatten uns wegen eines Auftritts in Schwerin einen Rückflug ausbedungen. Also sind Jürgen und ich am Montag früh nach Amsterdam geflogen, dort sollte die Interflug Monteure, Geschäftsreisende und uns einsammeln. Machte sie aber nicht. Wir warteten am angekündigten Schalter in einer sehr langen Schlange. Na fein. Und keine Ahnung, wann der Flug stattfinden sollte. Schließlich sagte einer von der Interflug für die Geschäftsreisenden und die Monteure durch, wo sich alle einzufinden hätten. Nicht um zu fliegen, sondern um Verpflegung zu empfangen.

Das war schon am Nachmittag, da sollte Jürgen auf dem Weg nach Schwerin sein. Wir standen schon dort, wo man uns hinschicken wollte, am Ende der Schlange. Jürgen sagte: »Schlange stehen dürfen wir zu Hause. In Amsterdam muß ich nicht für die DDR Schlange stehen. Komm, wir gehen erster Klasse essen.«

Das haben wir dann gemacht. Er hatte unterwegs nichts ausgegeben, war gar nicht dazu gekommen. Wir haben diniert, uns eine Flasche alten Chablis genehmigt und am späten Nachmittag sind wir zurück in die DDR geflogen.

Paris ist auch in meiner Erinnerung die Aufregung, die Anstrengung und das ganze halb Schäbige und halb Glanzvolle der wechselnden Szenerien wert gewesen.

Zu Hause ging es weiter, von Erfolg zu Erfolg. Plötzlich war Jürgen unser »bestes Pferd im Stall, unser interessantester Mann«. Viel Geld verdienen, »berühmt, berühmt«, er sagte immer wieder das Wort »berühmt«. Starauftritt im »Kessel Buntes«, lange Tourneen.

Das Wort »berühmt« hat er dann in ein Lied eingeflochten, das ihm Gisela schrieb: »Berühmt und immer noch ganz bescheiden, das wär fein ...«

Es war wohl alles zu viel und nach langem Warten doch zu schnell gegangen. Mir schien irgendwann, er war nicht mehr dieser kompromißlose Mann, als der er angetreten war und den wir so mochten. Es wurde die dritte Platte gemacht, und es ging nicht mehr so locker. Er war verkrampfter. Ich hatte mir eingeredet, ich hab gute Titel gemacht, aber im Unterbewußtsein war ich verunsichert. Wir haben die Orchester aufgenommen, die Arrangements klangen, waren auch wieder ausgefallen, alles gut.

Dann wollten wir den Gesang aufnehmen. Ich habe im Studio hinter dem bewährten Tonregisseur Walter Müller gesessen und wurde das Gefühl nicht los, das ist nicht echt, das ist aufgesetzt, äußerlich. Das kommt nicht mehr von innen heraus. Vorher hatten wir die Single »Je t'aime« gemacht. Dann hatten sie Jürgen kurz vor dem entscheidenden Geburtstag zur Reserve eingezogen. Wir haben uns alle an den Kopf gefaßt und uns gefragt, wer in diesem Land kommt auf die Idee, Jürgen Walter zur Armee zu holen, ihn in Uniform zu stecken? Der geht dort vor die Hunde, wer will das? Die Steineckert hat sich »hochgewandt«, bis zu Hager, sie hat darum gebeten, ihm das zu erlassen. Es hat nichts genutzt. Entweder war es Böswilligkeit, oder man wußte nicht, daß er von Natur aus in keine Kompanie gehörte. Oder wollte es nicht wissen, oder vielleicht gerade deswegen.

KLEINE UNTERBRECHUNG, ARNDT. Ich habe mich nicht an Hager gewandt, der hätte kaum was gemacht, nicht in einem solchen Fall. Ich schrieb an den Armeeminister Hoffmann und bot mich als Ersatz an. So gut wie der sei ich auch geeignet. Ich habe mich an jeden gewandt, der etwas zu sagen hatte. Den Kulturminister habe ich nahezu angefleht, sich eine dienstliche Obliegenheit, von mir aus bei Wasser und Brot, auszudenken, aber der da, der ist kein Soldat und wird keiner werden.

Die Antworten sagten mir bei aller Umschreibung: Es ging darum, den Leuten in der Kaserne zu zeigen, daß bei uns keine Ausnahmen gemacht werden. Berühmt oder nicht berühmt, zur Armee muß jeder.

Mit diesem Satz wurde er in der Kaserne empfangen und die Gleichbehandlung sah dann so aus, daß er in allem benachteiligt wurde. Kein anderer hatte soviel 24-Stundendienste, so oft die Klosetts zu säubern, keiner außer ihm mußte Strandkörbe schleppen und das Gras auf einem kleinen Landeplatz für Hubschrauber ausrupfen.

Bei uns sind Sie kein Künstler ... das hat er oft genug gehört. Andererseits störte es niemanden, wenn wir die Gefechtsbereitschaft dadurch lahmlegten, daß wir beim Rundumdienst das Einschlafen verhinderten, indem wir stundenlang telefonierten, über das Diensttelefon. Wenn ich nicht mehr konnte, hat mich mein Mann abgelöst.

Als das Unglück passierte, von dem du gleich reden wirst, waren wir im wohlverdienten Urlaub in einer kleinen Baude in Harrachov. Auf dem Weg nach Spindlermühle kam Fritz Räbiger zu einer Tasse Kaffee vorbei, er erzählte meinem Mann, was dem Jürgen widerfahren war und daß er, verstehe einer die Welt in Armeeköpfen, Sonderurlaub bekommen habe.

Wir fuhren am nächsten Morgen nach Berlin zurück, denn der Jürgen brauchte uns. Wie er nach Hause gekommen war, darüber weißt du mehr.

ES PASSIERTE während dieser Zeit, daß sein Freund nachts im Prenzlauer Berg ermordet worden war. Gisela hatte uns angerufen und gesagt: »Ich bin fast durch, ihn rauszuholen, noch nicht ganz, aber fast, jedenfalls steht dort oben alles kopf.«

Meine Frau und ich haben uns früh um sechs Uhr in das Auto gesetzt und sind nach Peenemünde gefahren. Bis vor das Kasernentor, ich ging raus zur Wache und habe gesagt: »Guten Tag, ich komme aus Berlin. Ich hole Jürgen Walter ab.« Das schlug ein wie eine Granate. Die fragten nicht, wer ich bin, die fragten nicht, wer mich geschickt hat, ob das ZK oder Honecker oder der Warschauer Pakt. Für zwanzig Minuten herrschte Verwirrung. Immerhin stand draußen ein Volvo.

Nach einer knappen halben Stunde kam Jürgen in Zivil und hatte sämtliche Klamotten mit. Wir setzten ihn ins Auto, nahmen ihn mit nach Biesdorf und haben ihn Tag und Nacht bewacht, weil er in seinem Entsetzen über diese fürchterliche Tat gefährdet war. Meine Frau hat ihn umsorgt.

Er wollte den Toten noch sehen, dann kamen die Polizeiverhöre. Aber er mußte mit den Füßen wieder auf die Erde, mit dem Knacks leben lernen. Er hat es ja auch gepackt.

Mit »Je t'aime« hatte ihm Gisela einen Text geschrieben, der ihm ermöglichte, seinen Kummer herauszuschreien. Die Musik zu diesem Lied ist schön, und ich glaube noch heute, daß es eins seiner stärksten Lieder ist. Vielleicht haben wir es damals benutzt, damit er sich nicht verschließt, aber es war zu seinem besten. Wir haben ihn in die Arbeit getrieben, wieder ins Leben, wir, seine Freunde, sein Team. Wie er das Lied gesungen hat, da war Zorn auf sich selber, Enttäuschung und Trauer zu spüren.

Und nun saßen wir im Studio und machten die dritte LP, er schien über das Schreckliche hinweg, aber ich merkte, wie aufgesetzt manches war, wie überspielt, wie unlebendig alles klang. Es zog sich hin bis zu dem Titel »Halb und halb«. Da ist der Zauber dann zerbrochen, da war Ende. Dagegen kann man nichts machen. Es hat keinen Sinn, sich anderes vorzunehmen oder einzureden, das geht bei der künstlerischen Arbeit nicht. Ich habe gesagt, so geht das nicht. Jürgen ist immer wieder aus der Kabine gekommen, hat immer wieder gesagt: »Ich beweise euch, daß ich es kann.«

Ich habe gesagt: »Du kannst es nicht.«

Irgendwann hatten wir ein Band voll Gesang – und nichts war besser. Damit ist es eigentlich zu Ende.

Später hat Jürgen Walter Kontakt zu Thomas Natschinski gefunden. Der war in seiner sensiblen Art der richtige, oder zu jener Zeit der einzige, der neuen Zugang fand. Er konnte es, er hat für Jürgen wunderschöne Lieder geschrieben, wunderschön arrangiert, das muß man einfach mal sagen, wunderschön produziert. Aber diese ersten drei Platten mit Gisela, mir und Jürgen, das war eine in sich geschlossene Epoche, eine kostbare Zeit.

Heute ist es so, daß wir uns ein oder zwei Mal im Jahr sehen, besuchen, über alte Zeiten reden, aber mehr nicht. Wir vertragen uns, wir alle haben die Zeit überstanden, und wir wissen, daß ihr nichts hinzuzufügen ist und daß sie gut war.

ARNDT, IN MEINER ERINNERUNG war es eine Zeit der härtesten Arbeit, ringsum zerbrachen Illusionen, gab es Brüche und für uns einen allmählichen, nie gewollten Verlust des Bewußtseins von Unersetzlichem.

Deine Panflöte in »Wo ich hergekommen bin«, deine Komposition für »In der Winternacht«, die den Maler Peter-Michael Glöckner angeregt hat, einen ganzen Zyklus zu diesem Lied zu machen. Eins dieser Hinterglasbilder besitze ich. So schöne Lieder, die in keine Schublade paßten, eine vorher unübliche Mischung aus Schlager, Chanson und Kunstlied. Ach, das waren Lieder, und ich kann »Ich bin ein Mann« oder »Solang ich lebe« bis heute nicht hören ohne Glücksgefühl und Traurigkeit.

Wie wir da gearbeitet haben, arglos und achtsam, einander auf die Finger guckend und in die Seele, das glich vieles aus, an dem wir alle zunehmend krankten. So eine Heimfahrt, wenn der Partner allein nach Paris fliegt, eine unnötige Kränkung. Von Rostock bis Suhl zur Hilfe sein, immer allgegenwärtig, für alles zuständig, aber Pressefest in Paris, da bin ich auch einsam und noch dazu in falschen Schuhen durch dieses Wunder einer Großstadt gelatscht. Heulend vor Heimweh und Sehnsucht nach dem Menschen, der sonst immer neben mir war.

Wir drei waren mit unseren Partnern in Karl-Marx-Stadt und Dresden, das durften wir, mehr lange Zeit nicht.

Aber ich werde immer wissen, wie es war, wenn du mir eine neue Melodie durchs Telefon gedröhnt hast, wenn du mit dem Rekorder kamst, immer in Eile, und gerade warst du aus der

90

Tür, saß ich schon und schrieb die Texte, weil mir die Wörter nahezu geschenkt wurden. Mit den wenigsten Worten und sparsamsten Gesten haben wir in der Arbeit zusammengepaßt, uns fast nie gelobt, höchstens karg, höchstens ich dich. Ein bißchen Heimweh ist geblieben.

Aber die vierte im Bund war Angret. Ohne Angrets scheinbare Zurückhaltung, ohne ihr Engagement und ihr Gespür für Qualität wäre es nicht gegangen. Du warst auf ihre Meinung angewiesen, und sie war eine der Hauptpersonen. Was immer wir drei gemacht haben, unsere Partner haben durch gute Nerven und viel Verständnis ihren Teil dazu beizutragen. Und Angret ist eine faszinierende Frau.

Als ich sie kennenenlernte, waren die großen Mädchen schon aus dem Haus. Angret hat große blaue Augen, deren Ausdruck von Staunen bis Glitzern reicht. Sie war immer perfekt von Kopf bis Fuß, gab mir ungewollt immer das Gefühl, ich hätte wieder das Falsche aus dem Schrank gezogen oder im letzten Moment ergattert. Angret stimmte immer, ob im Garten beim Grillen, in Jeans mit flachen Schuhen und Haarknoten, ohne Schmuck, fast ohne Make-up, sie sagte: »Mein Mann braucht mich doch als Laufbursche für alles, was er vergessen hat«, ob in der Kleinen Revue beim Konzert von Jürgen Walter, spätabends ...

Für das hatte ich mir ein Kleid gekauft, na gut, sie hatten nur zwei zur Auswahl, und es war mein erstes mit Pailletten an den Schultern, und nach diesem Abend habe ich es meiner Mutter geschenkt, die trug es zu ihrem 80. Geburtstag.

Weggegeben habe ich es wegen Angret.

Sie kam mit lose halblang fallendem dunklen Haar, im schwarzen Hosenanzug, mindestens Cashmere-Anteil, und ihr einziger Schmuck war eine schmale Brillantbrosche am einzig richtigen Platz. Da kam ich mir wieder vor wie Konsum. Ihr Geschmack ist Übung und Instinkt, Ehrlichkeit vor dem Spiegel, vielleicht manchmal ein bißchen mehr Zeit für Pflege, sie hat Anlegen und Weglassen gelernt, und da ich weiß, wie sie als Mensch ist, darf sie bei mir auch als Dame durchgehen. Ich kenne keine Frau, die in modischen Dingen so sicher ist wie Angret. Die sieht nie aus, als habe sie lange überlegt, was sie anziehen soll. Die hat immer das Richtige an.

Am Anfang sollst du gesagt haben, die ist doch für mich viel zu schön.

Ich weiß, wie du das meinst.

Aber ein einziges Mal, mein Freund, fand ich sie irritiert oder irritierend. Das war in Karl-Marx-Stadt, Entschuldigung, die Stadt hieß damals so. Du und ich, wir bekamen den Autoren-Preis für das Gesamt-Repertoire von Jürgen Walter. Du wolltest den Preis nicht annehmen, weil du zur Jury gehörtest, aber die anderen hatten das hinter deinem Rücken so ausgemacht. Ich zögerte auch, andere redeten auf uns ein, wir nagten noch, sagten dann doch zu, und der große Abend kam.

Angret erschien in einem perfekten Kleid, dunkellila, mittellila, es gibt Bougeonvillea in solcher Farbe. Das Kleid hatte noch silberne Pailletten, und es saß ihr wie angegossen. Wie gesagt, es war perfekt. Für sich allein. Es brauchte die schlanke Frau nicht, die es trug. Sie konnte es nur anziehen und damit herumlaufen. Es war das Kleid, das du ihr aus Paris mitgebracht hattest. Gerade dieses Kleid führte mir vor, wie eigenständig Angrets Art ist, sich zu kleiden und zu geben. Sie konnte diesem lila Kleid nichts hinzufügen, und darum, so gut es gemeint war, so rührend der Einfall, war es das falsche Kleid. Nur einmal noch habe ich sie befremdlich verkleidet erlebt, bei euch zu Hause, da zeigte sie mir den langen Blaufuchsmantel, mit passender Kappe und mit Muff. Nee, dachte ich, das ist sie nicht. Und ich konnte mir nicht vorstellen, wo man diese Stücke bei uns tragen sollte. Auf der Straße habe ich Angret in diesen Pelzen nie gesehen.

Aber ich will ihr ja ein Kompliment machen. Die Töchter können sich von der Mama viel abgucken, und die hat sich in vierzig Ehejahren nie in ihrem Stil irre machen lassen.

In der fürsorglichen Mutter und dem Vater, der sich, vor allem aber der Familie gern etwas Gutes gönnte, lag für eure Töchter natürlich eine gewisse Gefahr. Zu arm oder in selbstverständlicher Weise immer mehr als genug, das kann auf falsche Wege führen.

Aber zum Glück ist das Leben ja ungerecht genug. Es gleicht aus, und was das Kind noch nicht schätzen kann, das findet seinen belehrenden Ausgleich im erwachsenen Leben.

Es ist lange her, Arndt, da hast du einmal zu mir gesagt: »Ich hab ja mit meiner Frau nicht nur in einer Beziehung Glück gehabt, sie ist nicht nur schön.«

Da hast du recht. Aber obwohl sie deinem Leben so wichtig war, hatte sich das ihre doch immer dem deinen anzupassen. Sie ist damit fertig geworden und konnte damit umgehen. Was es trotz allem gekostet hat, und wie ihr Lernweg aussah, das ist hier nicht unser Thema.

9. Manöver Waffenbrüderschaft

ES GAB IN DER BUNDESREPUBLIK in den 70er Jahren ein Gesangsduo namens »Hoffmann und Hoffmann«.

In der DDR gab es einen Kulturminister, der hieß Hoffmann, und einen Armeeminister, der hieß auch Hoffmann. Beide hatten ein Kulturabkommen unterzeichnet. Seitdem hießen die beiden in Künstlerkreisen »Hoffmann und Hoffmann«.

Nun war im Warschauer Pakt vorgesehen, daß in der DDR ein Manöver mit dem Namen »Waffenbrüderschaft« abgehalten wird. In diesem Zusammenhang meldete sich der Armeeminister Hoffmann bei dem Kulturminister Hoffmann und wollte auf Grund des Kulturabkommens eine Kulturdelegation zum Manöver schicken, damit die Soldaten ein bißchen Kontakt zu Künstlern bekämen.

Und so landete bei mir die Einladung, daß ich am Soundsovielten um die und die Uhrzeit am Alexanderplatz zu erscheinen habe, denn von dort fuhr ein Bus zum Manöver »Waffenbrüderschaft«. In dem Bus sollte die Künstlerdelegation anreisen.

Ich hab zu meiner Frau gesagt: »O Gott, das ist genau das, was ich nie wollte.« Wir hatten es mit Umzügen zur rechten Zeit und viel Geschick geschafft, daß ich nicht zur Armee mußte. Durch meine Kindheitserlebnisse war ich fest entschlossen: Nie in eine Partei, nie in eine Armee.

Das war mir zuwider und ist mir bis auf den heutigen Tag suspekt geblieben. Ich kann Uniformen nicht leiden, und ich hasse jede kriegerische Handlung.

Nur einmal konnte ich in Leipzig der Musterung nicht entgehen, aber das war es dann auch. Um die Reserve bin ich auch herumgekommen, so daß ich eines Tages sowieso zu alt war. Und nun dieses Manöver.

Wir haben mitgeteilt: Mein Vater in Leipzig ist todkrank, und es kann jeden Tag passieren, daß ich sofort dorthin muß. Also kann ich nicht mit dem Bus fahren, sondern nur mit meinem Auto, und ich muß telefonisch erreichbar bleiben.

Merkwürdig, aber das wurde akzeptiert. Mir wurde mitgeteilt, an dem bestimmten Tag, früh um acht, würde am S-Bahnhof Biesdorf ein Mann zu mir ins Auto steigen.

War auch so, und ich fragte ihn: »Wo fahren wir hin?«

Er sagte: »Fahren Sie in Richtung Autobahn.«

Als wir vor der Autobahn waren, fragte ich ihn wieder: »Wo fahren wir hin?«

Er sagte: »Fahren Sie in Richtung Dresden.«

Also fuhren wir in Richtung Dresden, und ich fragte wieder: »Wo fahren wir hin?«

Er sagte: »Abzweig Cottbus runter Richtung Cottbus.«

Wir fuhren durch Cottbus, und ich fragte: »Und wo fahren wir jetzt hin?«

Er machte neben mir seine Jacke auf, holte einen Zettel raus, aber so abgeschirmt, daß ich nichts lesen konnte, guckte heimlich auf den Zettel und sagte mir von da ab immer nur »rechts« oder »links«. Bis wir in ein Dorf kamen. Dort standen zwei Jeeps und ein großer Bus von der Armee, dessen Insassen waren die Künstler, war die Delegation. Uns wurde gesagt, wir sollten uns eng hinter den Bus setzen, vorne fährt ein Jeep, dann der Bus, danach Bause mit dem Volvo und zum Schluß wieder ein Jeep. So abgeschirmt fuhren wir auf der Landstraße in einen großen Wald hinein. Durch den Bus vor mir konnte ich weder den Weg noch die Richtung erkennen.

Erst als der Bus links von der Straße abbog, sah ich ein Schild: Ingenieurschule.

Auf dem Terrain standen Häuser, kasernenähnliche Gebilde, sie waren wohl stehengeblieben aus der Nazizeit, so sahen sie aus, tausendjährige germanische Architektur.

Wir bekamen Zimmer zugewiesen und haben zu essen und zu trinken gekriegt. Ich verlangte nach einem Telefon und wurde zum Pförtner geführt. Meiner Frau habe ich gute Ankunft gemeldet und eine Telefonnummer durchgegeben, die sie im Notfall anrufen konnte. Wir hatten vereinbart, daß sie später dringend meine Rückkehr verlangen würde. Aber das eigentliche Codewort hatte ich noch nicht gesagt, sonst hätte sie mich umgehend rausgeholt. Ich blieb erst einmal dort.

Es gab einen Empfang. Wir wurden mit Bus und Auto in eine

andere Kaserne gefahren, kamen zu einem großen Clubhaus, in dem im Kultursaal eine riesenlange Tafel aufgebaut war. Uns gegenüber saßen Generäle mit lächerlich vielen angepinnten Orden. So etwas hatte ich noch nie gesehen, mindestens zehn bis fünfzehn Generäle, geschmückt wie Weihnachtsbäume.

Auf der anderen Seite saßen wir Künstler. Wir wurden begrüßt, und uns wurde alles Gute gewünscht. Dann gab es ein Bier, dann gab es einen Wodka, dann gab es Schweinelende mit Pommes und Champignons. So weit, so lustig, dann konnten wir wieder gehen.

Am nächsten Tag wurden wir abgeholt und in ein anderes Objekt gefahren. Dort wurden wir herumgeführt, uns wurde alles gezeigt, und zum Abschluß gab es im Offizierskasino ein Bier, einen Wodka, oder mehrere und danach Schweinelende mit Pommes und Champignon.

Wieder einen Tag später wurden wir zum Manöver gefahren, in einen großen Wald. Dort wurde uns »der neueste sowjetische Panzer« vorgeführt, unheimlich teuer, etwa 35 Millionen. Ja, ich glaube, das war die Summe für ein Exemplar. Dieser Panzer war in einem Unterstand gut getarnt, extra für uns wurde er rausgefahren, damit wir den mal sehen konnten. Die Offiziere waren sichtbar unheimlich stolz auf das gute Stück und priesen es in den höchsten Tönen. Mit welcher Elektronik dieser Panzer versehen sei und was der eben kostete.

Da sagte ein anwesender Autor vom »Eulenspiegel« ganz lakonisch: »Weeßte, warum der so teuer ist? Der wird aus einem Stück gefeilt.«

Also wir, dankbar für den Gag und die Unterbrechung der Beklemmung, haben lauthals gelacht, aber die »Armee« hat das Gesicht verzogen. Die fanden das nicht komisch.

Ob ein Mann in diesem Panzer eher als in einem altmodischen überleben könnte, war kein Thema. Wir hätten ja fragen können, ob es zu diesem Wunderwerk der Elektronik auch die passende durchschlagende Rakete gab, aber wir haben das nicht gefragt.

Nach genügendem Gucken wurden wir durch den Wald auf eine Lichtung gefahren, die maß nach Kilometern. Mitten auf ihr war ein künstlicher Berg aufgeschichtet worden, an seinem Fuß ein kleiner betonierter Platz, relativ klein.

Wie wir später hörten, war das der Landeplatz für den Hubschrauber von Erich Honecker oder für den sowjetischen Armeegeneral, oder wie der militärisch genannt wurde. Auf halber Höhe des Berges stand eine kleine Bude, eine Toilette, nur für Honecker. Da durfte sonst niemand rein. Eine zweite stand daneben. Die durften wir benutzen. Ganz oben auf dem Berg war die Tribüne mit leicht ansteigenden Sitzreihen gebaut, nach Art eines Amphitheaters. Vorn an der Rampe standen Stühle, neben jedem ein rotes Telefon.

In der Mitte saß ein sowjetischer General, mindestens achtzig Jahre alt, der hatte das Sagen. Links und rechts von ihm saßen noch zwei Generäle, die allerdings höchstens siebzig. An deren Seiten kamen die deutschen Generäle zu sitzen. Auch schon sehr alt, bis auf zwei oder drei, die etwa Mitte Fünfzig waren. Die deutschen Offiziere unterhielten sich mit den sowjetischen fließend in russischer Sprache. Ich habe also kein Wort verstanden. Nur, daß die Sowjets die Deutschen behandelt haben wie den letzten Husten. Die haben nur gebrüllt und angeordnet, und die Deutschen haben ausgeführt. Zwei Ungarn, zwei Tschechoslowaken und zwei Polen waren noch darunter, das sei erwähnt, sicher wegen des Warschauer Pakts und wegen der Paritäten.

Und dann ging ein Höllenlärm los. Befehle wurden geschrien, Panzer kamen, in Riesenstaubwolken gehüllt, über diese Lichtung, über diesen fürchterlichen Platz, über die Baumwurzeln, und sie schossen aus ihren Rohren. Leute rannten neben den Panzern her. Dann kamen Kampfhubschrauber mit Raketen, Granaten wurden abgefeuert, aber die flogen über die Panzer hinweg und schlugen im Nichts ein.

Danach gab es ein Riesentheater. Uns wurde erklärt, der zuständige General habe seine Hubschrauber um 13 Sekunden zu spät starten lassen, zu spät losgeschickt. Im Ernstfall wäre das eine Katastrophe. Dieser Ernstfall, dem die ganze Übung galt, wurde uns so erklärt: Die Sicherheitsorgane der DDR haben auf dem Territorium der Nato festgestellt, daß am nächsten Morgen um sechs Uhr die Nato über die DDR herfällt. Die Übung sei jetzt die, daß wir dem Feind zuvorkommen und den Vernichtungsschlag auf feindlichem Boden ausführen, so daß in der DDR kein Krieg stattfindet. Der findet dann in der Bundesrepublik statt.

Ob mir nur die Haare zu Berge standen oder ob ich auch noch Gänsehaut hatte, weiß ich nicht. Ich hatte nur ein Bild vor Augen: Zu alte Opas spielen überall auf der Welt das einzige, was sie gelernt haben: Kämpfen und Siegen, Krieg und Niederwerfung, sie spielen Sinn in ihrem alten verbrauchten Leben, mit Gott weiß was für Verdiensten in ihrem Dasein vorher. Sie waren gierig darauf, die Panzer zu sehen, es krachen zu hören, Napalm und Hubschrauber, Jagdgeschwader und Infanterie, was für ein reich ausgestattetes Spiel, und sie spielen es in allen Kontinenten.

Das war das Schlimmste für mich. Sie proben nicht, wie man den Frieden erhalten kann, sie proben den Krieg, wenigstens das und wenigstens hier. Sie waren vom Krieg geprägt und konnten nicht damit aufhören. Ich glaube, Frauen können so etwas nicht einmal denken, es ist ein frenetischer männlicher Trieb, anzuordnen, und dann muß alles perfekt klappen. Damit gesiegt wird.

Es ging mir miserabel.

Später habe ich mit einem hohen Offizier gesprochen, ihn gefragt: »Und wenn nun hier was passiert?«

Er antwortete mir lakonisch: »Bei einem Manöver wie diesem sind vier Tote eingeplant.«

Das hatte mir gerade noch gefehlt.

Wir wurden schließlich in ein Zelt gebeten, an einer Wand hingen Bilder von Lenin, Marx, Honecker und Breshnew. Uns wurde gesagt, daß die von uns beobachtete Übung ein voller Erfolg war, aber eben nur eine Übung, das eigentliche Manöver fände einen Tag später statt, weil dann der Genosse Staatsratsvorsitzender Erich Honecker käme, mit dem Armeegeneral aus der Sowjetunion und dem obersten Befehlshaber der Streitkräfte des Warschauer Pakts. Das heute war nur die Generalprobe. Wird alles noch besser klappen, morgen. Dann gab es ein Bier und einen Woldka, Schweinelende mit Pommes und Champignons.

Etwas später wurden wir gefragt, wie es uns denn gefallen habe. Wir sollten doch nun Bücher schreiben, Bilder malen und Lieder machen für die Armee, weswegen wir ja die Eindrücke empfangen sollten, und die würden uns doch hoffentlich auf Ideen bringen. Ob denn alles so war, wie wir uns das vorgestellt hatten, ob es uns gut gegangen sei und ob man sich genügend um uns gekümmert habe.

Ich habe mir trotz meines tiefen Schreckens ein Herz gefaßt und gesagt: »Wissen Sie, in Berlin hatte ich die Vorstellung, daß ich zur Armee fahre und dann irgendwann bei der Truppe sitze und mich mit den Soldaten, den Wehrpflichtigen, unterhalte. Über ihre ganz normalen Probleme, wie sie so denken, wenn sie ihre Heimat verteidigen müssen. Ich hab gedacht, dann singen wir vielleicht ein Lied zusammen, und irgendwo wird eine Gulaschkanone stehen, es wird Erbsensuppe mit Bockwurst geben, also so eine Vorstellung hatte ich von meinem Besuch bei der Armee.«

Darauf reagierte keiner.

Am nächsten Tag wurden wir verabschiedet. Wir packten unsere Sachen, wollten gern los, aber vorher waren wir ja noch zum Abschiedsessen gebeten: wieder in den großen Saal, wieder wurden wir begrüßt. Wieder saßen uns die Generäle gegenüber. Die Künstler auf der anderen Tischseite aufgereiht, die weißen Ordonnanzen standen an der Tür. Minister Wagner gab sich zufrieden und bedankte sich in einer Rede für die Einladung. Der Armeegeneral bedankte sich, daß wir gekommen waren, und er hoffe doch, daß es ein voller Erfolg war. Als er seine Rede beendet hatte, guckte er mich an. Weil ich kein Genosse war, wurde ich, kleiner Kompromiß, als »Kollege« angesprochen.

Der General sagte: »Und Sie, Kollege Bause, sollten wissen, daß für uns in der Nationalen Volksarmee nichts unmöglich ist.« Er klatschte in die Hände und rief zur Tür: »Bitte die Erbsensuppe mit Bockwurst für den Kollegen Bause.« Da hatte dieser Idiot angeordnet, für mich eine Schüssel Erbsensuppe mit

Bockwurst anzurichten! Die wurde mir serviert. Alle anderen aßen Schweinelende mit Pommes und Champignons.

Ich hätte ihm die Schüssel gern an den Kopf geworfen, aber wir waren bei der Armee, die war mir überlegen, und ich bin kein Held und wollte einfach nur nach Hause.

Als ich endlich draußen war, dachte ich: So hab ich mir die Volksarmee vorgestellt. So ist sie von Leuten geschildert worden, die sie in Uniform erlebt haben. Sie haben nichts gelernt, in Hunderten von Jahren nicht. Sie sind die Landser geblieben, wenn auch mit anderem Vokabular. Das war die Welt, die ich nie verstanden habe und nie verstehen wollte.

Ohne den »leitenden« Mann bin ich mit meinem Auto nach Hause gefahren.

Eben freudig angekommen, packe ich meine Sachen aus und merke: Mir fehlt ein Exquisit-Anzug, der sehr teuer war. Also ein Telegramm aufgeben, aber wohin? An die Ingenieur-Schule Bad Muskau. Eine halbe Stunde später klingelt das Telefon: Es gibt hier in Bad Muskau keine Ingenieurschule. Ich erkläre, daß ich doch an der Einfahrt dieses Schild gelesen hatte. Ich komme doch gerade von dort, ich spinne doch nicht. Ich war in einer Ingenieur-Schule bei Bad Muskau.

»Ja, wir können noch mal nachfragen.«

Später: »Nein, hier hat es in der ganzen Gegend noch nie eine Ingenieurschule gegeben.«

Also habe ich im Kulturministerium bei Bodo Zabel, dem Abteilungsleiter, angerufen. Der wußte ja sonst immer alles, kann er auch wissen, wo mein teurer Anzug in der Nähe von Bad Muskau hängt. »Die sagen mir bei der Post ...«

»Ich rufe dich zurück.«

Nach einer Stunde: »Du kriegst einen Anruf vom Armeeministerium in Strausberg. Da meldet sich bei dir ein Oberst Werner.«

Richtig.

»Oberst Werner, Nationale Verteidigung Strausberg. Spreche ich mit dem Kollegen Bause?« Klar! Mit dem Liebhaber von Erbsensuppe mit Bockwurst als Demütigung, als Vorführung eines vorlauten Dussels. »Ja, Bause. Mein Anzug ...«

»Ich habe schon alles in die Wege geleitet. Sie bekommen übermorgen ein Paket mit Ihrem Anzug. Bei der Nationalen Volksarmee, müssen Sie wissen, kommt nichts weg.«

Zwei Tage danach hatte ich meinen Anzug wieder.

Später unternahm der stellvertretende Minister Wagner den Versuch, mich zur Kunstausstellung zum Thema Volksarmee nach Dresden einzuladen. Vielleicht war da in mir ja doch noch was zu wecken? Ich sollte dort eine Rede halten.

Das ist genau das, was ich kann. Ich habe noch nie in der Öffentlichkeit eine Rede gehalten, und besser ist es auch. Doch, einmal, bei einem Kongreß des Komponistenverbands, aber da hat mir Frau Dr. Bianca Tänzer die Rede geschrieben. Natürlich habe ich kontrolliert, ob sie mit meinen Gedanken vereinbar war. War so, dafür stand ich dann auch im »Neuen Deutschland«.

Ich wurde also nach Dresden zu einer Ausstellung im Rahmen der Nationalen Volksarmee eingeladen, mit Ölbildern von Volksarmisten, aber auch von renommierten Malern, die für die Volksarmee gemalt hatten, Sujets von Panzern, Geschützen und Soldaten, vielleicht auch in anderer Reihenfolge.

Krankheit konnte ich nicht vorschieben. Ich konnte auch nicht sagen, daß ich nicht Auto fahren kann, er hatte mich ja gerade noch am Lenkrad gesehen. Aber ich sagte, eine Rede halte ich nicht, weil ich das nicht kann. »Das machst du schon, das machst du schon.«

Na wunderbar.

Ich kam in Dresden an, die anderen Eingeladenen waren vor mir da. Am Messegelände waren schon die großen Tatras vorgefahren. Ich ging in die Halle, suchte meinen stellvertretenden Minister Wagner und sagte: »Siegfried, vergiß die Rede. Ich halte keine.«

Er war entsetzt: »Aber du stehst doch im Protokoll.«

»Ich habe keine Rede vorbereitet. Ich kann keine Rede halten. Das wird eine Riesenblamage. Laß mich aus der Nummer raus. Rede mit den Leuten.«

Da war aber bereits der Armeegeneral Hoffmann mit einem Schwarm von Leuten hinter sich zum Rundgang angetreten:

das gemeinsame Angucken der Bilder. Deshalb habe ich leise geredet. Und hoffte, Wagner würde etwas unternehmen. Warum er es nicht tat, weiß ich nicht.

Wir saßen also in dem Saal, und ein Schriftsteller hielt eine Rede über den wunderbaren sozialistischen Realismus, besonders, wenn man Bücher über die Volksarmee schreiben würde, und immer besser und immer schöner und immer weiter. Und höher. Und dann höre ich: »So, und jetzt spricht der Komponist Arndt Bause zu uns.«

Ich habe gedacht, ich sterbe. Mit schlotternden Knien bin ich nach vorn zum Rednerpult und habe niemanden mehr gesehen. Der Saal schwamm vor meinen Augen. Ich hatte nicht mal einen Zettel. Ich wußte nichts mehr, kannte nichts, hatte nie etwas gekannt oder gekonnt, ich hatte nichts, was die Armee gebrauchen konnte. Einmal, Ende der sechziger Jahre war ich nach Oybin in ein Heim eingeladen worden, dort sollte ich mich mit Dieter Schneider für Armeelieder zusammentun. Wir haben kein Lied gemacht, weil alle, die dort waren, die Gelegenheit schamlos als Mugge genutzt haben. Für jedes Lied gab es 250 Mark, und einige haben dort innerhalb einer Woche zehn Lieder gemacht, sich das Geld eingesteckt und quittiert. Nach ihnen die Sintflut. Das war nichts für mich. Ich wollte auch Geld verdienen, aber doch nicht auf diese Weise. Das war mir zu schamlos.

Aber ich hatte auch eine Lehre fürs Leben mitgekriegt. Wir waren eingeladen in die Hochschule für Infanterie und Panzer in Zittau. Dort lud uns der General zum Essen ein und wollte uns anschließend vorführen, daß unsere Lieder auch gesungen wurden – von den Offiziersschülern.

Es war Winter. Auf dem Kasernenhof lag Schnee. In der Mitte standen wir alle. Ringsum die Straße, Kopfsteinpflaster, das war geräumt und gefegt, alles blitzsauber, wie im Sommer. Er hatte vier Kompanien an vier Ecken antreten lassen. Auf seinen Befehl hin schritten die Männer gleichzeitig los, aus jeder Ecke in dieselbe Richtung. Und jede Gruppe sang ein anderes Lied. Auf diesem Hof, noch dazu in jeweils anderer Tonart.

Sich das vorzustellen, muß man kein Musiker sein. Es war unerträglich.

Der General lächelte selbstgefällig und zufrieden vor sich hin. Masse geht vor Klasse, es war ihm gelungen, uns diese Lieder vorzuführen, und er dachte nun, wir bedanken uns bei ihm. Mir ging nur durch den Kopf: Soviel Dummheit kann es nicht geben. Und wenn doch, und wenn man mit diesem Maß an grober Dummheit General wird, dann kann mit dieser Armee etwas nicht stimmen.

Dieser Eindruck wirkte in mir nach, so wie alles, was ich vom Soldatenleben in der Volksarmee gehört hatte.

Nun stand ich am Rednerpult, wurde angeguckt, und man erwartete von mir eine Rede. Ich glaube, ich habe ungefähr fünfzehn Sätze gesprochen, die dahin gingen, daß man ehrlichen Herzens machen muß, was man kann, nun ja, aber die Mädchen sitzen zu Hause, also braucht es nicht nur Lieder zum Marschieren, sondern auch Lieder für die Armee nach Feierabend, und dafür stehe ich als Schlagerkomponist hier. Ich bin nicht dafür, daß man in Schlagertexten so offensichtlich Politik betreibt. Aber unsere Soldaten sind nicht so dumm, daß sie Texte, die die Politik nicht vor sich hertragen, nicht verstehen könnten. In diesem Sinne sehe ich meine Arbeit.

Dann bin ich wieder zum Platz gegangen. Meine Rede muß wohl ausgewertet worden sein: Nie mehr, solange es die DDR gegeben hat, wurde ich von irgendwem gebeten, je zu irgendeinem Thema meine Meinung zu äußern.

ARNDT, DU HAST uns Frauen zugesprochen, daß wir in anderen Dimensionen denken als kriegerische Männer. Das verschont uns vor denen aber nicht. Die Frauen meiner Generation hatten meist erste Männer, die schon vom Ungeist angekränkelt oder sogar verseucht waren. Es war ein Leutnant der Wehrmacht, der mich Siebzehnjährige heiratete, eine Unberührte, sonst hätte er sie nicht genommen. Niemals und bis heute nicht, hat er seine Uniform je ausgezogen, nie sein Eisernes Kreuz abgelegt. Er glaubt wohl noch immer daran, daß die Amerikaner nach dem Krieg das Lager Auschwitz erfunden haben und daß alle Juden mit ihrem Geld rechtzeitig abhauen konnten. Unsere Ehe ist daran zerbrochen. Und meine Enkeltochter, die ihn manchmal besucht, weiß zu erzählen, wie er sie zu beeinflussen sucht.

Einmal hatte ich einen Zirkel schreibender Flieger zu leiten, das waren gescheite Leute, Offiziere, meist Piloten. Keiner von ihnen ist Autor geworden, aber sie waren interessiert, und wir haben uns gut verstanden. Für sie hatte ich mir die Arbeit gemacht, jedes Genre der Literatur so kurz zu formulieren, daß sie mitschreiben und mitdenken konnten. Die Schule hatte ihnen da nichts mitgegeben. Es war eine kurze, aber doch schöne Zeit.

Bis wir eines Tages auf Moral, Sittlichkeit und Normen des menschlichen Zusammenlebens kamen. Sie waren inzwischen lockerer und durchaus zutraulich genug, uns allen ihren unsäglichen Kitsch vorzulesen. Große, gesunde heitere Männer mulmten in schlechten Versen über ihre Gefühle, aber so verklemmt! Das sagte viel aus über die Ehrlichkeit, mit der sie ihren Beruf lebten und mit ihrer Liebe umgingen. Ich hatte vorgegeben, daß in den großen Stücken, nicht nur den Königsdramen, zwar durchaus Liberalität angeboten wird, siehe Hamlets Versuche in Wittenberg, oder wenn Goethe in den Wahlverwandtschaften alles für möglich hält, ehe er alles zerstört. Gestorben mußte zur Strafe aber werden, gesühnt, gelitten. Nach Regeln, die von Menschen für Menschen vorgegeben wurden und die man Sitte oder Brauch nennt, auch Gesetz.

Wir merkten wohl nicht, daß wir uns auf gefährliches Gleis begaben, und es hat auch keiner von uns dorthingesteuert, aber wir waren auf einmal bei der ungleichen Moral, den Normen für Männer und denen für Frauen, und ich meinte, dergleichen sei aus den Köpfen in den nächsten Hunderten von Jahren nicht auszurotten. Eine Frau hat sauber zu bleiben, ein Mann muß was erleben.

Es war am Nachmittag, es hatte Kaffee gegeben, sie waren locker, die Männer. Der erste sagte: »Wenn da vorher schon einer dran war, würde ich nicht mehr rangehen.«

Die Mehrzahl der Männer verstand, daß man so eine Meinung haben kann, und es fehlte nur, daß sie sagten, besonders für Piloten sei das wichtig. Ich war frappiert, ich hatte nicht den Eindruck, daß sie alle auch danach handeln würden, wenn sie schon einen solchen Gedanken nicht ganz abweisen mochten.

Was überhaupt ist einem Mann und seiner Ehre zuzumuten? Einer, sonst eher still, sagte: »Eine Schwarze würde ich nie anfassen.«

Es gelang mir, ruhig zu fragen: »Warum nicht?«

Er sagte: »Ich würde mich da ekeln. Vor dem Blut von einer aus einer anderen Rasse.«

Es war nicht sachlich, ich hatte auch keine Zeit, fairer zu sein. Ich sagte: »Wir sollten den Kurs an dieser Stelle abbrechen. Ich bin eine Nachfahrin. Und nachdem meine unarischen Merkmale in der dritten Klasse vor den anderen Schülern schon vorgeführt wurden, möchte ich gleich selber sagen, daß einer meiner Ahnen schwarz gewesen ist. Es scheint ja um Umgang zu gehen, nicht nur um Geschlechtsverkehr.«

Dann ging ich hinaus und ließ die Männer sitzen. Draußen habe ich geheult. Ich weiß bis heute nicht, ob diese Geschichte von dem Nubier als Ahnen überhaupt stimmt. Könnte stimmen, muß nicht. Meine Mutter erzählt viel, wenn der Tag lang ist, und nachdem auch sie für die Trauung mit meinem Vater ihren Ariernachweis erbringen mußte, kam sie auf einen Zweig, der französischen Landadel mit Schriftstellern, Malern und Perückenmachern in die Papiere gebracht hat und dann eine abtrünnige Tochter, die sich mit einem Bediensteten einließ, dann verstoßen wurde und »über den Rhein machte«. Kann sein, klang schön, und ich habe diese Geschichte immer geliebt. Als meine Sonnenallergie untersucht wurde, bekam ich die Diagnose, mir fehle ein Sonnenschutzgen, die Sonne in Afrika würde mir nichts ausmachen, die europäische sei für mich die falsche Sonne.

Aber nicht das war es, was mich da hinausgetrieben hat. Ich ging ja wieder hinein, und wir hatten zwei Tage lang Gespräche, nachdem sie zunächst alles noch schlimmer gemacht haben. Sie meinten, man sähe mir das ja gar nicht an, und noch mehr solch dummes Zeug ... Es wohnte aber in ihnen, und es war Rassismus, nicht weniger. Die Männer waren, wenn auch einseitig, hochgebildet, und sie hatten ja immerhin den Wunsch, gegen die weißen Flecke in ihrem Hirn etwas zu tun. Aber es wohnte in ihnen. Das war Ende der Sechziger, und wie soll ich da heute in Ohnmacht fallen angesichts der Anfälligkeit einer Gesellschaft, die sozial ausgebeutet und in ihrer Würde diskriminiert Gedanken aus sich holt, von denen wir fälschlich geglaubt haben, die seien für immer ausgerottet.

Es war etwa zur gleichen Zeit, als mich Gustav von Wangenheim und Perry Friedman in die Haftanstalt Rummelsburg holten. Ich sollte aus Liedern und Gedichten Programme von Häftlingen für Häftlinge machen. Die erste Erfahrung war, es ging fast kein Lied. Alle nahmen unfreiwillig Bezug auf die Situation der Häftlinge. Die zweite schlimme Erfahrung war der Stil des Umgangs der Männer in Uniform gegenüber den Verurteilten. Die meisten Wachmänner waren klein, kleinlich und gehässig. Wie sie die Wehrlosen herunterputzten, wenn die nicht Schuh an Schuh an der Tür standen, oder eine Frage hatten und Männiken wollte nicht antworten, das war nicht nur mies, es war unwürdig.

Zum 20. Jahrestag der DDR hat mich die Leitung dann mit einem Dankesschreiben höflich hinauskomplimentiert, aber vorher hatte ich noch ein Gespräch mit dem sehr klugen und angenehmen Leiter der Anstalt. Er sagte: »Die Häftlinge sitzen hier ihre Zeit ab, dann haben sie Anspruch darauf, Arbeit und Wohnung zu bekommen und in ein normales Leben zurückzukehren. Sie wissen nicht, weswegen die Männer verurteilt wurden, das ist auch gut so. Aber glauben Sie mir, nur die wenigsten sind wirklich kriminell. Der eine hat eine verbotene Abtreibung an seiner Verlobten vorgenommen, die ist verblutet. Glauben Sie, den können wir noch bestrafen? Der andere hat in die Kasse gegriffen, um sich einen Lebenstraum zu erfüllen. Er hat lauter teure Künstler engagiert, die haben das Geld genommen und sich nicht gewundert. Jeder hat sei-

ne Geschichte. Aber die eigentlich Gefährdeten, das sind unsere Wachmänner. Die meisten haben lebenslänglich hier drin. Und sie fangen an, ihre Frauen und Kinder genauso zu behandeln, wie sie sich den Tag über hier im Gefängnis benehmen.«
Ich fragte: »Warum wirft man sie nicht raus?«
Er sagte: »Weil es schwer ist, für diese Arbeit überhaupt jemanden zu finden. Vielleicht braucht's ein paar niedrige Instinkte, andere treten zu wollen, oder daß man selber Defizite hat. Ich weiß es nicht, und die Gespräche mit dem Psychologen haben auch noch nicht weitergeführt ...«
Viel später, bei einem Buchbasar, hat sich ein Mann bei mir bedankt, da erfuhr ich, daß er jener Idealist war, der Künstler von fremdem Geld bezahlt hatte. Es war ihm gelungen, er hatte eine Art kleiner Agentur, noch in der DDR. Und in Hohenneuendorf hielt mich ein Mann vor dem Bahnhof an, der wollte seine Frau abholen. Er sagte: »Sie haben mir immer die Hand gegeben, das war so wichtig.«
Aber ausgerichtet habe ich trotzdem kaum etwas. Zwar Zigaretten reingeschmuggelt, aber keine Kassiber raus, und Gefühle nützen in solcher Situation wenig. Nur einmal, an einem heißen Tag, konnte ich mich mit einer Forderung nach einem Kübel Tee durchsetzen, aber was hieß das schon. Männer in Uniform werden zu Charakteren in Uniform, wenn sie darin die Erfüllung ihres Lebens sehen. Nicht nur bei uns, beileibe nicht. Aber bei uns auch, auch bei uns. Damals. In dem kleinen Land, das für den Weltfrieden und ein »Nie wieder« angetreten war.

10. Der Sachse

IN DER NEUZEIT fängt jede Geschichte damit an, daß das Telefon klingelt, und es meldet sich jemand. In diesem Falle war es Charly Ocasek, Mitglied vom »Oktoberklub« und sogenannter Produzent von VEB Deutsche Schallplatten »Amiga«, das konkurrenzlose Unternehmen: »Kannste nich mal reinkommen? Ich hab ein tolles Ding für dich.«

Wir redeten hin und her über einen möglichen Termin, es lebe die Neugier, ich werde kommen. Kurze Zeit später klingelte das Telefon wieder, am anderen Ende sprach Jürgen Lahrts, Schreibtischnachbar von Ocasek, mit dem hatte ich auch schon gearbeitet. »Ich wollte dich bloß warnen. Wofür die dich haben wollen, das hat Günther Fischer schon abgelehnt.«

Ist ja ein Ding. Hätte der mir doch sagen können. Andererseits, was hat das schon zu bedeuten?

Also bin ich am nächsten Tag zu Ocasek gefahren. Der brachte mich in das Zimmer des Chefproduzenten Dr. René Büttner. Weil er Doktor war, nannten wir ihn privat Betriebsarzt. Er war aber Mathematiker. Neue Besen kehren gut, er kam vom Zentralrat der FDJ, wie viele andere in der Kultur auch. Die machten ihre politische Laufbahn, und wenn sie nicht im ZK landeten, kamen sie in die Unterhaltungskunst. Da wurden sie eben stellvertretende Direktoren bei der Generaldirektion oder bei der Künstleragentur. Das waren ja »Genossen«, die hatten »das Vertrauen« der Kader.

LIEBER ARNDT, das stimmt für einige, stimmt aber für Büttner nicht. Es gab auch andere Ausgangslagen. Siehe Czerny. Andere waren in Kreisleitungen oder zehn Jahre lang Kulturoffizier bei der Armee, dann war ihre Dienstzeit um, und sie »landeten« bei der Unterhaltung.

Büttner war Gründungsmitglied des Oktoberklubs, der hatte in Streit und Widerstreit zeitweise und nur bedingt mit der FDJ zu tun. Es ging um Zusammenwirken, nicht um Dienstverhältnisse. Vom Oktoberklub aus hat Büttner die Leitung des Ensembles »Jahrgang 49« übernommen und war immer nebenbei im Juwelierladen seiner Mama zugange. Wenn ich einen gesehen habe, der mit der FDJ ständig über Kreuz war, dann Büttner. Das nimmt deiner Geschichte mit ihm nichts weg, aber sie soll korrekt bleiben. Büttner war ein Zahlenkopf, aber er verstand etwas von Liedern.

JEDENFALLS WAR ER zu »Amiga« gekommen, machthungrig und erfolgsgierig, und wollte nun was Großes auf die Beine stellen, selbstverständlich mit Rockmusik, sowieso, Schlagerfuzzis brauchen wir hier nicht, die verdienen zu viel Geld und bringen nichts.

JA, ARNDT, SO UNGEFÄHR hat er wohl gedacht. So ungefähr haben die Klubmitglieder alle gedacht, und ich war unbekannterweise die Feindin meines späteren Mannes, weil ich grad so arrogant über alles gedacht habe, was auch nur im weitesten Sinn mit dem Schlager zu tun hatte. Politisches Lied, Volkslied, Chanson und Kunstlied, das auch schon weniger, ließen wir gelten, und ich war dabei, ebenso wie Büttner, als wir auf den Schlagerwettbewerb 67 in der Mokka-Milch-Eisbar die Parodie »Stolz lacht das Pferd« verfaßten. Eine Kollektivleistung, aber mein Mann als Chefredakteur, damals noch der unbekannte Gegner, verbot, dieses »Machwerk« im Rundfunk zu produzieren. Wir waren etwa sieben Leute – hängengeblieben ist der schöne Titel an mir. Mir wurde zugetragen, wir würden uns demnächst duellieren und der Wilhelm Penndorf spräche von mir nur als dem rotem Flintenweib, der »Roten Ziege«, und so ähnlich hat er mich auch höhnisch anzumachen versucht, als wir uns endlich gegenüberstanden, listig von Jo Schulz ausgedacht, der sich mitten in der Hotelhalle einen Eklat erhofft hatte. Denn nun war ich Jurymitglied des Schlagerwettbewerbs 68 und nahm auf meine Weise einen anderen Weg als je geahnt.
Besänftigen will ich dich natürlich nicht, Arndt. Büttner war arroganter, als ein Weib sich jemals traut, und hatte die Vorurteile sicher stärker verinnerlicht als ich. Seine Liebe galt der Rockmusik, und für die hat er einiges getan. Aber er hätte der

letzte sein sollen, der sich über das Einkommen anderer Leute ausläßt. Geld hatte immer für ihn soviel Anziehungskraft wie der Dalai Lama für Gläubige.

ALS ICH AN JENEM TAG bei Büttner saß, wußte ich es noch nicht, später habe ich erfahren, Büttner hatte sich von der AWA eine Liste der »Großverdiener« geben lassen. Diese Auskunft stand ihm nicht zu, aber er hatte den Zettel in der Lade. Dies zum Umgang mit vertraulichen Daten. Wenn also Siebholz zur Tür hereinkam, wußte er, der verdient im Jahr eine viertel Million, den brauche ich nicht zu fördern, also weg, raus. Bause kommt, Kasten auf, Bause verdient viel zu viel, Kasten zu, weg.

Er wollte seine Muskeln spielen lassen, seine Hausmacht ausüben, aber er wollte natürlich auch Erfolg.

Mir wurde eine Mappe mit Texten gereicht. »Diese Texte wollen wir unter allen Umständen produzieren. Wir brauchen nur noch Musik dazu.« Auf der Mappe stand der Name »Jürgen Hart«.

»Kenn ich nicht. Nie gehört.«

»Ja, das ist der Chef der Academixer in Leipzig, das war ein Studentenkabarett, die machen das jetzt professionell. Charly hat ihn besucht und nach Texten gefragt, ob er nicht welche machen könnte, da hat er ihm die Mappe gegeben. Hier sind die Texte also.«

Nachdem ich einige gelesen hatte, war mir völlig klar, warum Günther Fischer postwendend abgelehnt hatte, denn musikalisch gesehen ist Fischer ein völlig humorloser Mensch. Mit seiner verquasten Harmonik und Art von Kunst wäre nie ein Lied herausgekommen. Aber wie dem auch war, ich lasse bis heute niemanden einfach abblitzen. Die hatten meinen Ehrgeiz geweckt, gerade durch ihre Herablassung. Ich wollte es denen zeigen.

»Gut. Eine Woche Bedenkzeit. Ich nehme die Mappe mit.«

Dann fuhr ich nach Hause, ging in mein Arbeitszimmer, habe mir den Kassettenrekorder angestellt, die Textmappe aufgeschlagen, las: »Sing, mei Sachse, sing ...« Ich hab auf die Tasten gedrückt, laut gesungen, meine Frau gerufen, die sagte: »Och, ist das schön!«

»Geh raus.«

Nächster Text: »Bei Bruni«, Tasten gedrückt, »Matz, komm hoch«, so habe ich die ganze LP hintereinander komponiert. Meine Frau lief hoch und runter, und ich war wie im Rausch. So sehr, daß ich gesagt habe, jetzt rufe ich den blöden Büttner an und beweise ihm, daß ich so eine Scheißplatte in 45 Minuten komponiere. Was man kann, wenn man's kann.

Meine kluge Frau sagte: »Mußt du dem noch Wasser auf die Mühle gießen? Der hat doch keine Ahnung, daß so was ein Glücksfall ist, der vielleicht nie wiederkommt. Der sieht nur, wie schnell du Geld verdienen kannst, und rechnet sich das hoch aufs Jahr. Das ertragen die nicht. Die stellen dich kalt, das können die.«

Also habe ich die Woche abgewartet. Dann war die Bedenkzeit um. Ich habe ihnen die Kassette vorgespielt. Da waren die ganz außer sich. »Das ist es. Du kannst sofort anfangen. Das machen wir sofort.«

Übrigens war meine Demo-Kassette dann weg, die hat sich Charly Ocasek als Erinnerung geklaut. Viel später habe ich sie wiederbekommen und besitze also noch den Umschnitt vom Original-Sachsen, so wie ich ihn gesungen habe, noch mit dem ersten Text, in dem es hieß »da schlag' mern blutig«.

Machen wir also den »Sachsen«.

Aber Moment, das muß eingespielt werden, natürlich arrangiert. Wer wird das singen? »Lustige Lieder singt immer Thomas Lück.«

»Aha. Thomas Lück singt das Lied. Habt ihr mit dem gesprochen?«

»Nein. Wozu? Lustige Lieder singt in der DDR immer Thomas Lück.«

Ich sagte: »Thommy ist Urberliner, und dieser Text ist ursächsisch. Das geht doch überhaupt nicht.«

Unser kluger Betriebsarzt sagte: »Aber Schöbel, der ist doch aus Leipzig, der kann doch sächsisch singen. Wir können doch mal Schöbel anrufen.«

Ich weiß nicht, wie ich in dem Moment geguckt habe, bestimmt nicht sehr intelligent. Auf so eine blöde Idee mußte man erst mal kommen. Frank Schöbel singt: »Sing mei Sachse, sing.«

Ich fragte: »Habt ihr überhaupt mal mit dem Texter gesprochen? Der wird sich doch auch was vorgestellt haben. Wenn er als Kabarettist von der Bühne kommt, da weiß er doch, was er damit will.«

Auf diese Idee waren sie noch nicht gekommen, aber es leuchtete ihnen irgendwie ein. »Wir rufen den an, der soll sich mit dir in Verbindung setzen und seine Texte selber singen.«

Jürgen Hart hat gesagt: »Ich habe nie daran gedacht, daß das jemand anders machen könnte außer mir. Natürlich singe ich selber. Wer macht denn die Musik? Ich hab hier in Leipzig einen Komponisten ...«

Amiga: »Neenee. Die Musik haben wir schon. Die hat der Bause gemacht.«

Daraufhin hing bei Hart der Zappen runter. Denn wenn man in der DDR Kabarett machte, durfte man sich ja nur begrenzt über etwas unbegrenzt lustig machen. Das meiste war zu gefährlich, irgendwie zu politisch. Anstößig. Selbst der Straßenbahnschaffner konnte unter Umständen Genosse sein, also konnte man sich nicht über den werktätigen Straßenbahnschaffner lustig machen, der hat ja auch sein Soll, seinen Plan und den vielleicht übererfüllt.

Wenn man sein Quantum oder Quentchen Politik durchbringen will, seine Kritik am Alltag und der Bürokratie etc., dann muß es ja außerdem noch was laut zu lachen geben. Über Schlagerfuzzis, Schlagersänger, Komponisten und Texter, die waren für den Humor freigegeben. Jeder durfte über diese Deppen der Nation ungehindert die Kübel auskippen. Ob's stimmt oder nicht, da wird immer gelacht. Hart hatte ja recht mit seinem Einschnappen. Er hatte über Monika Herz, über Schneider und Bause in Leipzig richtig große Dinger losgelassen, und nun, wie sollte er das seinen Kollegen beibringen, die kriegten es früher oder später doch raus, nun sollte er Lieder von Bause singen.

Schlimmer Gedanke, ein Dilemma. Aber natürlich wollte Hart auch eine Platte haben, allen Bedenken zum Trotz. Er saß in einem Boot, das er sich selbst gezimmert hatte, und wußte nicht, wie er übers Wasser kommen sollte. Aber kommen mußte er, man muß schließlich zumindest über die Tonart sprechen.

Er kam nach Biesdorf und saß hinter unserem Haus auf der Marmorterrasse am Marmorspringbrunnen, die Sonne schien, er kriegte seinen Kaffee und sah Wohlstand mitten in diesem sozialistischen Land. Das bestätigte natürlich seine Meinung über die Schlagerfuzzis. Die verdienen mit ihrem Mist auch noch Geld, während so ein armer Kabarettist ...

Es war ein Schock, ich verstand das und merkte, er beschloß, mich in diesem Leben niemals leiden zu können, nicht, überhaupt nicht. Aber die Platte mußte gemacht werden.

Für die Studioaufnahmen in der Brunnenstraße hatte ich mir Walter Müller als Tonmeister ausgesucht, und wir haben angefangen einzuspielen, mit Rascheln von Plastetüten, wir haben beim »Sachsen« den Marsch getrampelt und für das »Grab« habe ich auf der Brunnenstraße einen Eimer Kies geklaut und den von Zeitungspapier auf Parkett geschippt, damit man hört, wie ein Grab zugeschaufelt wird.

Bei dieser Platte hatten die Musiker, Walter Müller und ich einen Riesenspaß. Dann kam Hart und hat uns die Texte mehr oder weniger verbissen auf die Urbänder gesungen, was allerdings für die Lieder völlig richtig war.

Und dann meinte Dr. Büttner, wir hätten einen Hit, und den wolle er ganz groß rausbringen. Aber!!!!

Immer in der ersten Januarwoche tagte in Woltersdorf bei Berlin ein Parteiaktiv. Da kamen die Fachleute und Parteikader der Unterhaltungskunst zusammen: Dr. Jürgen Hagen vom ZK, Abteilung Kultur, Bodo Zabel, Abteilungsleiter im Kulturministerium, Kubiczek von der Generaldirektion und viele ehrenamtliche Kollegen. Die berieten über Förderung, Titel und Ereignisse. Die vorbereitet oder verhindert werden sollten. Über Schlager und Rockmusik und so weiter. Aber wir, die Macher, waren nicht in der Partei und also dort nicht dabei. Und unser Freund Heinz Quermann war im Urlaub. Ob es nun genau so gewesen ist oder wie auch immer, es gab dort eine Riesendiskussion um den »Sachsen«, und eigentlich wollte man die Platte gar nicht veröffentlichen. Sie war nicht DDR-üblich. Unser Quermannn kam aus dem Urlaub, hatte es längst erfahren und ohnehin seine Finger überall drin, aber er tat so, als wüßte er nichts. Das Lied nahm er mit in den Rundfunk, spielte es in seiner Hitparade und forderte die Leute auf, ihm zu schreiben, wenn ihnen das Lied nicht gefiele, aber wenn es ihnen gefallen würde, sollten sie auch schreiben.

SOWEIT DAS LIED vom braven Mann, das Hohelied der Tapferkeit in einer Welt von Gegnern. Der Freund Quermann, lieber Arndt, hat sich damit viele Tassen Kaffee und viele Aufenthalte auf eurer Marmorterrasse verdient, nehme ich an.
Aber es ist eine Legende. Und ich weiß es, denn ich bin dabei gewesen und kann erzählen, wie es wirklich war.
Wie es anfing, kann ich natürlich nicht wissen, aber ab 1979 war ich insgesamt vier Mal in der ersten Januarwoche in Woltersdorf dabei. Etwas unwillig zunächst, wegen der drangegebenen Arbeitszeit, aber durchaus neugierig. Von meinem Mann auf ein Codewort hin sofort rauszureißen, begab ich mich dorthin. Neben den von dir genannten traf ich je einen Vertreter der Medien, einige Stellvertreter von Institutionen, die viel können sollten, was damals keiner können konnte, das Kabarett war vertreten und wir ehrenamtlichen Künstler. Etwa zwanzig an der Zahl saßen wir tagsüber um einen großen viereckigen Tisch, um uns entweder an die vorgeschlagene Tagesordnung zu halten oder sie zu mißachten. Nach ihr richtete sich jeweils auch, wer die Leitung hatte.
Die Anwesenden waren einander nur relativ und sehr bedingt wohlgesonnen und verschworen schon gar nicht. Sie vertraten sehr unterschiedliche Interessen und hatten also auch sehr unterschiedliche Meinungen. Meist trugen sie an alten Wunden, die sie einander beigebracht hatten, beim Streit um Kompetenzen, oder wenn einer unbedingt etwas auf den Thron heben wollte, was dem anderen suspekt erschien, oder es lief

ganz einfach Provinz gegen das bevorzugte Berlin, nach dem Motto: Euch stecken sie das Geld sonstwohin, ihr seid die Kings, alle Erfolge werden euch zugesprochen, bei uns regiert die Kleinlichkeit in jedwedem Sinn.

Ihre Erinnerung bewahrte alle Beispiele auf. Sie hatten sich ausgetrickst, behindert, überfahren, das Verdienst des anderen auf sich gezogen oder sich »gute Leute« weggeschnappt, mit besserem Lohn, größerer Chance oder interessanterer, also unabhängigerer Arbeit. Sie waren petzen gegangen oder beiseite, wo Courage angesagt gewesen wäre.

Kluge und weitsichtige Leute waren darunter und altbekannte Nervensägen, aber die hatten die Stimmung gegen sich oder kriegten Feuerwerk. Die Stasi saß mit am Tisch, aber ich hätte damals nicht sagen können, in welcher Gestalt, und ehrlich gesagt habe ich auch nicht darüber nachgedacht. Es war mir nicht wichtig, ich hätte dasselbe überall gesagt, und als ich es von einigen viel später erfuhr, war ich erstaunt, wie erstaunt ich war. Und noch mehr darüber, daß sich bei ein paar Leuten meine Meinung über sie deswegen nicht änderte.

Eikel Sturmhöfel hat sich mir eröffnet, gleich nach 90, er sei eben auch für mich zuständig gewesen. Er sagte einen großen Satz: »Ich hab drei Mal unterschrieben, einmal als Kabarettist, einmal als Alkoholiker und einmal als Homosexueller.«

Ich sagte: »Du scheinst aber nur Gutes über mich berichtet zu haben. Da mußt du einen Teil weggelassen haben. Mir ist nie etwas passiert.«

Er sagte, ganz entrüstet: »Natüüürlich! Nur das Beste.«

Na, dann konnten wir ja Freunde bleiben. Ich habe seine Trauerrede gehalten, und ich bin nicht bereit, meine Freunde nach früherer Erpreßbarkeit oder sogar nach ihren vielleicht welkenden Überzeugungen zu sortieren. Miese Petzer sind nicht darunter gewesen, wohl aber ein paar Menschen, die manches von unserer Familie abgewendet haben. Nicht alles freilich, nicht alles, aber das ist das Leben.

Ich halte den meisten in Woltersdorf anwesenden zugute, daß sie etwas ändern wollten an Verhältnissen, die sie bedrängend, einengend und zum Teil als überholt betrachteten – und erlebten. Sicher war der gute Wille unterschiedlich groß, und fast jede Meinung wurde von anderen Teilnehmern angegriffen, nicht immer unbegründet.

Aber daß wir in der Partei waren, machte uns nicht zu Eseln. Und wir hatten auch keine Lust, uns in eine Wagenburg zu begeben. Ich dachte, und deshalb blieb ich auch dort, daß wir von Vorurteilen und alten Rachegelüsten abrücken sollten und gemeinsam etwas für die Unterhaltungskunst tun.

Oder nur für die Unterhaltung, oder nur für das nötige Zusammenspiel, sich bestätigen, daß Erfolge kaum im Alleingang zu haben sind. Wir haben das gemacht, was ein Trust auch macht, der kann auch nicht ohne Analyse, Korrektur und Festlegungen auskommen.

Ich sehe mal davon ab, daß die Inge Schmidt aus dem ZK todlangweiligen agitatorischen Quatsch redete und ihre Ahnungslosigkeit vom Metier mit eben derselben von Politik mischte und wir uns antaten, sie einfach reden zu lassen und dann heimlich zu beschimpfen und zu vergessen. Wir wollten sie nicht klüger machen, weil das nicht möglich war. An dieser Stelle schon ist das »Wir« wieder falsch, denn es gab vielleicht doch zwei von zwanzig, die Inge für kompetent hielten. Ich lasse auch die penetrante Klugscheißerei von Eberhard Fensch weg, der nach jedem Satz sein Mündchen spitzte und dessen tiefe Freundschaft zu Dean Reed ich bis heute nicht verstehe. Lieber rede ich davon, daß die Abende den Treffen mit Künstlern aller Genres vorbehalten waren. Da hat mich manchmal das Selbstmitleid, die offenkundige Unehrlichkeit bei der Darstellung der eigenen Lage und die Weitschweifigkeit bei Nebensachen genervt. Aber es bleibt unter dem Strich: Ich bin geblieben, weil es spannend war, streitbar und informativ. Für meine sicher eingeschränkten Erfahrungen sogar sehr offen zuging, sehr kritisch, manchmal hart.

In meiner Erinnerung möchte ich besonders die Abende nicht missen, zu denen die parteilosen oder welcher Partei auch immer angehörenden Künstler eingeladen waren. Und sie kamen. Ob Schöbel oder O. F. Weidling, Fred Frohberg, Hauff & Henkler, die Puhdys, City, die Jazzer. Ich erinnere mich nicht an jeden einzelnen, und es war legitim, daß sie dort über ihre Schwierigkeiten und ihre Anliegen sprachen, denn wo sonst kriegten sie so viele Befaßte auf einmal vor ihre Wortkanonaden. Sie beklagten sich, forderten und mahnten an. Sicher vertrauten sie dem einen Anwesenden mehr als dem anderen, aber auch das habe ich erst hinterher erfahren: Mit manchem waren sie auch verabredet, ein Thema zur Sprache zu bringen, ohne daß die anderen davon wußten.

Gehässig war eigentlich nur O. F. Weidling, auch nicht in der Partei und eine bekannte Giftzunge. Ich sage das, obwohl wir beide ein freundliches Verhältnis zueinander hatten. Zu mir war er nie zynisch, da gehöre ich zu einer Minderheit. Zu seiner Beerdigung bin ich bei Glatteis gefahren, im selben Auto mit Dieter Gluschke, dem gescheiteren Nachfolger von Czerny, mit Eva Maria Pieckert, der lauteren, die uns zwar dauernd im Straßengraben sah, aber sie wäre nicht weggeblieben, nachdem Weidling der singenden Anfängerin nicht den Schneid abgekauft, sondern sie in seinen Ansagen freundlich bedacht hatte.

Weidling war in Ungnade gefallen, weil er die Frechheit besessen hatte, ein Mitglied des Politbüros von der Bühne herunter persönlich anzusprechen. Wer wußte schon, daß Mittag in Wahrheit ein künftiger asiatischer Herrscher sein würde und also unberührbar war. Weidling hatte weiter gar nichts gesagt, er hatte nur erwähnt, daß sich über irgend etwas Alltägliches der Genosse Mittag sicher nicht freuen würde. Und dabei hatte er gelacht, Weidling, nicht Mittag! Das war's! Umfassende Ungnade, künftiges Auftrittsverbot, von ganz oben. Klar, wir haben uns ja auch mit Rücksicht auf die Sensibilität des Genossen Grünberg die schwachsinnige Trennung von Feld und Stall aufbürden lassen.

Weidling war bei der fraglichen Premiere des neuen Friedrichstadtpalastes schon sehr krank. Sie hatten ihn zu seinem Auftritt überredet, als das Lebenslicht schon flackerte. Nur sein Ehrgeiz und seine verinnerlichte Disziplin hatten ihn gegen die Bitte seiner Frau auf die Bühne gebracht. Das Auftrittsverbot konnte ihn nicht mehr scheren. Aber wir sind zur Beer-

digung gefahren, wir ahnten, wie sie sein würde. Und war. Der
Intendant des Friedrichstadtpalastes, Wolfgang Struck war mit
seiner Frau anwesend, unser Fred Gigo hielt eine tapfere Rede
und stand sie trotz seiner Ergriffenheit durch. Frau Weidling
hatte mich gebeten, neben ihr und den Söhnen zu gehen. Das
hätte sicher einem Höherrangigen aus der Regierung oder
wenigstens der Stadtleitung zugestanden. Aber von denen war
niemand da. Wie gern würde ich dieses Blatt aus dem Buch
meiner Erinnerung reißen. Aber es gehört eben auch hinein.
Und Weidling war trotzdem von destruktivem Witz und
manchmal gnadenlos.

In Woltersdorf hatte sich Fred Frohberg bitter beklagt, daß es
in der Gesellschaft immer kälter würde: »Wir haben uns mal
Wärme vorgenommen. Aber die ist raus, ich friere.«

Das hatte Frohberg gesagt.

Am nächsten Morgen kam Weidling zum Frühstück und wollte die Autoschlüssel von Frohberg haben. Wozu brauchst du
die?

»Ich lasse mal schon deinen Wagen warmlaufen. Damit du
nicht wieder frierst.«

Frohberg war ein freundlicher Mann, ganz ohne Intrigen und
über alle Maßen dankbar für seinen Erfolg. Er ist bis zu seinem Ende mit seinem verbliebenen einen Bein auf der Erde
geblieben. Ob einer von uns dem O. F. in die Parade gefahren
ist, sei dahingestellt. Es gibt Sätze und einen Tonfall, da kann
man nichts zurücknehmen. Frohberg ist angeschlagen abge-
fahren, und ich habe ihn nach 1990 nur einmal wiedergese-
hen. Da haben wir uns fest umarmt, und viele Worte waren
nicht nötig. Es ging ihm, wie es vielen guten Leuten ging,
schlecht. Er war in eine noch kältere Gesellschaft gekommen,
aber das nahm der früheren Infamie den Stachel nicht.

An Gerüchten ist immer etwas dran, und sie entsprechen nie
der ganzen Wahrheit. In Woltersdorf traf sich keine »Gruppe«, das Haus war ein offenes Spielfeld, da konnte sich zumindest ab nachmittags, also nach unseren theoretischen und stra-
tegischen Gesprächen über die Sache an sich, jeder einklin-
ken, auch unangemeldet. Dort wurden Ideen geboren, die

mancher hinterher als seine ausgab. Dort haben sich Gewerkschaft und Kulturbund getroffen und ihre relative Wirkungslosigkeit bedauert. Und der Teufel soll mich holen, wenn ich nicht zugebe: selbst der schlipsfummelnde lippenspitzende Eberhard F. war nicht nur ein Ableser gallefördernder Gemeinplätze, auch er war nicht nur der Genosse aus dem Großen Grauen Haus. Es war reine Anmaßung, daß er dort manchmal über den Flur schrie: Wo treibt sich eigentlich diese Steineckert rum? Die soll bei mir anrufen! Mußte ich nicht, der hatte mir gar nichts zu sagen, denn ich war eine Ehrenamtliche, die für ihr Amt nicht entlohnt wurde. Ich unterstand dem nicht. Das Komitee unterstand der Partei nicht, denn die hatte es abgelehnt, die Interessenvertretung der Unterhaltungskünstler bei sich zu unterstellen.

Das war ja schön, hatte aber Nachteile: Wir bekamen eben auch nichts von dem, was den ehrenwerten Künstlerverbänden zustand. Wir waren kein Verband, so hoch sollten wir nicht stehen dürfen, wir waren ein Komitee. Also hatten wir keinen eigenen Haushaltsplan, keine eigene Reisestelle, und über Reisekader hatten wir nicht zu bestimmen. Wir waren auch nicht in der Akademie der Künste vertreten, was einerseits unwichtig, andererseits schon eine Prestigefrage war. Und ein Kongreß bei uns hatte praktisch eine andere Größenordnung. Bei uns wäre Honecker eben nicht erschienen. Die Verabredung mit den ablehnenden anderen Künstlerverbänden und mit der meuternden Gewerkschaft, die sich bis dahin als Alleinvertreterin der Unterhaltungskünstler sehen durfte, lautete: Keine Sorge, die werden euch in keiner Weise gleichgestellt. Zumindest der Repräsentant des Schriftstellerverbandes hätte anderes auch ohne Niederlegung seines Amtes nicht hingenommen. Der Abstand wurde dann auch offen und oft genug demonstriert. Wenn es bei hohen Gelegenheiten nicht zu umgehen war, wurde ich als Präsidentin auch eingeladen. Aber nicht in die 10. Reihe, wo meine Amtsbrüder saßen, sondern in den Heuboden, dorthin, wo die Stopfgänse von der FDJ saßen, die leere Plätze auffüllen mußten. Das war insofern fein, weil mein Mann und ich uns so immer nach dem Eingangsreferat verdrücken konnten. Den Peter Wicke als Professor an der Humboldt-Universität habe ich nicht durchsetzen können, obwohl er eine solche Stelle in Kanada als Gast hatte. Wir bekamen keine Hochschule für Unterhaltungskunst, angeblich gab es eine Sperre für Sitze an der Universität und die Einrichtung neuer Hochschulen. Das war eine Lüge, andere wurden eröffnet.

In Reiseangelegenheiten wurde uns keine Transparenz zugestanden. Es gelang mir nicht, je zu erfahren, warum Stern Meißen nicht reisen durfte, und die Sache wurde auch nicht dadurch besser, daß sie schließlich erfuhren, es läge nur an einem von ihnen. Sie haben, auch sehr kameradschaftlich, angeboten, sie würden den auswechseln, aber die Angelegenheit trat auf der abgeschabten Stelle. Kann sein, daß ein Nachbar zu hohem Rasen ansah, daß der Musiker sowieso nicht zurückkommen würde, ich weiß es bis heute nicht.

Aber das sind andere Geschichten. Wer glaubt, wir hätten uns in Woltersdorf getroffen, um den Künstlern auf die Schliche und in die Quere zu kommen, der irrt sich. Hättest ja auch hinkommen können – warst du nie dort, Arndt?

Schade. Die Schliche der Künstler kannten wir, und einige von uns teilten sie. Dazu brauchten wir uns nicht in einer Runde zu treffen. Aber es ist dort Hefe angesetzt worden. Auch solche, wo Puhdy-Meyer dann sagen konnte: Von dem Kuchen haben wir uns natürlich auch ein großes Stück abgeschnitten. Und auch dies sei noch vermerkt: Es kamen Zustände auf den Tisch, die bei den Künstlern in den Bezirken für großen Unmut sorgten. Ganz folgenlos ist solcher Tagesordnungspunkt nicht abgehandelt worden. Denn natürlich glühten danach immer die Drähte. Jeder erfuhr alles, wenn nicht übers Reisen, dann zumindest, was einer gesagt hatte.

Ohne die Woltersdorfer Woche hätten wir nicht die Intrige gegen den Ersten Sekretär des Bezirkes Cottbus und zugunsten von Gerhard Gundermann einfädeln können. Die hat ihn während der Chansontage zu einem Sonderkonzert nach Frankfurt an der Oder geführt, obwohl jener Funktionär ihm gerade Parteiausschluß und Auftrittsverbot verpaßt hatte. Das war dann nicht aufrechtzuerhalten, als die Jury ihn für den Hauptpreis vorschlug, Dr. Büttner ihm außerdem den Plattenpreis gab und der Kulturminister zustimmte, seinen Preis diesem eigentlich ausgestoßenen Mann zu geben. Das war ja eben auch die DDR, dieses Übertreiben und die anschließende Folgenlosigkeit, besondere Fälle immer ausgenommen. Wir unterliefen das bedrohliche Verbot durch die hohe Honorareinstufung dank Kulturministerium, durch die Aufnahme der Plattenproduktion dank Dr. Büttner, und wir luden den hohen Preisträger Gerhard Gundermann als Redner zum Kongreß der Unterhaltungskünstler ein. Hinterher sagte Professor Hager leise zu mir, er sei aber nicht mit allem einverstanden, was Gundermann gesagt habe.

Ich sagte: »Dann sag's ihm doch. Sag's ihm selber.« Er zögerte, es war ein kleiner Schritt für die Menschheit, aber ein großer für Hager. Er sah sich um. Es war Pause, der Saal hatte sich weitgehend geleert, alles strebte den Brötchen zu, nur Gundi schrieb sich was auf, über uns, oder ein neues Lied.

Hager ging zu ihm, ich schickte die Fotografen hinterher, und so konnte man in einigen Zeitungen Hager und Gundermann ins Gespräch vertieft sehen. Das übrigens gut ausging, ohne daß einer von ihnen anschließend anders gedacht hätte.

Aber es gelang uns, in engem Zusammenspiel, das auch noch Spaß machte, einen anmaßenden Bezirksfürsten außer Gefecht zu setzen, der dem Baggerfahrer und Liedermacher übelgenommen hatte, daß der es wagte, Fragen zu stellen und auch noch ihm persönlich.

Ich wollte, wir hätten uns in den letzten elf Jahren nur einmal bei dieser Art von Brainstorming treffen und beraten können, wie wir das in Woltersdorf hatten. Vielleicht hätten wir noch weniger ausgerichtet als damals, aber es wäre uns wohl Einsamkeit erspart geblieben.

Zurück zur Legende. In der DDR gediehen die wie Käseschimmel. Als nicht an den Tantiemen Beteiligte, gänzlich ohne Eigennutz, erzähle ich, wie es wirklich war.

Zwischen Büttner und dem Bause stand der Weizen nie hoch. Büttner neigte ohnehin nicht zur Begeisterung. Aber in das

Sachsenlied war er nahezu verknallt und wollte sich das von niemandem wegnehmen lassen oder auch nur darüber diskutieren oder irgendeine taube Nuß auf eine Stelle stoßen. Mag sein, er hat sich denken können, was dieser oder jener sächsische Bedenkenträger an Abneigung gegen Sachsen herauslösen könnte, weil das angeblich jeder heraushören würde. Ob es eine Art von Flüstern gegeben hat, hier würden die Sachsen ausgelacht und gemeint seien eigentlich führende Genossen aus Sachsen, das weiß ich nicht. Für möglich halte ich das, man muß den Anfängen wehren, nachher kommt noch einer und macht saarbrückisch nach. Büttner erschien sonst nur gastweise zu Themen, die ihm für seine Arbeit trächtig schienen. Sonst konnte er sich leicht drücken. Aber einmal kam er doch, wartete den Feierabend ab und meinte dann, er wolle ein Lied vorspielen. Er hat nicht gesagt, er wolle dazu unsere Meinung hören, und das hätte auch keiner angenommen. Also spielte er den Sachsen vor, wir amüsierten uns, gratulierten ihm zu dem Glücksfall und gaben ihm recht, als er kollektive Geschlossenheit und gemeinsames Stoßen dieses Hits forderte. Keiner hat sich ausgenommen, alle waren für Stoßen, und wir verschönten uns den Abend durch mehrmaliges Abspielen.

Ich weiß noch, daß ich in einer Ecke mit dem betrunkene Eike Sturmhöfel und Gerhard Neef Skat zu spielen versuchte. Die rührende kindliche Güte meines Freundes Eike zeigte sich darin, daß es ihm gänzlich wurscht war, welche Karte er zog, er butterte dem Gegner seine Zehnen rein und lachte, wenn er verlor. Einige andere sangen indessen den Sachsen schon mit, und der Neef trollte sich auch lieber zu denen.

Wenn Quermann dir erzählt hat, er habe unter Mißachtung aller Dienstvorschriften euer Lied in die Charts gebracht, dann muß ich dir sagen: Das hätte er nicht gekonnt. Egal, wie das heute sein mag, ob man da ein halbes Pfund Scheine auf die Theke legen muß, damit ein Titel zu günstigen Zeiten und oft genug gespielt wird, egal, ob das Gebräu aus Geschichten stimmt – Quermann konnte als freischaffender Künstler im Rundfunk keine Sendung »fahren«, ohne den Ablauf durch den Chef vom Dienst abzeichnen zu lassen. Dazu waren Leute angestellt, für alle Bereiche. Was direkt über den Sender lief oder als Band zur Sendung vorbereitet wurde, hat sich einer angeguckt. Warum hätte Quermann seine sichere Bank im Rundfunk riskieren sollen? Hätte er das Piratenstück wirklich gemacht, wäre es seine letzte Sendung gewesen.

Mein Mann war 23 Jahre lang der Chefredakteur für Musik, zu jener Zeit aber schon auf eigenen Wunsch und aus vielen Gründen nicht ohne Schwierigkeiten ausgeschieden. Deswegen wird man ihm doch die Kundigkeit nicht absprechen können. Ich habe telefonisch herumgefragt, um ganz sicher zu gehen. Arndt, Eitelkeit trägt meilenweit. Quermann brauchte den »Sachsen« nicht heimlich unter den Arm zu stecken, denn jeder streckte die Hand nach diesem Titel aus. Humor, Witz, fast valentinsche Gnatzigkeit und drunter eine etwas grobe Freundlichkeit, das ist rar genug.

Quermanns Verdienste sind unbestritten, sofern ein junges Talent seinem Geschmack entsprach. Genau danach war auch die Tendenz seiner Schlagersendung ausgerichtet. Was ihm nicht gefiel, war schlecht. Er war, ein Beispiel, so unfair, im Fernsehen zu sagen: »Wer das Lied ›Auf der Wiese haben wir gelegen ...‹ zum Titel des Jahres gemacht hat, den suchen sie ja heute noch.« Veronika Fischer war nicht sein Geschmack, Hauff und Henkler dagegen ganz und gar.

Ja, beim » Sachsen« kam die Post waschkörbeweise und lange Zeit, für diese Sendung generell üppig. Aber dann kamen nur noch Bündel, und die wurden auch kleiner. Die Jungen zogen nicht mit, die schrieben nicht und wollten die Sendung – ihre frühere Popularität sei unangetastet – auch nicht hören. Hinter dem Rücken unseres sensiblen Quermanns wurde im Funk ein vorsichtiger Versuch diskutiert, die Sendung auslaufen zu lassen und eine neue zu etablieren. Zu einer Zeit, als Penndorf noch im Funk war. Also Ruhm und Ehre, und nun was Neues.

Aber da stand unser Heinz auf der Matte.

Er zählte alle seine Verdienste auf und drohte mit seinem Einfluß, zum Beispiel bei der Gewerkschaft. Nun, die Gewerkschaft konnte den Funk auch nicht zwingen, sich neue Gedanken zu verbieten, aber so wie niemand den »Sachsen« aufhielt, wollte auch niemand den Quermann kränken. Obwohl er extrem ungerecht und extrem intolerant war und ich mich nicht erinnern kann, daß er je einem geförderten Gänsebraten widerstanden hätte.

Quermann war für die Schlagerszene der DDR und als Moderator für ein bestimmtes Publikum wichtig. Aber nicht für jede und nicht für jedes. Eine Sendung für junge Leute wurde etabliert, neben seiner.

Also lieber Arndt, dein Freund mußte sich für dein Lied nicht auf einer taufeuchten Wiese im Morgengrauen schlagen, weil dort außer ihm gar niemand erschien, auch nicht der zuständige Redakteur Jordan.

Der einzige Mensch, der unablässig über den »Sachsen« und bei jeder Gelegenheit nörgelte, war Jürgen Hart. Aber so schlechte Laune hatte er deswegen nun auch wieder nicht, daß er sich nicht seiner sprunghaft gewachsenen Popularität erfreut und sie nicht genutzt hätte.

DAS LIED »schlug ein«,und ich war vorher rechtzeitig in Hamburg gewesen und hatte einen Deal mit Borchard-Jacobi von Intersong in der Tasche. Er hatte bereits den Subvertrag mit dem Harth-Verlag in Leipzig unterschrieben. Als das rauskam, wurde die Platte für den Export gestrichen und zur Inneren Angelegenheit der DDR erklärt. Da aber nun Borchard-Jacobi die Verlagsrechte für die BRD, Österreich und die Schweiz in der Tasche hatte und uns auch ein bissel Westgeld zukommen lassen wollte, machte er eine Version mit den Jacobs-Sisters, und siehe da, die sächsischen Mädels kamen auch im Westen an und ersangen schöne Summen.

Diesen Braten haben sie bei Amiga gerochen. Der Rias machte es in diesem Fall so, wie sonst die Redakteure vom sozialistischen Rundfunk. Die kauften ja auch Platten im Laden und spielten sie ab, immer in der Hoffnung, wo kein Kläger, da kein Richter. So hatte nun einer »drüben« die Single, spielte sie fleißig, und sie wurde auch in Westberlin ein Erfolg. Daraufhin hat Amiga einen Barkas voller Singles mit dem »Sachsen« nach drüben gebracht, und sie dort mit staatlicher Genehmigung verkauft. Worauf Borchard-Jacobi hier vorstellig wurde und die Verlagsrechte für den deutschsprachigen Raum West, inklusive Österreich und Schweiz einforderte. Er wollte das Geld, das ganze Geld aus den Verlagsrechten und für die Autoren. Er hat es aber nicht gekriegt, nur das für seine Verlagsrechte. Die Autoren lebten auf dem Territorium der DDR und bekamen ihre Mark der Deutschen Notenbank.

Ob er wollte oder nicht, Jürgen Hart mußte seinen Spitzenhit »Sing, mei Sachse, sing ...« tatsächlich singen. Sein Kabarett war immer ausverkauft. Aber nun kamen viele Leute, die wollten ihn wegen des besungenen Sachsen sehen. Natürlich konnte er das Lied schon wegen seiner Kollegen nicht am Ort seiner sonstigen Tätigkeit singen, das war klar. Aber in der »Schaubude« im Westen, im Fernsehen. Vielleicht hat er im stillen Kämmerlein seine Meinung über die Schlagerfuzzis geändert.

Als ich die Tantiemen-Abrechnung für unser gemeinsames Lied bekam, war das auch für mich eine utopische Summe. Hart hat sich ein Haus gekauft, ein Grundstück und ein Auto. Plötzlich war er durch das, was er beschimpft und verspottet hatte, ein wohlhabender Mann. Nun gehörte er dazu. Ich habe mit ihm nie wieder etwas zu tun gehabt. Wir hatten noch eine Single vor, mit einem Peter-Maffay-Titel. Der Text wurde verboten, also ist sie nie erschienen.

Irgendwann wollte Amiga eine zweite Sachsen-Platte machen, aber da habe ich abgewinkt. Solchen Erfolg kann man nicht wiederholen, für eine solche Fortsetzung wird man höchstens von der Presse verrissen. Die schreiben dann, sie hätten es schon vorher gewußt.

Meine Devise war seit langem: Nichts wiederholen, immer etwas Neues, Spannendes, immer etwas anderes. Ob Jürgen Walter, ob Monika Herz oder Andreas Holm, Schöbel oder sonstwer, völlig egal, was Neues machen.

11. Freundesland

ES GAB BEI UNS ein ungeschriebenes Gesetz: Ehe ein Künstler ins westliche Ausland fahren darf, muß er weit im Freundesland gewesen sein.

Eines Tages bekam ich einen Anruf vom Kulturministerium, von bösen Leuten Kuh-Mist genannt, von Freunden KuMi: Ich sollte als Auszeichnung eine drei Wochen dauernde Reise ins Östliche bekommen. Meine letzte Auszeichnung war der kollektive Kunstpreis des Ministerrates der DDR. Die lag schon drei, vier Jahre zurück, und die Begründung lautete: Für die Schaffung der neuen Tanzmusik in der DDR.

Gemeint waren eigentlich die Titel mit Schöbel. Das konnte man aber so nicht hinschreiben, denn für den »Stern« bekam ihn Schmiedecke, der Bause für »Gold in deinen Augen«, und Siebholz für »Die Sprache der Liebe ist leis ...« – alles Titel, die Schöbel gesungen hat. Weil nun aus unerfindlichen Gründen immer Günther Fischer, der eigentlich Saxophonist und Jazzer war, dazukam, wurde der Name Schöbel ausgespart, und Fischer hatte eben auch das Neue erfunden.

Die Zeit war wohl reif, Bause mußte wieder mal bedacht werden. Schicken wir ihn also ins Freundesland, lange ist der sowieso nicht mehr vom Westen wegzuhalten. Dann war er wenigstens zuerst und nachweislich »dort«.

Natürlich habe ich sofort abgelehnt. Ich sagte: »Wie bekannt, nur mit meiner Frau. Jede Reise mit meiner Frau, und jede Auslandsreise auch mit meiner Frau.«

Rückruf: kein Problem. Die Frau muß nur die Reise selber bezahlen.

Rückruf: kein Problem.

Ansonsten alles klar. Wir wurden eingeladen in die Generaldirektion, in die Bizetstraße, wie wir immer abgekürzt haben. Dort wurden wir in die Reise »eingewiesen«. Es waren also nicht nur wir, eine ganze Künstlergruppe sollte ausgezeichnet werden: ein Tanzpaar aus Rostock, die Bergmanns. Aus Leipzig ein Gentleman-Jongleur mit Frau, alte bewährte Artistenfamilie, die Schnelle's. Wie sich später herausstellte, der

126

einzige stramme Genosse. Der hatte es drauf, sich nach der Anreise in Moskau sofort ein großes Lenin-Bild aus Pappe zu kaufen, ungefähr 1,20 m hoch. Er hat dieses Geschenk für seinen Sohn drei Wochen lang mit sich rumgeschleppt. Wie Woody Allen sein dämliches Surfbrett in »Ein ganz gewöhnlicher Hochzeitstag«. In jedem Flugzeug war Aufregung, weil er das Leninbild unterbringen mußte. Hätte er doch auf der Rückreise machen können, aber vielleicht hatte er Angst, bis dahin wären Leninbilder aus Pappe ausverkauft.

Mit uns reisten zwei Betreuer von der GD aus der Bizetstraße. Unsere Gruppe hatte man beim deutschen Reisebüro in eine andere hineingekauft, die auch ausgezeichnet werden sollte, das waren verdienstvolle Genossen aus Wirtschaft und Industrie.

Zehn Künstler innerhalb von 25 normalen Leuten, und die Künstler immer irgendwie daneben. Anderer Humor, andere Insider-Gags, das mußte irgendwann zündeln, aber soweit waren wir ja noch nicht. Wir haben uns zum verabredeten Zeitpunkt in Schönefeld auf dem Flugplatz eingefunden. Soviel ich wußte, sollten wir dort Taschengeld beziehen und in jedem Umfang Geld umtauschen können. Das galt für übliche Reisen ins Ausland nicht, in Schönefeld sollte es aber eine Bankfiliale geben, bei der man unbegrenzt Rubel tauschen kann.

Wir traten die Reise mit gemischten Gefühlen an. Aber ich hatte gehört, daß es in der Sowjetunion Pelze und Brillanten zu kaufen gäbe, und da ich meiner Frau immer etwas schuldig bin, wollte ich für diesen Fall genügend Geld tauschen. So besaß ich denn neben dem Taschengeld noch tausend Rubel. Das war in jener Zeit eine sehr große Summe. Fast das Jahreseinkommen einer Lehrerin im Freundesland. Eine Flasche Wodka kostete 3,50 Rubel, so viel wie der Krimsekt, wenn es ihn denn gab.

Wir fühlten uns wohlhabend, uns konnte nichts passieren. Also flogen wir los. Dann kamen wir in Moskau an und legten den langen Weg zum Hotel zurück. Am nächsten Tag lernten wir unsere Dolmetscherin kennen, die hatte das Kulturministerium extra für uns engagiert, sie stammte aus Riga und sprach fließend lettisch, russisch und deutsch. Sie stand nur den Künstlern zur Verfügung, die anderen aus der Reisegruppe hatten keine Dolmetscherin. Die konnten vielleicht russisch, oder sie mußten sehen, wie sie mit ihrem Vokabular zurechtkamen.

Von den Bildern in der Tretjakov-Galerie waren wir sehr beeindruckt. Aber da ist das Aufnahmevermögen im Hirn und in der Seele immer begrenzt, ich hätte mir lieber jeden Tag ein Bild statt so viele auf einmal angeguckt.

Es regnete, wir gingen auf dem Gorki-Prospekt in die erste Etage eines Hauses, in eine Selbstbedienungs-Gaststätte, alles trist, kalt und leer. Was gibt es hier zu essen? Nichts! Und zu trinken? Nichts! Aber unten im Haus hatten wir einen Spirituosenladen gesehen. Ich gab dem Schubi, damals noch in Halle und bekannt als Chef der Schubert-Formation, Geld: »Hol du uns 'ne Flasche Wodka, ich beschaff uns hier Kaviar.«

Ich ging an die Kasse zu einer dicken Matka mit Häubchen auf dem Kopf und Schürzchen um und versuchte, ihr zu erklären, daß ich Kaviar kaufen wollte. Sie sprach kein Deutsch, ich kein Russisch, und die Dolmetscherin wollte ich auch nicht bemühen. Endlich ging die Matka in die Küche, brachte mir ein Marmeladenglas, gefüllt mit Kaviar, für 36 Rubel. Inzwischen hatten die anderen am Tisch die Flasche mit dem Wodka geöffnet, Brot, Gläser und Mineralwasser bestellt, und nun kam ich mit dem Kaviar.

Der erste sagte: »So was esse ich nicht.« Und plötzlich aß außer Angret und mir keiner Kaviar. Wir haben uns bemüht, aber so viel Kaviar können zwei Leute nicht essen. Obwohl wir der besseren Verdauung wegen Wodka dazu tranken. Das taten die anderen ohne Kaviar auch, eben zum Brot. Neben uns arbeitete eine Frau mit einem Überschall-Staubsauger, sie saugte die Gänge und träge unter unserem Tisch. Das störte zwar sehr, aber wir sagten nichts. Ihr Blick fiel auf die Flasche Wodka, und sie sagte etwas auf russisch, etwa: Alkohol hier nun nicht. Ich habe zur Dolmetscherin Karin gesagt: »Wir sind Gäste, draußen regnet es, und wir trinken jetzt hier Wodka.«

Die Matka begab sich zur vermutlich ranghöheren Gardero-
biere. Ich dachte, wenn sie hier im Großen Land ein Alko-
holproblem haben, werden wir das durch Unterlassung auch
nicht lösen. Die Frau von der Garderobe kam an unseren Tisch
und sagte sehr bestimmt: »Wodka nicht, weg.«

Wir sagten: »Wodka bleibt, wir sind Gäste, wollen uns wohl-
fühlen, wir sind keine Alkoholiker.«

Nach einer Weile kam der Gaststättenleiter und verklickerte
uns, wenn wir Wodka trinken würden, müsse er die Miliz
holen, sonst verlöre er seine Arbeit. Wir sollten nicht Wodka
trinken.

Nun haben wir wieder erklärt, wir seien doch Gäste in der
großen Stadt Moskau, wir wollten uns doch bei unseren Freunden wohl fühlen, wie sollten wir das denn jetzt machen?

Er nahm die Flasche am Hals, stellte sie unter den Tisch, grinste uns an und ging. So haben wir den Woldka unter dem
Tisch eingegossen, und dem Mincralsekratär war Genüge
getan.

Am nächsten Tag sollten wir nach Sibirien fliegen, nach
Irkutsk, also 6000 Kilometer über dieses unfaßbar weite Land.
Dort landeten wir im tiefsten Winter, klar, war ja November.
Und dann noch beladen mit einem Problem, das Schubi und
ich hatten.

Wir waren beide für einen Kontingent-Volvo vorgesehen, aber
die Autos sollten jetzt, da wir gerade die SU bereisten, ausgeliefert werden. Unsere Sorge war, daß die Autos an andere Leute verkauft würden, denn die Liste war bestimmt wieder länger als die Schlange der Autos. Da waren wir also in Sibirien,
herrliche, unbekannte Weite, aber wir hatten ein enges Herz
wegen unserer Autos. Trotz all der Eindrücke, die gewaltig
waren.

Am Ufer des Baikalsees standen bei 20 Grad Kälte, ohne Hand-
schuhe, in den Händen eine Kalaschnikow haltend, Dreizehn-
bis Vierzehnjährige an der Ewigen Flamme, zum Gedenken
des Großen Vaterländischen Krieges. Die Kinder froren hel-
denhaft, und ich dachte: Um Himmels willen, wozu braucht
der Sozialismus das.

Abends gingen wir in den Sibirischen Staatszirkus. Es war beklemmend: Die Artisten fielen immerzu vom Drahtseil runter. Wir hatten zuvor die Darbietungen des Moskauer Staatszirkus' gesehen – unvergleichlich. Der Clown Karandasch – Weltspitze. Nun aber in Irkutsk, das war eine traurige Vorstellung.

Bei der Einweisung in Berlin war uns gesagt worden, die Russen trügen gern Abzeichen. Wir sollten uns welche besorgen, irgendwelche, ein bißchen emailliert. Und immer, wenn wir auf Freunde treffen würden, könnten wir Abzeichen tauschen, das lieben die Russen. Also, Glasperlen sollten wir nicht mitnehmen, eben Abzeichen. Ich habe zu meiner Frau gesagt, das kann ich mir nicht vorstellen. Ich renne da mit Leuten herum, sage Guten Tag, und dann gebe ich denen ein Abzeichen. Da müssen die doch denken, ich habe was am Kopf. Das war nichts für mich, ich habe mir was anderes ausgedacht. Bin in den Intershop gefahren und habe einen ganzen Karton Chewing Gum Peppermint gekauft. Diesen Karton haben wir mitgenommen, ohne zu wissen, daß Kaugummi Ende der Siebziger in der SU seinen Siegeszug angetreten hatte. War also eine geniale Idee, ein Renner, die gingen weg wie warme Semmeln.

Nun saßen wir im Zirkus, allein in der Reihe, es war Pause, und wir langweilten uns. Hinter uns saß ein mongolisches Ehepaar mit zwei kleinen Kindern. Es konnten Ureinwohner sein, die Tongusen sehen mongolisch aus, aber die mongolische Grenze ist ja auch nur 60 Kilometer von Irkutsk entfernt. Und um mit den kleinen Kindern über eine kleine Gabe anzubändeln, gab ich jedem einen schönen gelben Kaugummi in Silberpapier. Die besorgte Mutter nahm ihnen die sofort weg, der Vater sie der Mutter. Kleine Kinder schlucken alles runter, und es hätte ja auch was Böses sein können. Ich wollte die Verlegenheit überbrücken, die Dolmetscherin war draußen, also holte ich den nächsten Kaugummi raus, wickelte ihn aus dem Papier, biß ab, kaute und zeigte kopfschüttelnd auf meine Gurgel. Nicht runterschlucken, sondern kauen. Und dann wegschmeißen. Der Vater biß ein Stück ab, kaute, grinste, dann gab er seinen Kindern den Chewing Gum. Sie lachten, ich lachte auch, und es war komisch, nach 50 Jahren Sozialismus lachten wir über einen Kaugummi.

LIEBER ARNDT, ganz behaglich ist mir diese Geschichte nicht. Sie schmeckt mir eher nach Bananen als nach Peppermint. Aber wenn sie so war, lassen wir sie halt so stehen. Sie hatten keinen Kaugummi, aber vielleicht ging es ihnen damals besser als heute. Und wie die Tongusen leben, das wissen wir ja beide nicht. Nur, daß diese Grenze eine ewig gefährdete ist und daß so ein Besuch im Zirkus für die Familie sicher etwas Besonderes war, auch wenn die Artisten dauernd vom Seil fielen. Der Winter dort ist lang und sicher nicht eben unterhaltsam. Du hast sie also bei einem Familienausflug zusätzlich mit dem weltberühmten Chewing Gum verwöhnt. Und du wirst nie erfahren, ob sie sich über ein Abzeichen nicht noch mehr gefreut hätten. Vielleicht hat die Familie sie in der Jurte angepinnt. Aber vielleicht haben sie auch in einem Neubaublock gewohnt, oder der Mann war Bürgermeister und sie eine Schamanin.

Die Erinnerung wird deutlicher, das Bild belebt sich, die Empfindung gibt eine Erklärung ab. Sie erzählt mir von meinem Bruder Franz. Er lebte in Hamburg und war technischer Leiter der dortigen Badeanstalten, also auch der ganz modernen Schwimmhalle, die Ende der siebziger Jahre eröffnet wurde. Ihm oblag es, ständig die Wassertemperaturen und Zusammensetzungen zu prüfen und zu mixen. Eines Tages fanden internationale Wettbewerbe in dieser Halle statt, zu deren technischen Errungenschaften es gehörte, daß das Wasser auf der einen Seite rausgesogen, auf der anderen Seite reingepumpt wurde, sehr hygienisch.

An sein Zimmer klopfte eine sowjetische Delegation, angeführt von einem Mann, der fließend deutsch sprach. Er erklärte kundig und ohne Umständlichkeit, welchen Nachteil diese zweifellos sehr wichtige Neuerung mit sich brachte. Die durch Abzug und Einlassen erzeugte Strömung könnte die Schwimmer Bruchteile von Sekunden kosten, und da es sich um eine automatische Zu- und Abschaltung handle, warnte er vor Benachteiligung einzelner.

Mein Bruder sah das ein und sorgte dafür, daß während des Wettkampfes kein Nachteil für irgend jemanden entstand. Nach Beendigung des Schwimmwettbewerbs, bei dem ausschließlich die sowjetische Mannschaft gewann, erschien die Delegation noch einmal. Sie überreichten meinem Bruder feierlich ein Abzeichen, einen Roten Stern mit einer Friedenstaube.

Mein Bruder ist auf schreckliche Weise an seinem Alkoholismus gestorben. Aber bis zuletzt trug er dieses Abzeichen in Mull gewickelt in jeder Hosentasche.

Ist das Leben nicht komisch? Er hat seine Frau und sein Kind, Wohnung und Arbeit verloren, aber wie an einem Stück Ehre hing er an diesem rot-emaillierten Abzeichen.

Späte Bitternis, die Trauer hat sich besänftigt, und auf eurer Reise geht es allemal unterhaltsamer zu.

WIR HABEN die großen Wasserkraftkaskaden gesehen, sie haben uns die Turbinenhallen der Werke gezeigt. Die Angara stellt mit ihren Fluten alles weit zurück, was wir in Mitteleuropa von Elbe, Rhein oder Donau kennen. Das sollen große Flüsse sein? Ja, wenn man die Angara nicht kennt, mag man das glauben. Ich habe, mit Abstand, nie einen größeren Fluß gesehen. Gewaltige Staudämme sind in die Felsen hineingebaut. In den Turbinenhallen ist es so sauber wie in einer ordentlichen Küche. Wir sahen die überdimensionalen Turbinen von Siemens aus Westberlin, und die Arbeiter zeigten, wie stolz sie auf ihre Anlagen waren. Dort wird so viel Strom erzeugt, daß ganz Europa damit versorgt werden könnte. Wenn der Strom von Sibirien, von Bratsk, nach dort geliefert werden könnte. Das war aber nicht möglich, denn es gab dafür keine Leitungen. Sibirien allein kann den produzierten Strom nicht aufbrauchen. Auch mit allem Respekt ist das nur als Fehlplanung zu bezeichnen.

Samstagabend kamen wir nach der Besichtigung dieser eindrucksvollen »Neuerung« zurück ins Hotel und wollten in das

Restaurant zum Essen gehen. Das war nicht möglich, »Geschlossene Gesellschaft«. Aber wir wurden durch das Restaurant in ein Hinterzimmer geführt, vorbei an einem Podium mit einer Vermona-Anlage und einer DDR-Orgel. Heimatklänge! Wir gingen vorüber an einer vollbeladenen Tafel mit Reis und Geflügel, dekoriert mit Tomaten, Gurken, Melonen und Salat. Und das alles Mitte November in Sibirien. In Moskau war zu dieser Jahreszeit an solche Köstlichkeiten nicht zu denken. Wir aßen in unserem Hinterzimmer köstliche Pelmenis, und draußen war die Fete voll im Gange. Die Tür ging auf und zwei leicht angetrunkene Männer kamen herein, jeder mit einer Flasche Wodka unter dem Arm. Sie wollten mit den deutschen Freunden anstoßen. Unsere Dolmetscherin forderte sie auf, bitte wieder zu gehen. Aber einer der beiden war vor ein paar Stunden Vater geworden, seine Frau hatte einen elfpfündigen Sohn namens Slawa bekommen. Das sei doch ein Grund zum Trinken!

Also haben wir getrunken und geredet. Wir haben gefragt, wieso hier fast jede Familie einen Lada hat und warum in den Wohnungen statt nackter Birnen richtige Lampen hängen. Und wie es käme, daß da draußen im Lokal mit allem Drum und Dran so reichlich gefeiert würde?

Sie sagten, sie würden jeden Sonnabend so feiern. Sie seien Leute, die sich als Ingenieure, Ärzte und Spezialarbeiter mit ihren Frauen, nämlich Lehrerinnen, Ärztinnen, Krankenschwestern oder Kindergärtnerinnen, aus allen Unionsländern kommend, hier für zehn oder zwanzig Jahre zur Arbeit verpflichtet hätten. Sie bekämen dafür früher ein Auto, eine Neubauwohnung, doppeltes Gehalt, doppelten Urlaub und gingen früher in ihre Rente. Das war ihr Wohlstand.

Unsere Dolmetscherin fragte sie, ob sie auch jagen, sie brauche einen Fuchskragen.

Natürlich hätten sie ein Gewehr. Das steht zu Hause im Schrank.

Dann könnten sie ihr doch einen Fuchs schießen?

Nein, das ginge nicht. Wir wären hier in der Hasentaiga. Die edlen Pelztiere leben tausend Kilometer entfernt.

Ich bat sie, frag doch mal, ob er eine Datsche hat?

Ja, hat er.

Und wo?

Hundert Kilometer weiter nördlich.

Und wie groß ist sein Grundstück?

So groß wie der Wald. Also kein Zaun? Wozu ein Zaun, da ist doch außer uns niemand. Das Haus hat er aus Bäumen gebaut, die er selber gefällt hat.

Wie das geht?

Er war vorher beim Förster und hat sich für drei Rubel eine Genehmigung geholt. Danach war er berechtigt, die benötigten Bäume für den Bau seiner Datsche zu fällen. Die Stelle hat ihm der Förster zugewiesen.

Die Wirtschaftslage der DDR bedenkend, habe ich gesagt: »Das begreife ich nicht. Der könnte doch so viele Bäume schlagen, wie er will, und das Holz verkaufen.«

Das klingt nach einem Berliner in Sibirien. Wer soll denn in Sibirien Holz kaufen, wenn jeder für drei Rubel soviel schlagen kann, wie er braucht?

In Sibirien gibt es ein Sprichwort: Hundert Kilometer sind keine Entfernung, hundert Rubel ist kein Geld, und hundert Gramm ist kein Alkohol.

Ich sagte zu Angret, wenn ich in der Sowjetunion leben müßte, würde ich auch nach Sibirien gehen. Schon wegen der Landschaft.

Wie es heute dort aussieht, in diesem beeindruckend schönen Sibirien, das wissen wir nicht. Vielleicht gehört ein Teil des Landes auch schon der internationalen oder nationalen Mafia, vielleicht wissen sie inzwischen, wohin sie ihren Strom verkaufen können, aber der Lebensstandard ist nach allem, was wir hören, nur für wenige Menschen üppig. Das war er wohl damals schon. Und so gesehen habe ich mich an der Landschaft sattgesehen und muß nicht unbedingt dort wohnen.

Über Alma-Ata kamen wir nach Mittelasien, weil wir noch nach Taschkent, Samarkand und Buchara sollten. Wir kreisten nachts über Alma-Ata, sahen schon die Lichter am Boden und wunderten uns, warum die Maschine nicht landete. Der

Pilot drehte auf einmal ab und flog ins Dunkle. Erst lange Zeit später setzte er zur Landung an. Als erstes sahen wir eine brennende MIG, einen sowjetischen Jäger. Wir waren auf einem Militärflughafen gelandet, also auf strenggeheimem Gebiet, für Ausländer verboten.

Wir mußten die Maschine verlassen. Die Ausländer zuerst, dann die Russen. Wir »Gäste« wurden in eine Baracke geführt, die Einheimischen mußten draußen bleiben. Kaum waren wir drin, wurden wir wieder rausgejagt, zehn Minuten später wieder reingeholt. In der Baracke lag der Fußboden voller junger Männer. Durch diese hatte man für uns eine Gasse gebildet. Es ging eine Treppe empor, auf eine Plattform. Dort oben war der Warteraum für die Offiziere mit ihren gewichtigen Frauen. Wir konnten am Geländer stehen und hinuntersehen. Unten lagen die jungen Männer, in Lumpen gehüllt. Kahl geschoren, mit großen traurigen Augen.

Karin erklärte uns, die jungen Männer seien gerade eingezogen worden. Und weil keiner nach seiner dreijährigen Dienstzeit seine Zivilkleidung zurückbekommt, zieht man sich die ältesten Klamotten an, die man in der Verwandtschaft auftreiben kann. Und da man in der Roten Armee sowieso geschoren wird, kann das auch zum Abschied von zu Hause die Mutter oder Freundin tun.

Für uns Ausländer gab es Wodka oder Krimsekt zu kaufen, aber nichts zu essen. Wir hatten morgens das letzte bekommen. Die da unten bekamen nichts – nur die Offiziere. Ich bemerkte, wie mich ein Junge an der Treppe ansah. Es dauerte eine Weile, dann begriff ich. Ich ging zur »Bar«, kaufte eine Flasche Wodka, ließ sie im Mantel verschwinden. Dann ging ich ganz langsam zur Treppe, er kam ebenso langsam hinauf. Als er neben mir war, wechselte die Flasche sehr schnell den Besitzer. Und dann machte sie die Runde.

Nachts um zwei Uhr fingen wir an zu randalieren. Wir standen nun schon drei Stunden. Da wurden wir abgeholt und über den Hof in eine andere Baracke geführt, in große Schlafsäle. Von der Decke hingen Glühbirnen. In unserem »Schlafzimmer« war das Fenster kaputt. Und das im eiskalten

November. So. Dort sollten wir schlafen. Völlig entnervt von der Strapaze saßen wir auf den Feldbetten, zudem hungrig.

Isabella Bergmann aus Rostock, die Tänzerin, knöpfte sich spontan unter der Glühbirne die Bluse auf und sagte: »Leute, es nützt nichts. Wir müssen ins Bett.« Als wir alle bunt gewürfelt etwa fünf Minuten im Dunkeln lagen, wir, die Künstlergruppe, die anderen Reisenden befanden sich in einem anderen Saal, ging das Licht an, und zwei sehr dicke Frauen schrien in der offenen Tür auf russisch. Karin übersetzte, die Frauen haben gesagt, im rechten Schlafsaal schlafen die Männer, die Frauen im linken. Wir waren inzwischen, hungrig und saumäßig frierend, ziemlich am Ende mit unserer Kraft. Ich habe zurückgeschrien: »Sag diesen Weibern, wir kommen aus Berlin, und in Berlin schlafen die Künstler alle durcheinander, Männlein wie Weiblein, das ist bei uns so Sitte. Und so bleibt das auch.«

Das hat sie ihnen erklärt, und sie haben auf dem Absatz kehrtgemacht, sind wütend davon, und wir konnten wenigstens noch sechs Stunden schlafen.

Dann wurden wir wieder geholt. Die Russen aus dem Flugzeug standen immer noch neben der Maschine. Die haben sie die ganze Nacht in der Kälte stehenlassen. Da habe ich gewußt: Der Kommunismus siegt. Fünfzig Jahre Geschichte, und du bist im eigenen Land der letzte Dreck.

Wir sind an ihnen vorbeigegangen. Sie haben uns nicht angespuckt, nicht direkt, nicht meine Frau und nicht mich. Aber sie spuckten aus, vor uns, nah an uns vorbei und auf die Erde, ohne irgendeinen Laut, ganz leise.

Wir haben uns so geschämt. Wir konnten nicht russisch und uns nicht verständigen. Was da passiert ist, hat uns einfach beschämt.

Aber das schulte den Sinn für die Extreme im Freundesland. Wir waren also in Karaganda, in der Hungersteppe, wo nichts wächst und wo unweit, vielleicht zweihundert Kilometer entfernt, die Raumstationen gestartet wurden, die Sputniks. Dort könnten wir gewesen sein, jedenfalls war es ein Militärflugplatz.

Der Anblick von Taschkent war schön, war wunderschön. Als ungewohnte Kost hat uns nur das ständige Hammelfleisch abgeschreckt. Und der Dreck, und die Armut der Menschen. Von Taschkent nach Samarkand, dasselbe Bild. Herrliche Baudenkmäler und immer wieder arme Leute, zerlumpte Leute, stinkendes Hammelfleisch, Dreck. Wir hatten Knoblauch, eine Salami, Whisky und Hühnerbouillon von Maggi aus dem Intershop. Damit haben wir uns durchgeschlagen und sind verschont geblieben von den Leiden der anderen. Wer mit Hotelkost versorgt wurde, erkrankte in diesem herrlichen Land voller Widersprüche.

Wir ließen uns gern zum Flugplatz schaffen, um nach Moskau zu fliegen. Aber erst einmal saßen wir über fünf Stunden auf dem Fluglatz. Es flog keine Maschine. Das hatten wir auf dieser Reise schon öfter erlebt. Also zurück ins Hotel, die Koffer blieben auf dem Flugplatz. Der Bus rüttelte uns durch. Natürlich waren im Hotel unsere Zimmer längst wieder vermietet. Ohne Zimmer kein Aufenthalt im Hotel. Planmäßig war inzwischen alles wieder anders, wir sollten zurück in den Bus. Erst als es dann wirklich krachte, auf dem Flugplatz, kam inmitten des Geschreis auf einmal ein Flugzeug. Das flog uns über den Kaukasus nach Moskau. Alles wieder ohne die geringste Erklärung.

In Moskau landeten wir auf dem Inlandflugplatz, aber mitten auf einer Schneewehe. Nach internationalem Recht hätten sie den Piloten vor Gericht stellen müssen. Wir dachten, das Flugzeug würde in der Mitte auseinanderbrechen. Aber außer dem tödlichen Schrecken passierte uns nichts, zunächst, denn als auch noch das Licht ausging, wußten wir es so genau nicht. Ein Bus sollte uns abholen und quer durch Moskau zum Auslandsflugplatz schaffen – bis um acht Uhr, weil dann unsere Interflugmaschine nach Berlin startet. Aber es gab keinen Bus für uns. Wieder warten, warten, wieder telefonieren, Karin bekniet, die konnte ja auch nichts machen, wieder telefoniert, wieder Krach machen, richtigen Krach, und wieder gab es plötzlich ein Gefährt, einen Bus, aber zu einer Zeit, als es nicht mehr möglich war, die Maschine nach Berlin zu erreichen.

Erst einmal losfahren und schnell, dawai, dawai. Der Fahrer fuhr und fuhr, und ich habe auf einmal gedacht: Es gab keine Pelze und keine Brillanten, und ich habe soviel Geld. Wir haben oft nicht mal was zu essen gekriegt, für keine Summe wäre das möglich gewesen, nun fahren wir eben wieder nach Hause.

Ich habe einen Schein auf das Armaturenbrett des Fahrers gelegt, hier, dawai, dawai. Die anderen sahen das und suchten in ihren Taschen, drei, sechs, fünf, zehn Rubel, sie schafften ihm das Geld nach vorne, wir konnten es nicht mehr gebrauchen, und er war plötzlich reich. Auf seinem Armaturenbrett lagen ungefähr 250 Rubel. Das verdiente er sonst in drei Monaten nicht. Und nun fuhr er immer schneller, immer schneller. Über den Roten Platz ist der so gedonnert, dafür hätte er fünf Jahre Sibirien gekriegt, wenn ihn einer angehalten hätte. Aber es war niemand da, ihn zu bremsen.

Wir haben es geschafft. Im Auslandsflughafen zum Zoll, die wollten gerade anfangen, uns zu filzen, aber da stand schon einer aus der deutschen Maschine und bedeutete, drei Minuten über die Zeit, er muß weg. Los, durch.

Er hat dann mit den Leuten vom Zoll russisch geprochen, wir durften in das Flugzeug, nach Hause, nach Hause, und ich habe als erstes zur Stewardess gesagt: »Habt ihr Bier?«

Sie sagte: »Setzen Sie sich bitte und schnallen Sie sich an, dann kommt das Bier.«

Ich hab gesagt: »Glaub mir, Angret, wenn unten an der Gangway einer gestanden und gesagt hätte, du kommst sofort nach Berlin, wenn du unterschreibst, daß du in die SED eintrittst, ich hätte unterschrieben.«

Und dann waren wir wieder in Berlin.

KLINGT JA MANCHES sehr ulkig, Arndt. Aber ich habe trotzdem nicht gelacht. Das Schmerzhafteste an der Satire ist der Gehalt an Wahrheit.

Ich war nie in der Gesellschaft für deutsch-sowjetische Freundschaft. Mit Alaska könnte ich auch nicht befreundet sein, wie dann erst mit einem so riesigen Gemisch von Völkern, die sich unterscheiden in allem, was den Gang des Lebens ausmacht. Ich war in den baltischen Ländern, schon die sind nicht miteinander zu vergleichen und sehr weit davon entfernt, das zu wollen; ich war in Abchasien, von wo wir uns nach einer Woche Aufenthalt wild entschlossen nach Berlin durchgeschlagen haben, weil es unseren Mägen nicht möglich war, schon zum Frühstück Berge von rohem Weißkohl zu essen, und mein Mann verwandelt sich im Fall von nacktem Hunger in einen etwas weniger liebenswürdigen Gefährten. Ich war in Georgien, im prunkhaft ausgestatteten Kulturministerium – und Loch im Boden als Klosett. Darüber hat man sich nicht zu mokieren, aber der Minister war jeden Abend stinkebesoffen, und jeder in unserer Delegation vernunftgereifter Erwachsener fand es unzumutbar, ihn mit schleifenden Füßen rausgeschleppt zu sehen, jeden Abend. Ich war in Leningrad, wo einem der Respekt vor der Belagerung und ihren Hunderttausenden von Verhungerten, Erfrorenen und der Schwerstarbeit zum Opfer gefallenen jeden Einwand verschlägt. Leningrad ist schön, die Gemäldegalerie überfordernd beeindruckend, und so viele versehrte Menschen habe ich nirgendwo sonst gesehen. Mit Tränen bin ich den »Weg des Lebens« gefahren, jene Straße, auf der freiwillige Kraftfahrer versuchten, Frauen und Kinder aus dem belagerten Leningrad zu bringen, meist unter Tieffliegerbeschuß, und unser Begleiter war Micha, einer der Freiwilligen von damals. Mein anderer Begleiter war jener Fotograf, den du aus dem Amiga-Studio zum Fotografieren auf die Straße geschickt hast. Seine Ignoranz und ständige Taktlosigkeit hat mir das Heimweh damals auch besonders bestärkt.

Ich wollte mich über nichts ärgern, und ich will es gerade heute nicht, wo moralische Werte hier verkommen und die deutsche gerümpfte Nase bald die Maße der von Cyrano erreicht. Aber das Saufen ist dort nicht nur eine Volks-, es ist eine Völkerkrankheit. Gründe gibt's immer, und keiner wird ausgelassen. Die Einstellung zur Arbeit ist so tief verwurzelt gleichgültig, daß auch ich dachte, sie sind von der Überzeugung, dies alles sei irgendwie ihr Eigentum, weiter entfernt, als ein Kapitalist das erlauben würde. Es gab kein Korrektiv gegen die allgegenwärtige Schlamperei. Ich war mehrmals in Moskau, bei schlichter Delegation denselben Heimsuchungen ausgesetzt wie ihr, bei Delegatia konfrontiert mit der Anmaßung. Ohne jede Zeitnot fegten Autos, die uns voranfuhren, jedes andere Fahrzeug von der Straße, sogar Lastwagen in den Straßengraben.

Eine Zeitlang hatten wir den Blödsinn, daß jeder Betrieb wenigstens eins von den 1000 kleinen Dingen herstellen mußten, die durch ihr Fehlen im Alltag immer berechtigten Unmut herausforderten. Woher sie das hatten, wußte ich, als ich in einer Fischfabrik ältere Genossinnen in einem Nebenraum Sahnebonbons herstellen sah, mit dem Aufwand, der für eine Dorfhochzeit gereicht hätte und mit einer Effektivität, die unter Null lag. Die Dinger brannten ihnen im alterszerbeulten großen Topp auf dem kleinen Kocher auch immer noch an. Und in einer Leichtmetallfabrik kelterten sie bedeutungsvoll nebenbei Wein aus der Gegend.

Mir hat's ja nichts gemacht, ich schob auch diesmal meine angeblichen Antibiotika vor, aber die Gesichter der anderen hätte man im Kasperletheater zeigen können. Vor dem Gebäude warteten wir auf unsere Autos, die vorübergehend von der Erde verschluckt waren, und Minister Hoffmann sagte leise zu mir: »Auf Wiedersehen, ihr Genossen, und verschonen Sie uns für die nächsten fünfzig Jahre mit Ihrem sauren Gesöff.« Dabei betrachteten wir auf der Straße der Besten die Plakate und versuchten, uns die Losungen mit dem Selbstlob zu übersetzen.

Das letzte Mal war ich im Sommer 1989 in Moskau, früh hin und abends mit dem Flugzeug zurück. »Unsere« hatten auf die Allunions-Ausstellung alles gebracht, was in Berlin von der 750-Jahr-Feier übriggeblieben war.

Bei 40 Grad im Schatten warteten wir auf das Auto, der Mann aus der Bürgermeisterei in Berlin und ich, die eben noch die Tüten benutzt hatte. Das Auto kam, aber wir fuhren nicht weit, weil Diesel getankt werden mußte, der Fahrer verschwand, und wir standen auf einem baumlosen Hof und warteten eine Stunde, bis er ohne Erklärung seinen stinkenden Wagen in meine Migräne hinein anließ. Dafür konnte dort niemand.

Aber im großen Park der Ausstellung traf ich halb Berlin, und niemand wurde zu irgend etwas gebraucht. Tamara Danz hob ratlos die Schultern, sie wußte ebensowenig wie die anderen, wo sie und ob sie auftreten könnte. »Unsa Jeld kriegn wa ja«, sagte sie, »aba dit is ooch allet, wat ick weiß.«

Ich lag hinter dem Pavillon, in dem Berliner Eisbeine und herrliche Erbsensuppe gekocht wurden, von Berliner Köchen. Dann mußte ich mich doch in Behandlung begeben. Der junge Arzt schimpfte, er habe doch davor gewarnt, ganz Moskau mit Blutdruckmessen zu versorgen, nun sei das Gerät hin. Und Wasser gäbe es auch nicht, und ich müßte ins Krankenhaus. »Nicht«, sagte ich, »und wenn ich mich unten ans Flugzeug anklammere, ich will nach Hause.«

Das in Berlin als so wichtig ausgelobte Forum fand überhaupt nicht statt, soweit ich das noch mitkriegen konnte. Aber die Leute lehnten in der Halle auf ihren Besen und hörten Gorbatschow bei einer langen Rede zu, in der er erklärte, wie wichtig es sei, gut zu arbeiten und damit das Vaterland zu retten.

Im Park hatte den ganzen Tag über die längste Schlange nach den Siphons angestanden, in die ein Liter Bier paßte und auf denen Bilder von der 750-Jahrfeier klebten. Es waren nur Männer, sie tranken das Bier sofort aus, und eine erhebliche Menge von ihnen lag im Straßengraben, aus dem sie immer wieder von der Miliz aufgescheucht wurden. Diese letzte Reise für einen endlosen langen Leidenstag überbot die anderen noch. Es war nichts besser geworden durch und bei Gorbatschow.

Hätte am Fuß der Gangway jemand gestanden und mir gesagt, ich dürfe sofort nach Berlin, wenn ich unterschreibe, daß ich aus der Partei austrete, ich hätte unterschrieben.

WIR WAREN WIEDER ZU HAUSE, Angret und ich. Und wir hatten einen ganz anderen Sozialismus kennengelernt, als den, den wir bis dato kannten. Ich hab gesagt, nie wieder verlasse ich Berlin oder die DDR in östlicher Richtung. Aber da hatte ich die Rechnung ohne den Wirt gemacht.

Zwei Jahre später bekam Jürgen Walter für sein Programm beim Interpretenwettbewerb in Leipzig einen Preis. Der bestand in einer Reise zu einem Festival seiner Wahl, allerdings nur ins Sozialistische. Kuba wurde abgelehnt, zu weit, zu teuer, Jugoslawien ging auch nicht, also entschied sich Jürgen für das Transkaukasische Folklore- und Popfestival, unter der Bedingung, daß seine Musiker ebenso wie Angret und ich mitreisen durften, »die sind an meinem Erfolg genauso beteiligt wie ich«.

Angret sollte ihre Reise wieder selber bezahlen, wieder kein Problem, und wir flogen nach Baku, nach Aserbeidschan. Im Hotel sahen wir vom Balkon aus das Kaspische Meer und davor eine wunderschöne Promenade, menschenleer. Wir wunderten uns, daß dort niemand spazierenging. Also habe ich gedrängelt, wir sollten uns auf die Beine machen, die beeindruckende Schönheit aus der Nähe genießen. Wir sahen noch eine Seebrücke, wie in Heringsdorf, wunderbar. Am nächsten Vormittag sind wir dorthin gegangen.

Das Glitzern war ausgelaufenes Erdöl.

Es stank bestialisch. Frühherbst, noch ziemlich warm, und unerträglich. Deshalb also waren dort keine Menschen, deshalb ging niemand spazieren. Alle Fäkalien der Stadt wurden hier eingeleitet. Ich denke, wir hatten alle drei einen tiefen Schock, konnten uns das nicht erklären und empfanden nur Ohnmacht.

Das nächste, was wir erlebten: Wir kamen zur Folklore-Veranstaltung und staunten, was dort auf der Bühne los war, gesanglich und musikalisch, auch tänzerisch, traumhaft. Wir haben herrliche Kosakentänze gesehen, das war überragend. Am nächsten Tag erlebten wir beim Pop-Festival das Gegenteil. In der Erwartung von durchaus Ungewohntem wurde uns nur schlechte Musik, miserabler Gesang und schlimmste Estrada vorgeführt. Also eilig aus dem Saal. Hutzebutz, unser Trompeter, eilte uns voran. Unsere Mannschaft spazierte durch die Stadt, die auch stank, aber wir wollten ihr etwas abgewinnen. Wir kamen an einen Schallplattenladen, und Hutzebutz meinte: »Wenn du ein berühmter Komponist sein willst, dann müßte es doch in diesem Laden eine Platte von dir geben.« Ich sagte: »Da kannst du lange suchen, da gibt es nichts.« Wir gingen ohne den Trompeter langsam weiter. Nach einer Weile kam er uns hinterhergerannt, eine Single in der Hand und schrie: »Hier, du bist berühmt. Bause auf russisch.« Wir sind zurück zum Laden und wollten alles kaufen, was von Bause ist. Es gab drei Singles. Da hatte einer in Aserbeidschan mit Big Band und Sänger eines meiner Lied für Andreas Holm aufgenommen. Gräßlich. Aber damit muß man als Komponist leben.

Aber wir hatten unterwegs noch etwas Schönes: Unseren 20. Hochzeitstag. In Baku gibt es in der Altstadt eine Karawanserei aus dem 13. Jahrhundert. Dort rasteten hinter einer riesigen Mauer, mindestens sechs Meter hoch, und einem Tor, das man verrammeln konnte, die großen, aus Arabien kommenden Karawanen, zogen weiter und handelten dann in Nishninowgorod mit Pelzen und anderen Kostbarkeiten. Im Innenhof mit Feigenbaum und Mauernischen gab es einen Brunnen, um den die Kamele lagerten.

Wir konnten dort feierten, zehn bis fünfzehn Gäste kamen unter. Ein Raum der Karawanserei war zur Küche gemacht worden, andere Räume konnte man sich als Gast aussuchen. Wir haben uns einen bestellt und am nächsten Tag mit den Musikern, Jürgen und mit »Gummiohr« Ausner unseren Hochzeitstag gefeiert. Es gab Reis und Geflügel, bloß kein Hammelfleisch, und viele Arten Kräuter, blaue und grüne Blätter. Und Wodka natürlich, bis außer Jürgen und meiner Frau alle blau waren.

Der Abend hat für etwa zehn Leute 140 Rubel gekostet, es war wunderschön, aber danach habe ich wieder gesagt: Dieses war das letzte Mal. Ich muß diesen »entwickelten« Kommunismus nie wieder sehen.

Diese Ohnmacht, daß man sieht, was gemacht werden müßte, man kann aber nichts machen und weiß nicht, ob alle die Notwendigkeit sehen oder sich an den Zustand als unabänderlich gewöhnt haben. Das macht krank. Ich weiß auch von dort nicht, wie es heute aussieht, ich bin in diese Richtung nie wieder gereist. Heute sagt man, die ersten Aktionen der sogenannten Russenmafia kommen aus der dortigen Gegend, Baku, Aserbeidschan. Der Schwiegersohn von Breshnew sei einer der Initiatoren. Das kann schon sein. Vielleicht ist ihm diese Idee gekommen, als er das Frühstücksbüffet im Hotel gesehen hat. Es bestand aus altem harten weißen Käse und ebensolchem alten harten Brot. Das war alles, mehr gab es nicht.

Ich habe dem Kellner gewinkt und ihm ein Elektronik-Feuerzeug gezeigt. Damals rauchten Angret und ich noch und hatten mehrere Feuerzeuge mit. Für dieses Ding wollte ich Kaffee, Schinken, frisches Brot und frischen Käse. Er hat sofort verstanden, eilte hinweg und brachte dann jedem ein Kännchen frischen Kaffee, dazu eine Platte mit Schinken und Mortadella, auch weißem und gelbem Käse und frisches Brot. So konnten wir frühstücken. Und er kriegte das Feuerzeug.

Am nächsten Morgen freuten wir uns auf das Frühstück, das mit dem Feuerzeug war ja gut gelaufen. Aber es war ein anderer Kellner da. Ich bestellte Käse, Brot, Kaffee, er guckte uns an, grinste, machte seine Bestellung: Elektronik. Aha, so sollte das also weitergehen. Wir sollten jeden Morgen ein Feuerzeug rausrücken. Ich hatte dazu keine große Lust.

Abends saßen wir in der Hotelhalle, es spielte eine Band. Hutzebutz kannte natürlich einen der Musiker, der früher bei einer russischen Gruppe den Baß gespielt hatte und in der Fernsehsendung »Rund« in der DDR aufgetreten war. Wiedersehensfreude, und das große Trinken ging los. Nicht das große Essen, denn wenn die kein Hühnchen hatten, gab es nur etwas Undefinierbares, ein Gemenge mit viel Knochen.

An jenem Abend saß weiter hinten ein fein gekleideter Herr im eleganten Maßanzug aus teurem Stoff. Auch die Schuhe sahen teuer aus, das Haar war mit Pomade gebändigt, er saß da mit ein paar Männern bei einer Art Herrenabend.

In Aserbeidschan gehen die einheimischen Frauen nicht mit ins Restaurant, die Männer bleiben unter sich und tanzen auch

144

zusammen. Nur Russen nehmen manchmal ihre Frauen mit, aber eben kein Einheimischer. Der elegante Herr stand auf, kam an unseren Tisch und sagte: »Guten Tag, Sie entschuldigen bitte, aber Sie sind Herr Walter, der Chansonnier aus der DDR, ich kenne Sie. Ich habe Platten von Ihnen gekauft. Ich kenne Sie aus Berlin, ich habe in Berlin in der Botschaft zu tun. Ich bin Wirtschaftsexperte und ein großer Verehrer von Ihnen, und ich möchte Sie an meinen Tisch bitten.«

Also wurden noch Tische herangerückt, und wir nahmen als seine Gäste Platz. Es war nicht zu übersehen, daß die Speisen auf dem Tisch weder in der Speisekarte standen noch uns angeboten worden waren. Und dann kam wieder dieses Phänomen, dieses unheimliche Vorkommnis, das ich schon kannte. Der Mann fing an zu schreien. Die Kellner rannten, dieselben, die bis dahin nicht bereit gewesen waren, ihren Stehplatz an der Tür zu verlassen. Sie dienerten noch beim Rennen, und es dauerte keine zehn Minuten, da war das feinste Essen auf unserer Tafel. Ein Essen für Privilegierte, nicht der Fraß für Einheimische und »Freunde«. Es war beschämend, ja, aber ich frage mich vergeblich, ob sich inzwischen dort etwas, und durch wen, geändert haben könnte.

12. Das Studio

AM ANFANG HABEN Profis meine Titel arrangiert, dann war ich durch Dieter Schneider in eine Gruppe geraten, in der Günter Kretschmar alles arrangierte. Endlich habe ich Klaus Hugo gefragt, ob ich nicht meine Titel selber arrangieren und einspielen könnte. Hugo sagte: »Wissen Sie, das kostet soviel Geld, so eine Produktion, man kann die nicht auf blauen Dunst machen. Aber man kann Orchesternummern in Partitur schreiben. Die werden bei uns nicht lektoriert. Die werden so aufgenommen.«

Das habe ich dann gemacht, eine Serie von sechs Nummern für Orchester. Und dann kam eine dringende Einladung nach Berlin. Im Saal vier saß die gesamte Gollasch-Big-Band samt Herrn Gollasch. Der anwesende Tonmeister war Herr Wefelmeyer, Klaus Hugo saß dabei und ein mir unbekannter Mann. Und nun sagte Herr Hugo zu Herrn Gollasch: »Also Günter, ich habe sie eingeladen, sie sind da, nun könnt ihr reden. Das hier ist Günther Fischer, das ist Arndt Bause.«

Wir waren damals beide den Musikern unbekannt. Gollasch fing an rumzueiern. Er hätte deutlich sagen müssen, wozu wir gebeten sind, aber das traute er sich nicht. Er war nie ein handfester Mensch, immer zwischen den Stühlen, und sagte zu seinem ersten Trompeter Pius Pabst: »Nun sag doch das, was du in der Probe immer gesagt hast. Du bist doch der Orchestersprecher, und jetzt mußt du es sagen. Dazu sind sie extra angereist.«

Ich kam noch aus Leipzig, und Günther Fischer, der später berühmte Fischi aus »Solo Sonny«, aus Thüringen. Fischi, der Jazzer, und ich, zwei spätere Nationalpreisträger.

Mit den Füßen scharrend und auf das Notenpult guckend sagte Pius Pabst: »Das Orchester ist der Meinung, so eine Scheiße spielen wir nicht.«

Es entstand eine sehr peinliche Situation. Fischer und ich wußten nicht, worum es eigentlich ging. Vordergründig natürlich um unsere Orchesternummern, die das Orchester nicht aufnehmen wollte. Um die Situation zu retten, baten wir, sie sollten uns die Nummern vorspielen, wir wollten uns anhören, wie die klingen, wir hatten sie ja noch nie gehört, nur geschrieben. Aber sie wollten sie uns nicht vorspielen und sie nicht aufnehmen. Sie beriefen sich auf ihre Musikergewerkschaft. Die hatte sich stark gemacht, sie dürften bestimmen, was sie aufnehmen, nicht nur der Rundfunk, obwohl der Rundfunk bezahlte. Sie dürften unter diesen Umständen nicht alles spielen, aber etwas Nichtspielen, das dürften sie schon. Das ist eben so, im Sozialimus, und so hat es auch zu sein. Nun war es ausgesprochen.

Gollasch sagte in die Stille hinein: »Von den beiden werdet ihr noch so viel spielen, daß es euch zu den Ohren herauskommt.« Das war einer der weisesten Sätze seines Leben und durchaus prophetisch. Er hat sich bewahrheitet. Und viele Datschen, die sich Musiker des Gollasch-Orchesters rund um Berlin später gebaut haben, wurden mit dem Geld bezahlt, das sie durch mich verdient haben. Zum Beispiel bei Amiga, auf Mugge, wo das Geld gleich ausgezahlt wurde. Im Rundfunk bekamen sie ihr Gehalt, aber gegen Bargeld hatten sie dann nie etwas gegen meine Musik einzuwenden. Schwamm drüber.

Ich habe später beim Rundfunk meine Titel selbst arrangiert und eingespielt, meist mit dem Gollasch-Orchester. Aber das Leben will höhere Ziele, und ich wollte Schallplatten machen. Schneider meinte, es sei zu früh. Ich hielt dagegen: »Wenn du nicht mitgehst, hast du Pech gehabt. Ich gehe zu Amiga, ich will Platten machen.«

So kam es. Wir haben bei Amiga produziert, das Fernsehen kam hinzu, »Klock achtern«, andere Sendungen, »Kessel Buntes«. Also habe ich beim Rundfunk, beim Fernsehen und bei der Schallplatte produziert. Es wurde zuviel, ich stellte den Rundfunk zurück, dort konnten die Aufnahmen nicht wirklich gut sein. Sie hatten veraltete Mischpulte, bekamen keine Geräte aus Devisenfonds, und ich wollte, daß meine Titel gut klingen. Die Zeit ging am Rundfunk vorbei, die Fachleute wußten es und konnten nichts dagegen tun. Bei Amiga hatte ich ein wesentlich besseres Studio mit Geräten aus England, Westdeutschland und Amerika. Das kam schon durch die

Rockmusik. Durch die Puhdys und Karat wurde alles moderner, zeitgemäßer.

Dann kam der »Sachse«, der brachte Geld. Mich muß der Teufel geritten haben, als ich beim Fernsehen einen Menschen traf, der einen amerkanischen Straßenkreuzer fuhr. Ich habe zu dem gesagt, so einen würde ich auch nehmen. »Was für einen?«

»Na, zum Beispiel einen großen Mercedes mit einem Stern vorne dran. Also, das wär schon was.« Verrückt, verrückt.

Er hat gesagt, geben Sie mir mal Ihre Telefonnummer. Gab ich ihm, er rief mich an: »Morgen abend 20 Uhr komme ich und zeige Ihnen was.«

Er kam, brachte einen großen S-Klasse-Mercedes 280 SE, den schoben wir in die Garage, und dann ging es um den Preis. Der war gigantisch. Aber ich habe ihn bezahlt. Meinen Lebenstraum. Den Golf behielten, den Volvo verkauften wir, wurde alles erledigt, anders war das in Biesdorf nicht zu machen, in Ostberlin, damals.

Dann mußte ich zu Amiga. Meine Frau sagte: »Du willst doch nicht etwa mit dem Mercedes zu Büttner fahren?«

Ich sagte: »Na und? Ich habe das Ding bezahlt. Das ist mein Auto, und mit dem fahre ich zu Amiga.«

Sie sagte noch einmal: »Nimm den Golf.« Natürlich habe ich in diesem Fall nicht auf sie gehört.

Amiga war im »Reichtagspalais«, also im Grenzgebiet. Ich fuhr mit dem Auto auf den Hof. Das Palais hat eine Freitreppe. Der dumme Zufall wollte es, daß Dr. René Büttner gerade die Treppe herunterkam, als ich mit dem großen gelben Mercedes auf den Hof fuhr, wo ein großer Mercedes nichts zu suchen hatte, weil das Grenzgebiet war und ein großer Mercedes hatte für gewöhnlich eine Westnummer.

Er war neugierig, wer da wohl aussteigen würde, und da stieg dieser Bause aus.

Von da ab machte Bause in der Deutschen Demokratischen Republik bei Amiga keine Platte mehr. Aus war's, ich konnte machen, was ich wollte, es war vorbei. Mir blieb nichts anderes übrig, ich mußte zurück zum Rundfunk, um produzieren

zu können. Aber wollte ich das? Ab und zu ein Lied, aber nicht in dem Umfang, in dem ich arbeitete. In dieser Situation bot mir beim Fernsehen der Redakteur Helmut Schulze etwas für mich ganz Neues an: Ich könnte in einem Privatstudio produzieren. Ich dachte, wie? Ein Privatstudio? Ohne Lektorat, ohne Kontrolle, wie geht das? Ohne Partei, ohne Ministerium? Er sagte: »Wir haben draußen am Wald in Wilhelmshagen ein ganz modernes privates Studio. Wenn du für das Fernsehen Lieder machst, kannst du da draußen produzieren.«
Ich wollte das gar nicht glauben. Aber interessiert habe ich mich dafür schon. Und der Studioleiter Schmidt sich für mich. Er meldete sich mit seiner Frau Uschi zum Besuch an und erklärte mir: Dieses Studio haben Stern Meißen, Martin Schreier und von den Puhdys Harry Jeske zusammen finanziert. Die nehmen dort Rockmusik auf, und so lange sie das tun, werden sie ihre Produkte in der DDR nie verbreiten können, weil die staatlichen Stellen alle dagegen sind. Es läuft ja an ihnen vorbei. Was wäre denn nun, und deshalb wollte er mit mir reden, wenn aus dem Studio ein Superhit käme, man würde den über das Fernsehen verbreiten, und die Bevölkerung würde sich an diesem Hit festbeißen? Dann könnte niemand mehr etwas gegen das Studio tun, weil Volksmeinung ist Volksmeinung. Bei diesem Gespräch haben wir zu zweit fast eine Flasche Whisky getrunken. Ich war ziemlich angetütert, was bei mir sehr selten der Fall ist. Aus diesem Grund sind mir auch einige Zusammenhänge und Details entfallen.
Ich war eher im Zustand der Unschuld, bin an den Flügel gegangen, habe auf die Tasten gedroschen und sehr laut gesungen: Erna kommt, Erna kommt wieder mal, Erna kommt.
Mein kleines Publikum war begeistert. Das ist es. Das ist die Idee! Die habe ich zusammen mit einem Demoband Pelle Brandenstein gegeben, der machte den Text und brachte ihn mir. Ich fragte, wieso die Nummer immer noch »Erna kommt« heißt. Er sagte: »Denkste, ich hab 'ne bessere Zeile?«
Wir haben das Urband aufgenommen, dann stockte es. Das alles war schon Anfang der 80er Jahre, und wir waren bei Schlagersängern, die sich für einen Lehrgang der Generaldirektion

beworben hatten. Das Vorsingen fand im Kulturhaus »Peter Edel« statt, in Weißensee.

Pelle und ich hatten dort eigentlich nicht so recht zu tun, aber ich hatte verstanden, wir sollten auf Talente achten. Unter anderem kam da einer raus auf die Bühne, unbedarft, bißchen sorglos, er sang ein Lied von Leo Sayer, und ich habe zu Pelle gesagt: »Der greift nach der falschen Musik.«

Dann sang er noch ein Lied von Horst Krüger »Tausend Jahr liegen Steine im Bach«, schöner Text von der Steineckert, aber er paßte auch nicht zu ihm, und ich habe zu Pelle wieder gesagt: »Das muß ein anderer singen. Der hier muß was Lustiges kriegen.«

Und dann waren wir uns einig. Das ist der Sänger für »Erna kommt«. Der heißt Lippert, Lippert ist Scheiße, wir nennen ihn Lippi. Dem war alles recht, Hauptsache ins Studio, Hauptsache was machen. So sind wir dann 82 in das erste Privatstudio der DDR gegangen, Bause mit seinen Liedern »Erna kommt« und »Baby, was fällt dir ein«, keiner hat kontrolliert, und dann ging Lippi mit seinem Titel in die Sendung »Bong«. Es wurde ein ziemlicher Riese an Hit, die Leute wollten den auf Schallplatte, und Dr. Büttner kam in die Bredouille, blieb stur, und wir blieben es auch, haben nur noch im Privatstudio aufgenommen, GES, Gerda Gabriel, Beppo Küster, mit »Absolute Stille« und Hendrik Bruchs »Bitte warte auf mich«, mit Lippi und Inkas »Spielverderber«. Es war eine große Zeit, als wir da draußen bis 1989 versuchten, die DDR-Tanzmusik auf ein höheres Niveau zu heben, mit Synthesizern, mit Samplern, und eingespielt wurde nur noch mit Rockmusikern, mit Leuten von Stern Meißen, mit Puhdys, mit Silly, mit allen guten Musikern, die wir kriegen konnten, nur die besten.

Pankow haben wir hinzugezogen, weil die ja immer 'ne Mugge suchten, jedenfalls, ehe sie richtig berühmt wurden. Aber das Größte an diesem Studio war der Mensch und Fachmann Paul. Er konnte alles. Auch solche Synthesizer bedienen, von denen ich keine Ahnung hatte. Es war die Endphase seines Alkoholproblems, dann gab es einen Vorfall, und die Zeit des Trinkens war vorbei. Paul wurde trocken und interessierte sich

150

nur noch für das Studio. Er war ein feinnerviger Fachmann, und besessen war er außerdem. Er sagte zu mir: »Drüben kommt ein DX 7 raus. Fahr nach Westberlin und hol dir den.«

»Wie denn? Westgeld und Paß, wie soll das gehen?«

»Die Puhdys machen das doch auch. Du mußt dir beim Ministerium einen Paß besorgen, mußt mit deinem Auto rüberfahren, zu ›Sound und Drumland‹, in der und der Straße, da mußt du vorher bestellen, was du haben willst, und dann mußt du es einfach rüberholen.«

Ich habe gewußt, wenn ich weiter in der DDR existieren und ganz vorne mitmischen will, dann muß ich das machen. Lakomy hat zwar behauptet, er hätte im Osten den ersten DX 7 gehabt, aber das stimmt nicht. Den hat ja Tangerine Dream aus Japan gebraucht mitgebracht.

Das erste elektronische Tasteninstrument, dieser DX 7, hat mich damals etwa 3500 DM gekostet, aber wir hatten es dann im Studio. Und wir machten damit Musik. Paul zeigte mir, was alles mit diesem Instrument zu machen war. Paul – die Seele vom Studio, Paul war das Studio, niemand anders. Paul war unser spiritus rector, unser geistiger und musikalischer Mittelpunkt.

Später wurde er der Vertraute und Musiker von Helga Hahnemann, er hat alle ihre Aufnahmen gemacht.

Helga hat sich dafür eingesetzt, daß er endlich einmal einen Paß kriegte. Sie hat ihm sogar zu einem Haus verholfen, irgendwie, über den Oberbürgermeister. Aber das mit Helga, das ist eine andere Geschichte, die fängt später an.

Erst einmal hatte ich mit »meinen« Interpreten alle Hände voll zu tun, es hat uns ausgefüllt und Spaß gemacht, und das Publikum hat uns die Arbeit gedankt. Es ging uns gut. Wir hatten unsere Familie, unser Haus, große Erfolge. Manchmal ging das eine auf Kosten des anderen, zumindest bei mir.

13. Die Reise

NIEMAND KANN ALLES gleichzeitig gleich gut machen. Was fehlte uns?

Nun, Lakomy fuhr mit seiner Frau nach Italien, da machte ich noch allein die nötigsten Besorgungen in Westberlin. Wir hätten auch gern mal die Reiseroute gewechselt.

Also haben wir Siegfried Wagner, als stellvertretenden Minister für Kultur, zu uns eingeladen. Er kam mit seiner Frau Brunhilde, aber nomen ist nicht omen, sie tranken Kaffee und aßen Kuchen. Dann habe ich ihn gefragt: »Warum fahren die anderen überall hin und wir auf jeden Fall nicht? Wir würden auch gern mal fahren. In die Bundesrepublik.«

»Tja«, sagte er, »das ist schlecht. Bundesrepublik ist NATO-Gebiet, nicht gut. Mach doch einen Studienaufenthalt in Österreich daraus, die sind neutrral, das ist besser.«

Ich sagte: »Meine mitarbeitende Ehefrau und Sekretärin muß aber mit.«

Er sagte: »Dann mußt du mir einen Brief schreiben. Einen Antrag stellen.«

»Und wie schreibt man so einen Brief?«

»Hol ein Blatt Papier und einen Bleistift, dann diktier ich dir den Brief an mich.«

Er hat uns den Brief diktiert, und wir haben ihm den geschickt. Es hat eine Weile gedauert, aber dann bekamen wir unser Visum.

Ich mußte zur Reisestelle im Ministerium für Kultur. Dort wollte eine Frau unsere Reiseroute wissen. Ich sagte, wir fahren in Helmstedt raus. Sie sagte: »Aber Herbert Roth fährt über Prag nach Wien.«

»Ja, aber wir nicht. Wir fahren erst einmal nach Westösterreich, nach Arlberg, in diese Gegend dort, da müssen wir nicht über Prag fahren. Das wäre ein Umweg.«

»Ja, aber Sie können doch nicht über Helmstedt nach Österreich fahren.«

»Na, dann fahren wir eben über Erfurt.«

»Naja, das ist schon besser, über Erfurt nach Österreich, das klingt viel besser.«

Sie war selber vermutlich noch nie im »Westen« gewesen, sie hatte wenig Ahnung, sonst hätte sie uns über Hof gejagt, das hätte noch viel besser geklungen. Sie hätte auch auf Prag bestehen können.

Wir haben unseren Mercedes bepackt, Kinder, Hund, Katze und Vögel blieben zu Hause, und wir sind früh losgefahren. Der Sommer 82 war ein Jahrhundertsommer. Nach 22 Jahren unserer Ehe erhielten wir den Stempel der Mündigkeit. Wir durften nach Österreich fahren. Aber dort wollten wir nicht hin. Wir wollten unsere Verwandten besuchen.

Also fuhren wir bis zum Hermsdorfer Kreuz, bogen rechts nach Erfurt, sind in Eisenach über die Grenze gefahren, drüber wieder auf die noch im Bau steckende Autobahn und dann hoch nach Hamburg. Ein ziemlicher Umweg, über Erfurt nach Hamburg. Zum Cousin von Angret. Großer Jubel, wir sind da, wunderbar. Hamburg angucken, essen gehen, Reeperbahn. Da waren wir erschrocken, das hatten wir uns so nicht vorgestellt, nicht so dreist, so teuer, so schamlos. Wir blieben zwei Tage in Hamburg. Als wir uns verabschiedet hatten und das Zimmer nochmal nach Vergessenem beguckten, fanden wir auf unserem Bett einen Tausendmarkschein. »Den könnt ihr in Österreich gebrauchen. Macht euch einen schönen Urlaub.« Und so machten wir es in Berlin mit unseren Verwandten umgekehrt. Ostgeld hatten wir, Westgeld war knapp. Wir haben den Schein eingesteckt, wie wir miteinander standen, war das möglich. Aber als wir noch so herumstanden, weil uns der Abschied schwerfiel, klingelte das Telefon. Meine Schwester Ruth aus Dortmund rief nach uns, wo wir denn blieben. Also fuhren wir von Hamburg nach Dortmund.

Für Angret war das der erste Besuch bei meiner Schwester. Großes Hallo, Kinder begrüßen, ein Tag rum und noch einer, ihr könnt noch nicht abfahren, bleibt wenigstens noch einen Tag.

Aber da klingelte das Telefon, und Robert, unser Bauunternehmer aus Reutlingen, drängelte. Er hatte uns inzwischen ein paar Mal in Berlin besucht, wir waren gemeinsam im »Neptun« im Urlaub, und sie waren mit uns und Jürgen in Paris.

Er hatte uns viel erzählt von dem, was er alles besaß, seinem Bauhof und seinem Haus, alles wahr, oder auch nicht, wir konnten das sowieso nicht überprüfen.

»Wo bleibt ihr denn? Ihr habt doch gesagt, ihr kommt.«

Ja, wir kommen, morgen kommen wir. Jetzt waren schon fünf Tage in der Bundesrepublik rum, obwohl wir nur ein Transitvisum hatten, Bundesrepublik via Österreich. Aber es war vielleicht unsere einzige gemeinsame Reise gen Westen, das erste und letzte Mal. Wer konnte das wissen?

Bei 30 Grad im Schatten fuhren wir langsam nach Köln, den Rhein entlang, sahen die Loreley, Burg Katz, Burg Maus, runter bis Rüdesheim, immer weiter, immer weiter. Angret war überfordert. Es ging ihr schlecht, es war viel zu warm, wir hatten unterwegs ungewohnt gegessen, waren überanstrengt, hatten zu wenig Schlaf, und die Gefühle und Gedanken nahmen viel Kraft. Wir haben es aber über Heidelberg nach Stuttgart geschafft, und abends um acht Uhr waren wir in Reutlingen. Alles erwies sich als wahr. Ein großes Haus, ein großes Bauunternehmen, alles war so, wie sie es uns erzählt hatten, eine andere Welt. Robert wollte keine Gäste im Haus haben. »Ich habe für euch die Hochzeitssuite auf der Achalm gemietet, geht über die Firma, keine Angst. Da habt ihr alles, was ihr braucht, und niemand kann euch sehen. Dort habt ihr eure Ruhe.«

Das hat uns gefallen, das war sehr nach unserem Bedürfnis. Da sind wir am anderen Tag zum Titisee gefahren und am nächsten an den Bodensee, auf die Insel Mainau. Dann in den Hochschwarzwald und dann noch nach Straßburg, und die Zeit verging. Es war das Jahr der Fußball-Weltmeisterschaft, Endspiel Deutschland gegen Italien, Deutschland hat verloren, auch schlimm, aber die Zeit, die Zeit verging.

Als wir abends essen gehen wollten, waren in Reutlingen alle Restaurants und sogar Kneipen wegen des verlorenen Endspiels geschlossen. Nur die Italiener auf dem Weg zur Achalm hatten geöffnet, die haben gefeiert und geflaggt, sie hatten ja gewonnen und waren Weltmeister. Uns wurde Sambuca spendiert, wir saßen dort in schöner Gastlichkeit bis nachts um eins. Dann fuhren wir hoch auf die Achalm. Uns zu Füßen lag

Reutlingen, wir fühlten uns wohl und haben uns nackt auf den Balkon gesetzt und den Kühlschrank leergetrunken. Zufrieden sanken wir ins Bett und wurden plötzlich von Radau geweckt. Robert schrie auf dem Hof: »He, Jong, wir fahrn nach Vendig.«

Das war ihm nachts bei der Arbeit im Büro eingefallen, bei einer Kanne Kaffee.

Wir haben in Reutlingen alles stehen und liegen lassen, der Mercedes blieb auf der Alm, und wir machten uns in Roberts Auto auf die sehr lange Strecke. Für unsere gewohnten Entfernungen war es unglaublich weit. Nach sieben Stunden Fahrt kamen wir in Mestre in ein Hotel, wie ich noch nie eins gesehen hatte. »Michel Angelo«, ein Traumhotel, uns unbekannter Luxus. Wir haben den Boy geschickt, uns Geld zu tauschen, haben übernachtet, und am nächsten Tag brachte uns das Schiff nach Venedig. Es war unwirklich, es war, als ob wir auf Daunenfedern liefen. Unvorstellbar, daß wir beide über den Markusplatz bummeln, an der Rialtobrücke essen, unten auf der Straße. Es war mehr, als wir verarbeiten konnten. Zwei Tage später fuhren wir die gleiche Strecke zurück nach Reutlingen, zu unserem Auto.

Und dann fiel mir ein: Wenn ich nach Westberlin fahre, oder in die Bundesrepublik, kriege ich an der Grenze jedes Mal einen Ausreisestempel in das Visum, und wenn ich zurückfahre, kriege ich an der Grenze einen Einreisestempel. Ist das in Österreich genauso, oder nicht? Falls ja, bin ich transitmäßig auf dem kürzesten Weg durch die Bundesrepublik nach Österreich schon zwölf Tage unterwegs. Wenn die mir einen Einreisestempel in den Paß drücken, dann sieht in Berlin jeder Dumme, wo wir ohne Genehmigung gewesen sind.

Dieses Risiko konnten wir nicht eingehen. Mir war klar, wir kommen nie wieder raus, das war die logische Konsequenz. Robert meinte: »Das machen wir ganz anders. Du kriegst meinen und Irenes Paß, Bundespaß, grün, der liegt auf dem Armaturenbrett in meinem Auto, und mit dem fährst du über die Grenze nach Bregenz. Dann bist du in Österreich.«

Ich fragte: »Und wie weiter?«

»Ich fahre mit deinem Auto hinterher. Ich werde ja nicht kontrolliert. Ich kann immer sagen, ich habe meinen Paß vergessen. Falls die mich anhalten, sage ich, das Auto aus Ostberlin mit IA-Nummer gehört einem Geschäftspartner, das Auto war kaputt und in Reutlingen in einer Werkstatt. Der Geschäftspartner hatte Termin und mußte nach Wien mit dem Zug vorausfahren. Ich bringe ihm bloß das Auto hinterher.«

So einfach sollte das sein? Naja, konnte vielleicht klappen, und das mußte er besser wissen als wir. Gesagt, getan. Vom Bodensee aus fuhren wir mit Roberts Auto über die Grenze und warteten auf einem Parkplatz, länger und länger. Da haben wir alle unsere Sünden abgebüßt.

Endlich tauchte er auf. Wir sagten so dumme Sätze wie: Wo kommst du denn jetzt her, und was man in der Aufregung so von sich gibt.

»Die haben mir die Geschichte nicht geglaubt«, meinte Robert. »Die haben erst in Reutlingen angerufen, ob ich wirklich der Robert Hittinger bin, ob ich dort wohne, also ob es mich überhaupt gibt. Weil ich ja keinen Paß mithatte. Sie haben mir dann die Geschichte schon abgenommen, aber auf diesem Weg fahre ich nicht zurück, ich kann das Auto nicht noch mal sehen lassen. Jetzt gehen wir erst mal unten am Bodensee schön essen.«

Nach dem Essen haben wir uns verabschiedet, von einem Freund, naja, wie das so ist, und was man dann sagt.

Wir sind nach Zell am See und bis zur Großglocknerstraße und auch einmal nach Wien gefahren. Aber der Wiener Schmäh liegt uns nicht, auch nicht die Beflissenheit, es hat uns nicht gefallen. Vielleicht konnten wir auch nichts mehr aufnehmen, wir tun Wien sicher unrecht, aber es lag uns nicht. Der Hoteldiener riß die Klappe von unserem Kofferraum auf, ehe er noch darum gebeten wurde. Er wollte die Koffer rausholen. Das war ja sehr zuvorkommend, aber wir waren schon drei Wochen unterwegs, der Kofferraum war mit Plastetüten überfüllt und in großer Unordnung. Es war uns, nicht nur Angret, peinlich.

In den meisten österreichischen Hotels wollen sie die Pässe

nicht sehen. Es genügt, wenn man wohnt und bezahlt. Angret hatte die Pässe in der Tasche und fragte, ob sie die zeigen solle. Der Manager am Tresen sagte in diesem schleppenden, näselnden Wiener Ton: »Wissens, gnädige Frau, mit wem der Herr bei uns absteigt, ist uns völlig egal. Mir san doch nicht indiskret.« So etwas mag meine Frau nicht. Sie hatte den Mann nicht ersucht, indezent zu sein und sich sozusagen als Absteige zu empfehlen. Wien, nur du allein, aber wir waren lustlos. Sind zum Wolfgangsee gefahren, haben uns das »Weiße Rössl« angeguckt und dann in München das letzte Geld auf den Kopf gehauen. Mitbringsel für die Kinder, Jeans, Pullis, Schuhe, Gürtel und Socken, ganz typische Wünsche von Jugendlichen in der DDR.

Als wir uns telefonisch noch einmal für die tausend Mark bedanken wollten, meinte Cousin Franz Ferdinand: »Heute ist Sonnabend. Wann müßt ihr zu Hause sein?«

»Das Visum läuft morgen abend Null Uhr ab.«

»Da könnt ihr doch von München die paar Kilometer nach Hamburg abreißen, wir könnten noch mal grillen und reden, ihr müßt doch was erlebt haben, und dann könnt ihr morgen in aller Ruhe nach Hause fahren.«

Wir sind auf einer heute unvorstellbar leeren Autobahn immer um die 200 Stundenkilometer nach Hamburg gebrettert. Meiner Frau habe ich gesagt, sie solle sich als Beifahrerin ruhig verhalten, fiel ihr nicht leicht, hat sie aber gemacht. So waren wir noch einen Abend in Hamburg und am nächsten Tag sind wir nach Berlin gefahren. Es war anstrengend, überfordernd, beeindruckend, inklusive Venedig. Wir waren zum Platzen gefüllt mit Eindrücken.

Aber wir konnten in Berlin darüber nicht reden, nicht einmal mit unseren Kindern. Die gingen noch in die Schule, und es durfte niemand wissen, wo wir gewesen waren. Wir hätten sie um Schweigen bitten müssen, das wollten wir ihnen nicht antun.

Die Fotos haben wir in Westberlin entwickeln lassen und erst später abgeholt. Wir konnten mit niemandem reden, das war nicht leicht.

Zwei Jahre vorher waren wir in Jugoslawien. Man hatte uns gewarnt, dort könne man ohne Devisen nicht existieren. Und das offizielle Taschengeld reiche nicht hin und nicht her.

Ich sagte zu Angret in bestimmtem Ton: »Das mit dem Westgeld mache ich. Kümmere dich darum nicht.« Auf dem Flugplatz in Schönefeld ging ich durch die Kontrolle in den Transitraum, die komplette Reisegruppe nach Split war versammelt. Wer nicht kam, war meine Frau, als letzte. Es dauerte und dauerte. Ich ging zurück zur Wache und sagte, sie möchten mich bitte wieder rauslassen. Ich will nicht nach Jugoslawien, ich will nach Biesdorf.

»Das geht nicht. In gewisser Beziehung haben Sie das Land schon verlassen. Sie können nicht wieder zurück.«

»Dann möchte ich jetzt sofort meine Frau sprechen.«

»Beruhigen Sie sich, sie kommt gleich.«

Die gesamte Reisegruppe war beunruhigt. Unseretwegen mußte die Chartermaschine warten, die hätte längst abfliegen müssen. Endlich kam Angret, guckte mich an, als ob sie einen Blöden vor sich hätte, dann sind wir geflogen. Erst im Zimmer unseres Hotels an der Adria sagte sie: »Du mußt doch wohl bescheuert sein. Wie kommst du auf die Idee, fünfhundert Westmark in meiner Kosmetik-Box zu verstecken? Ich habe doch nicht gewußt, wo die sind. Die haben die ersten Scheine gefunden und mich gefragt, ob ich noch mehr hab. Ich hab gesagt, wenn Sie noch mehr haben wollen, müssen Sie noch mehr suchen. Was denkst du, wie stinkig die waren? Jedenfalls haben sie mir die fünfhundert Mark weggenommen.«

Nun saßen wir mit dem schmalen Taschengeld vom Reisebüro in Jugoslawien, die anderen Mitreisenden tranken an der Bar, und wir konnten uns nicht einmal ein Bier leisten. Dieser Urlaub war gelaufen.

Für die Mahlzeiten hatten wir einen Vierertisch, an dem wir zuerst allein saßen. Verspätet kamen ein großer Mann und eine kleine Frau. Die Frau sagte: »Ach, Sie sind der Herr Komponist.«

Gott, ja.

»Unser Name ist Fabritz. Mein Mann ist Kapitän.«

Ist ja interessant. Naja, warum nicht. Am nächsten Tag haben sie angefragt, ob wir nicht mit in die Stadt wollen. Nee, haben wir gesagt, wir wollen nicht in die Stadt, wir wollen immer nur runter ans Wasser und uns sonnen. Wir wollten denen nicht sagen, daß wir ohne Geld waren. Die ließen aber nicht locker. Doch doch, man kann doch mal mit dem Bus in die Stadt fahren. Also fuhren wir nach Sibenik, liefen über den Basar, guckten lustlos ein bissel rum. Meine Frau wollte sich unsere Misere nicht anmerken lassen und tat so, als handele sie wie verrückt mit einem Zigeuner wegen einer Tischdecke. Ich hab gestaunt, wie sie das gemacht hat, aber es hat geklappt. Dann gingen wir noch ein Stück, kamen wie zufällig vor eine Bank, und dort sagte unser Kapitän: »Also, Leute, ich bin Kapitän und fahre über die Weltmeere. Ich habe ein Seefahrtsbuch, ich kann mir keine Tricks leisten, und der Bause, der ist Komponist, der kann sich auch keine Tricks leisten, aber ihr beide seid Hausfrauen, euch kann niemand was. Hier sind 200 Dollar, ihr geht jetzt in die Bank und tauscht die um.«
Das haben die Frauen gemacht, sie haben die 200 geschmuggelten Dollar umgetauscht. Die Frau gab ihrem Mann das umgetauschte Geld, ein großes Bündel. 200 Dollar in Dinar, das waren viele Scheine. Der Kapitän teilte das Geld in zwei Hälften und sagte: »Ab jetzt machen wir Urlaub.«
Unsere Mitreisenden hatten sich natürlich denken können, warum wir in Schönefeld so lange auf meine Frau warten mußten, und sie werden auch bemerkt haben, daß wir nicht an der Bar zu finden waren. Nun hatten Bauses auf erstaunliche Weise von einem eigentlich fremden Mann Geld bekommen, und es wurde ein richtig guter Urlaub.
Von Schönefeld aus haben wir das Ehepaar Kapitän mit zu uns genommen, dort habe ich ihnen das Geld umgerechnet in DM zurückgegeben. Als der Käptn meinen Volvo sah, meinte er: »Wenn du den mal verkaufst, kriege ich ihn.« Als ich 1980 meinen Mercedes kaufte, bekam er den Volvo zu kulantem Preis, mit Abschreibung.
Die Geschichte mit dem Zoll hatte aber noch ein Nachspiel. Im September bekam ich den Bescheid, daß der Staat gegen

Angret Anklage erhoben hatte wegen Devisenschmuggels. Es sollte zu einem richtigen Prozeß kommen. Wütend habe ich erwidert, daß meine Frau auf Medikamente angewiesen ist, die es in Jugoslawien nur gegen harte Währung gibt. Deshalb haben wir Westgeld mitgenommen. Schließlich verdienten wir zu dieser Zeit schon welches. Das habe ich dann alles Gisela Steineckert erzählt und ihr gesagt: »Du hast doch da mehr Geschick, schreib doch einen Brief oder telefoniere mit den richtigen Leuten. Du kennst die doch, da muß doch was zu machen sein.« Sie hat mich dann kraft ihrer Eiersuppe rausgehauen. Die Sache wurde niedergeschlagen, aber das Geld war futsch. Wurde zugunsten des Staatshaushaltes eingezogen. An dieser Stelle muß ich noch einmal auf den stellvertretenden Minister für Kultur, Siegfried Wagner und seine Frau Bruni zurückkommen.

LIEBER ARNDT, das kannst du gern tun. Aber ich kann mich beim allerbesten Willen nicht daran erinnern, dir in der genannten Sache beigestanden zu haben.

Als du sie mir jetzt aus dem Zusammenhang gerissen erzählt hast, war sie mir neu. Ich hab dich nie reingerissen, aber mir will nicht einleuchten, wie ich dich rausgeholt haben sollte. Ich hatte keine Eier-, nur eine Wassersuppe.

Vermutlich war es so: Ich hab's vergessen, weil es mir so rasch vom Tisch war.

Auch jetzt weiß ich noch die Unbedingtheit meiner Grenzen. Aber ich wußte immer, wer was machen könnte und wie weit eventuell dessen Kenntnis von Leuten reichen würde, die es dann richten.

So habe ich, da ich dir glaube und es so gewesen sein kann, den Bodo Zabel angerufen, der sicher vor mir von der Sache gewußt hat, und ich werd's ihm aufgeladen haben.

Die Genossen wußten besser als die mich überredenden Kollegen Künstler, daß mir ein schwerer Rucksack aufgebürdet worden war, in dem sich kein brauchbares Werkzeug befand. Präsidentin des Komitees für Unterhaltungskunst – das klang nach etwas, was es nach keines Menschen Wille sein sollte.

Büttner warnte mich: »Aber denk ja nicht, daß du jetzt unser Oberzensor wirst. Was wir machen, bestimmen wir.«

Da kannte ich weder sein Programm, noch hatte ich die Absicht, mein Leben durch Auseinandersetzungen mit Büttner zu verschönern.

Einmal war ich als sogenannte Schirmherrin beim Internationalen Schlagerfestival in Dresden. Da war mir mein Amt neu, und ich suchte nach Bestätigungen, statt mich auf meinen Dichterhintern zu setzen. Dort brauchte mich niemand zu irgend etwas. Klar war, daß ich zum Schluß den Ersten Preis überreichen sollte und ein paar Worte des Dankes an all und jeden zu richten hätte. Aber bis dahin war fast eine Woche Zeit, die ich als Schirmherrin im Dresdner Regen verbringen konnte, im häßlichen Hotelzimmer oder bei den wirren Proben, bei denen die aufopferungsvollen Musiker und ihre Dirigenten versuchten, mit dem, soweit vorhandenen, Notenmaterial weitgereister Gäste zurechtzukommen. Einer hatte nichts als ein loses Stück Band, ohne Spule. Aber er war schwarz, lange unterwegs gewesen, hatte eine schöne Stimme und war Völkerfreund. Die Musiker haben es geschafft, mit ihm so lange zu probieren – wie ich mich gerade erinnere, mit einem anderen Lied –, daß er zurechtkam und das Publikum nichts bemerkte. Die thailändische Sängerin war genauso schön wie die vom Vorjahr, die gesiegt hatte und daraufhin zu Hause mit einer diplomatischen Mission betraut worden war. Die diesjährige war ebenso perfekt, einmalig, wenn auch austauschbar einmalig. Sie konnte alles, und man hätte sie nur wegen dieser wiederholten Perfektion geringer als die vom Vorjahr einstufen können. Das war aber nicht meine Sorge, die Jury mußte entscheiden.

Am Nachmittag der Generalprobe und vor der öffentlichen Veranstaltung mit Aufzeichnung durch unser und internationales Fernsehen – also nicht gerade der Amerikaner, aber es standen schon eine Menge Kameras bereit –, im sozusagen letzten Moment wurde bemerkt, daß auf der Bühne unter dem Bodenbelag sämtliche Kabel durchschnitten und außerdem sämtliche Stecker verschwunden waren. Es waren Westkabel und Weststecker. Ich muß ziemlich unterfordert und gelangweilt gewesen sein, daß mich dermaßen die Aufregung und der Übereifer packten. Keinen Augenblick habe ich gedacht, das wäre ein lösbares Problem. Wo kriegt ihr denn jetzt die neuen Kabel und die Stecker her? Es gab rundum keine große Musikgruppe, von der welche zu pumpen gewesen wären. Etwas wirr im Kopf schlug ich vor, ich könnte doch meinen Mann anrufen, und wenn der sofort nach Westberlin führe und dann ebenso nach Dresden käme ...

Ich erinnere mich, daß Eike Sturmhöfel einen schicken neuen Anzug trug, extra wegen Dresden. Ich erinnere mich auch, daß der Blick von Dieter Gluschke besonders nachsichtig auf mir lag. Wie meist gab er den Umgang mit mir an Eike weiter. Der sagte: »Weißt du, heute abend werden dich die Kameras in der Loge zeigen. Am besten gehst du jetzt ins Hotel und machst dich schön. Und wenn du fertig bist, kommst du wieder, und wir besprechen den Ablauf für heute abend. Kalle, fahr sie mal rüber.«

Kraftfahrer Kalle machte das gern, er war ein selbstmitleidiger Mann und konnte mir alle Unbill seines Arbeits- und Ehelebens nicht oft genug erzählen. Ich glaube, er riß sich um Ungerechtigkeiten, um sie anschließend erzählen zu können. Ich tat, wie mir geheißen, wenn auch ohne innere Ruhe. Am Vorabend war der Barkas der polnischen Teilnehmer ausgeraubt worden und nun dies. Immer, wenn ich morgens mein Hotelzimmer verließ, stand eine Gruppe laut schwatzender Frauen im Gang, die eigentlich reinigen sollten, dies aber nicht so recht taten. Sie musterten jeweils mein Outfit, griffen mir auch mal an die Ohrringe, von denen ich alle mitgenommen hatte, die ich besaß, auch Kettchen und Ringlein, ich konnte mich mit Modeschmuck wie ein Weihnachtsbaum oder edel und schmal schmücken. Als ich mein Zimmer verließ und eben vorfreudig daran dachte, daß ich nun vielleicht an diesem Abend jemanden finde, der eilig nach Berlin zurück will und mich mitnehmen könnte, schob sich in die Vorstellung vom Wiedersehen mit meinem Mann ein Unbehagen, das ich mir nicht erklären konnte. Vom Fahrstuhl aus ging ich zurück, warf alle meine Sachen in Koffer und Tasche und räumte das Zimmer von meinem Zeug.

Im Kulturpalast schob ich das Gepäck unter den Schreibtisch von Frau Schöne, der liebenswürdigen, tüchtigen Sekretärin von Gluschke, die für mich ein ruhender Fels in fader Brandung war.

So kam ich zu zwei Überraschungen: Die Kabel waren ersetzt, die Stecker steckten, und der Belag des Bodens war sauber, wie unberührt. Und niemand, niemand erklärte mir, wie das zugegangen war. Ich merkte, daß ich die Klappe halten sollte, nicht mehr fragen, als mir zustand. Hinter der Bühne und an den Seiten standen gutgekleidete junge Männer und warfen aufmerksame Blicke auf jeden, der vorüberging.

Und am selben Abend, an dem jeder wissen konnte, daß wir garantiert im großen Saal des Kulturpalastes sitzen und Teil der Fernsehveranstaltung sind, wurde mein Hotelzimmer aufgebrochen.

Das kam schnell heraus, weil der Regisseur des Abends, Volker Büttner, mir gesagt hatte, er würde nur die Preisverleihung abwarten und dann nach Berlin fahren. »Klar nehme ich dich mit und liefere dich ab.«

So konnte das Hotel mein Zimmer neu vermieten, und schon um 22 Uhr kamen die neuen Gäste ratlos an den Tresen, Schloß aufgebrochen.

Es hätte gereicht, wenn ich am letzten Tag vormittags gekommen wäre und eine kleine Obliegenheit übernommen hätte. Aber das hat mir vorher niemand gesagt und ich war – was? sagen wir, zu beflissen und zu eitel, und meine Erfahrung war noch zu gering für Vernunft.

Heute denke ich, daß sie mich nicht nur bei diesem Mal von Begegnungen weggehalten haben, die sie mir nicht aufladen wollten. Sie haben mich vielleicht eher aufhaltend als nützlich gefunden, aber ich habe sie eher als beschützend und nobel kennengelernt. Dieter Gluschke, Eike Sturmhöfel, die Sekretärin Uschi Schöne und ein paar andere, an die vielleicht noch zu denken ist.

ICH WOLLTE auf Siegfried Wagner und seine Frau Brunhilde zurückkommen, auf den Mann, dem wir unsere Reise zu verdanken hatten. Seine wohlwollende Einstellung gegenüber der Rockmusik und der Unterhaltungskunst hat auch vielen anderen Künstlern zu einem Visum für Westberlin und die Bundesrepublik verholfen. Einige haben es ihm nicht gedankt. Ohne seine Hilfe wäre zum Beispiel Veronika Fischer nicht ausgereist. Als ich Mitte der achtziger Jahre erfuhr, daß man ihn in den vorzeitigen Ruhestand versetzt hat (er war der Partei wohl doch zu liberal) und ihn nach der Übergabe der Entlassungsurkunde mit der S-Bahn nach Hause schickte, ohne den sofort entzogenen Dienstwagen, fand ich, daß er das nicht verdient hatte. Meine Frau unterstützte meine Idee: Wir Künstler entlassen unseren Minister in einem würdigen Rahmen. Also sprach ich mit bekannten Unterhaltungskünstlern und bat sie um jeweils tausend Mark. Alle machten sofort mit, so zum Beispiel die Puhdys, Stern Meißen, Roland Neudert, Dagmar Frederic und Peter Wieland, Monika Hauff und Klaus Dieter Henkler, viele andere, bis auf Frank Schöbel, der nahm sich aus, nicht direkt, nicht gleich, aber es kam so heraus.

Als ich 24 000 Mark zusammen hatte, bestellte ich in Mahlsdorf, abseits vom Trubel der Großstadt, in einer neu eröffneten privaten Gaststätte ein kaltes Büffet für etwa 30 Personen. Dann lud ich alle Beteiligten pünktlich zu neunzehn Uhr dorthin. Vorher habe ich die zuständigen Polizisten um etwas Obacht gebeten, denn wenn sich die Spitzen der Unterhaltung treffen, würde die Dorfstraße voller Westautos stehen, und das könnte zu Irritationen führen.

Siegfried und Bruni luden wir zum Essen ein, mit der Behauptung, wir hätten ein nettes neues Lokal entdeckt.

Als wir ankamen, merkte Bruni, daß etwas nicht stimmte. In ihrem unüberhörbaren Sächsisch fragte sie: »Siechfried, wieso stehn denn hier so viele Westwaachen?!«

Als wir das Lokal betraten, war die Künstlerschar angetreten, und Peter Wieland hielt eine schöne Dankes- und Abschiedsrede. Die beiden haben geweint.

Aus der gesammelten Summe bekam Siegfried sein Abschieds-
geschenk, ein Kompaktgerät, bestehend aus Fernseher, Radio,
Kassettenrekorder usw. Das hatte Burkhard Lasch aus Westberlin rangeschafft. Später hat er Wagner gegenüber die ganze
Idee als seine ausgegeben. Egal, es war ein voller Erfolg, und
Siegfried Wagner hatte es verdient, so verabschiedet zu werden.
Am nächsten Tag sagte Zabel: »Du mußt ja wissen, was du
machst.« Also war unter uns ein IM, der gesungen hat. Sei's
drum, die Sicherheit war eh überall.

ARNDT, DER STELLVERTRETER des Ministers für Kultur Siegfried Wagner kann schon deshalb nicht wegen liberal-
ler Tendenzen aus seinem Amt entlassen worden sein, weil die
seinen Vorgesetzten niemals zu Ohren gekommen sind.
Es ist wie beim Sender Jerewan: Ja, aber ...
Wagner hat seine Funktion wegen seiner Loyalität verloren.
Aber die galt nicht seiner Arbeit, da war er ein hochgedienter
Parteiknochen, der jeden Stuhl der geforderten Linie anpaß-
te, und weit davon entfernt, etwas zu entscheiden, was nicht
vorher weiter oben entschieden wurde.
Mag sein, daß er nie gegen eine günstige Entscheidung inter-
veniert hat. Aber seine Kompetenzen waren für tatsächliche
Eigenständigkeit gar nicht ausgelegt.
Aber in Bodo Zabels Haut hätte ich nicht stecken mögen. Er
war Abteilungsleiter und auf die Unterschrift und ein klares
Wort von Wagner häufig angewiesen. Dem hatte sein Arbeitsleben die Erkenntnis gebracht, daß man erst einmal die Papiere möglichst nicht gleich liest und dann abwartet und sich
umhört und dann wieder fragt, und es ging oft zu wie heutzutage in Hessen beim Untersuchungsausschuß. Niemand
wußte, wo es hing, aber es hing eben. Mag sein, daß Wagner
lange vor dem relativ unwichtigen Abschiebeposten »Unterhaltung« schon resigniert hat. Aber es gehörte viel Mut und
manchmal das Ende der Nervenzerrerei dazu, einiges von dem
auszubügeln, was Siegfried liegenließ.
Es wäre taktlos gewesen, mich einzuladen, weil ich ja ehren-

amtlich einen Teil seiner vorher hauptamtlichen Arbeit über-
nahm. Aber Siegfried hat mir das in keiner Weise übelgenommen. Wie es gedreht wurde, war er letztlich an der Lösung
beteiligt, auch wenn er die Papiere, die alles auslösten, natürlich nicht seine Verabschiedung, kaum oder nur flüchtig gelesen hat.

Mir tut das gut, wie ihr seinen Abschied weitab von staatlicher Kälte organisiert habt. Es hätte viel öfter so sein müssen,
war aber nicht.

Das war noch in »Friedenszeiten«. Als ich mein Amt nieder-
legte, warst du leider nicht in der Nähe, glaube ich.

Aber wir reden über einen Mann und seine Loyalität. Und
damit über tragische Dimensionen. Ich möchte sie nicht aus-
malen. Aber wenn auch seine Geduld mit seiner Gefährtin
unerschöpfbar schien, so war es die der unfreiwillig Beteiligten eben oft nicht. Auf welchem Weg auch immer, sie schien
der Krankheit ausgeliefert, von der sich nur die wenigsten
befreien können, und die, keine Seltenheit, zum Abbau vieler
Schranken führt. Menschen, die an der Sucht leiden, bauen
unbequeme Wahrnehmungen ab, das war Brunhildes Drama.
Siegfried war politisch verknöchert, weit mehr, als ihr es bei
ihm als Gast merken konntet, zumal es nicht hingepaßt
hätte, aber er war eben auch ein loyaler und mitfühlender
Mann.

Seine Frau pflegte ihn in gewissen Stadien vor aller Ohren
tödlich zu beleidigen. Er litt und versuchte dann, sie zu beruhigen. Wegführen konnte er sie oft nicht, weil er dienstlich
verpflichtet war zu bleiben. Er war immer ein Mann guter
Manieren, und es muß ihn hart angekommen sein, wenn er
bemerkte, daß er wieder einmal sein Terrain verlor, von manchem ausgelacht wurde – oder verachtet. Weil er sie nicht
fernhielt. Das wurde ihm oft genug angeraten, es liegt in sol-
chem Fall ja nahe. Aber das konnte er nicht durchsetzen. Es
kam, wie es nach einer Reihe von Verwarnungen kommen
mußte. Einmal war es zuviel und zu peinlich, und einer
verbat es sich rigoros.

Wagner sah dem Direktor der Muppet-Show verblüffend ähnlich. Der immer auf den Tugenden besteht, auch darin Ähnlichkeit.

Ich habe Siegfried nie betrunken oder auch nur angetrunken erlebt. Vielleicht war er eher ein schüchterner Mann, aber sein Schreibtisch war nur eine Durchgangsstation. Ob Veronika Fischer ausreisen oder – viel später – Bartzsch mit Roland Kaiser einreisen und hier arbeiten durfte, das hatte nicht einmal Hager zu entscheiden. Das behielt sich Honecker mit seinem »Einverstanden. E. H.« vor. Wenns zum Krach kam, zur Unruhe, dann war es niemand, wie beim Sputnik-Verbot.

Als ich Wagner jüngst beim selben Arzt begegnete, waren wir beide gerührt und umarmten uns. Wie gehts Bruni? Naja, nicht gut. Es wunderte mich nicht, daß sie beide nun an denselben Krankheiten leiden, und ich dachte, daß es seine Langmut und seine in ihm angelegte Freundlichkeit waren, die ihm das Leben schwer gemacht haben. Das versteht wohl nur, wer den Umgang mit einem suchtkranken Menschen aus der eigenen Familie kennt.

Und gar so einsam waren die beiden nie. Seit damals, und das ist so geblieben, haben sie am Heiligabend ihren Platz am Tisch von Daggi Frederic, meiner liebenswürdigen Freundin. Aber die hat ohnehin zwei Herzen, wo mancher gar keins hat.

14. Henne

QUERMANN HATTE MICH 1982 eingeladen, im »Sachsenkessel« ein Medley mit meinen Hits zu dirigieren. Mit Angret sollte ich nach Leipzig kommen, ins Interhotel »Stadt Leipzig«. Von dort gingen wir zum »Haus der heiteren Muse« ins Fernsehstudio, zur Probe. Auch Helga Hahnemann und Dagmar Gelbke probten ihren »Cha-Cha«, mit Kamera. Abends wollte ich mit Angret zum Essen, da stieg eine Etage tiefer in den Lift eine Frau ein, nein, sie kam hereingerauscht: »Ach, der Herr Komponist.«

»Guten Tag, Frau Hahnemann.«

»Für unsereins schreibt er ja nicht. Unsereins ist nicht groß genug.«

Ich sagte: »Wieso denn nicht? Bis jetzt hat noch niemand gesagt, daß ich für Sie nicht schreiben soll. Sie nicht, und andere auch nicht.«

Wir setzten uns friedlich an einen Tisch.

Frau Hahnemann bestellte eine Flasche Kronentau, Interhotel-Abfüllung. Wir aßen, tranken, quatschten, aßen wieder, tranken, quatschten. Der Abend verging, und wir beschlossen, für Helga Hahnemann Lieder zu machen. Es gab eine Angela Gentzmer, die ich nicht kannte, die soll »sehr gute Texte machen«.

Also, erst die Texte, dann die Musik. Irgendwann stand der Kellner neben unserem Tisch und sagte ganz bescheiden: »Frau Hahnemann, ich habe seit einer Stunde Feierabend.«

Wir guckten hoch und sahen, das Lokal war leer, nur wir saßen und tranken und quatschten. So fing das an.

Frau Hahnemann kam nach Biesdorf und holte aus ihrer Tasche die Texte: »Jetzt kommt dein Süßer« und »Happy Ende«. Daraus mußte man unbedingt Lieder machen. Aber wie?

Ich sagte: »Ich produziere im Moment alles im Privatstudio in Wilhelmshagen. Fürs Fernsehen.«

»Ach, fürs Fernsehen? Dann rede ich mit Adamo«, das war der Spitzname für Heinz Adameck, den Fernsehdirektor, »das muß der bezahlen, für mich macht der das. Evelyn Matt oder Adameck, die machen das.«

Sie haben es und wir haben es gemacht. Helga hat sich vorher die Musik angehört, fand sie eigentlich gut, dann haben wir aufgenommen. Ein Männerchor fehlte uns noch, den haben wir zusammengestellt, der heulte im Hintergrund »Jetzt kommt die Süße ...«

Am 1. Mai 1983 kam Frau Hahnemann mit einem unübersehbaren Freßkorb, der ab dann immer und in jedes Studio mitgebracht wurde und mit Rotwein, Weißwein, Schokolade, Pralinen und Käse aus dem Delikat-Laden gefüllt war, sogar mit Obst, sogar mit Bananen. In der anderen Hand hatte sie einen Stock mit einem selbstgemalten Schild, auf dem stand: »Alle Verrückten, vereinigt euch.« Die Proletarier verstanden sich für sie wohl von selbst.

An unserem 1. Mai 83 wurde gearbeitet. Und dann hatten wir plötzlich einen Hit. Das kann man nie voraussagen, und man kann sich auch gänzlich irren. Also, die Prophezeierei hatte ich mir längst abgewöhnt. Ich wollte mit dem Lied in den »Kessel«, spielte also der Chefredakteurin Evelyn Matt vor, und mit diesem Titel im »Kessel« hatte Helga ihren Namen weg, Henne sowieso, aber nun hieß sie die »Süße.«

Damals begann für uns eine neue Art von Zusammenleben mit einem Interpreten, mit Krach, mit Zank, mit Streit, mit wunderbaren Stunden. Wenn wir zwei Monate lang nicht miteinander gesprochen hatten, weil wir bis ans Lebensende verfeindet waren, kam Henne mit ihrem obligatorischen Freßkorb nach Biesdorf, tat, als sei nichts gewesen, und verlangte: »Los, pack die Skatkarten aus, wir spielen jetzt.«

Dann haben wir zu dritt bis früh nach drei Uhr gespielt, und keiner war mehr richtig nüchtern. Eine Taxe wurde bestellt. Der Chauffeur stieg aus, guckte: »Ah, Frau Hahnemann!«

»Halt die Klappe, Blödi, fahr mich nach Schöneiche.«

Das Auto wurde am nächsten Tag geholt, und es kam wieder eine Phase, wo wir richtig gut miteinander auskamen.

Es gab ihr erstes Lied für Berlin, »Die größte Quasselstrippe von der Welt«. Als ich es komponiert hatte, lud ich die Henne und Angela Gentzmer ein. Sie saßen hinter mir auf der Couch, ich spielte das Lied ab, und es blieb still. Ich dachte, nun möchte ich doch mal wissen, was das wird. Die sind so zickig und so anspruchsvoll, denen machte man selten etwas auf Anhieb recht. Das Lied war nach fünf Minuten zu Ende gespielt, aber es kam keine Reaktion. Ich drehte mich um und sah die beiden Weiber, denen die Tränen übers Gesicht liefen. Die heulten über dieses Berlin-Lied Rotz und Wasser. Das hat mir gefallen.

Helga wollte nun unbedingt eine Platte machen. Aber zu dieser Zeit war Bause für die Platte tabu. Da lief nichts und würde nichts laufen. Ich habe zu Helga gesagt: »Wir können Lieder machen ohne Ende. Das Fernsehen wird sie produzieren und spielen, aber mit mir kriegst du keine Platte. Die haben was gegen mich. Eine Platte kriegst du mit mir nicht.«

Sie: »Na, das wolln wir doch mal sehen.«

Der Außenminister wollte, daß Henne auf seiner Betriebsfete singt, aber Henne sagte: »Nee. Wat soll ich in einem Land bei einem Minister singen, wo ich keine Platte kriege.«

»Wie bitte? Wieso denn nicht?«

»Ich krieg hier in diesem Land keine Platte, da brauch ich auch nicht für euch zu singen.«

»Bitte bleiben Sie am Apparat.«

Erster Anruf: »Professor Hager, wieso kriegt Frau Hahnemann keine Platte?«

Hager: »Ich rufe zurück.«

Zweiter Anruf, bei Ursel Ragwitz, Zentralkomitee: »Wieso kriegt Frau Hahnemann keine Platte?«

»Moment, ich rufe zurück.«

Dritter Anruf, beim Abteilungsleiter Jürgen Hagen: »Wieso kriegt Frau Hahnemann keine Platte ?«

Vierter Anruf beim Ministerium: »Wieso kriegt Frau Hahnemann keine Platte?«

Nächster Anruf bei Herrn Schäfer, künstlerischer Direktor beim VEB Deutsche Schallplatten. »Wieso kriegt Frau Hahnemann ...«

Letzter Anruf bei Betriebsarzt Büttner: »Wieso kriegt Frau Hahnemann keine Platte?«

Er konterte: »Mir liegt kein Material vor.« Damit war er geplatzt. Die Autoren hatten kein Material? Denkste! Wir hatten, wir wollten, und wir konnten. So ändert sich die Welt manchmal von einem Moment auf den anderen. »Ihr könnt ins Studio, wann ihr wollt. Tag und Nacht, Sonnabend, Sonntag, das Studio wird für euch reserviert, solange ihr wollt.«

Wir haben gearbeitet. Der Chefredakteur Büttner meldete sich an, an einem Sonnabendmittag, als wir gerade fertig waren. Er wollte zum Abhören kommen, aber ich bin nach Hause gegangen. Das wollte ich mir nicht antun, diesem Mann gegenüberzusitzen. So beliebt waren die Amiga-Leute nicht. Sie haben ihre konkurrenzlose Situation reichlich und in vielerlei Weise ausgenutzt. Die Pudercremetorte im Gesicht von Dr. Büttner sei nicht ausführlicher geschildert, aber der Kollege Horst Krüger, dessen Lebenwerk nun abgebrannt ist, im Wortsinn, hatte mit Produzent Andrä eine tätliche Auseinandersetzung, noch in der DDR.

Die Austragungen waren sicher nicht von feinster Art, erzählen aber etwas über die Aggressionen, die von den Amigaleuten verursacht wurden. Sie gaben sich immer von oben herab, auch wenn sie selber nicht eben von Arbeitseifer besessen waren. Da kam es dann zu solchen Vulkanausbrüchen.

In der Regel ließ sich der sogenannte Produzent einmal sehen, quatschte ein bißchen herum und setzte dann seinen Namen auf die Platte.

Büttner, habe ich mir sagen lassen, kam, fand alles recht nett, die Platte recht gut und fragte dann, wer der Pianist sei. Wer da spielt. Henne sagte: »Na wer wohl? Mein Blödi hat jespielt.« Das wollte er nicht glauben. Er dachte, dieser Schlagerfuzzi kann das nicht und nichts.

Wir hatten also unsere erste Platte.

Frau Hahnemann wurde immer populärer, immer beliebter. Die Texte waren es – neben ihrer eigenen Begabung, es gab nur diese Texte für sie, es waren die richtigen Melodien und

Arrangements. Das machte die Henne aus. Sie hatte sich zwei Künstler gesucht, die ihr gaben, was sie haben wollte.

»Dicke sind gemütlich« hat sie mir in der Anlage beinahe vorgesungen. Ich hatte ihr den Text vertont, das war ihr zu zahm, sie wollte es deftiger. So hat sie vor mir gestanden: »Dicke sind so dick ... so verrückt ... so muß das gehen, Blödi.« Ich habe es dann so angelegt. Alles hat sich ergänzt, ähnliches habe ich danach nicht mehr erlebt. Angela Gentzmer hatte mit keinem anderen Interpreten solche Erfolge. Helga hat auch mal ein Lied von jemand anderem gesungen, aber der Erfolg war gleich Null.

Vor der großen Friedrichstadtpalast-Eröffnung, der Riesengala vor Honecker, dem Politbüro und dem Diplomatischen Corps, kam Henne nach Biesdorf, war am Ende und sagte: »Ich glaube, ich haue ab.«

Was war passiert? Sie sollte zunächst unbedingt das Berlin-Lied vor Honecker & Co. singen. Aber im Text kam vor: »Wickelt sie mir (im Tante Emma- Laden) die arschfrischen Eier ins Zentralorgan ein ...« Das Zentralorgan war das »Neue Deutschland«, Organ der Partei. Und die Partei hat immer recht. Ein ganz eifriger, übereifriger Genosse, später von uns mit Klarnamen erkannt, hatte angeordnet, dieses Lied findet an dem Abend und vor diesem Publikum nicht statt. Frau Hahnemann sagte, dieses Lied findet statt, oder ich finde nicht statt.

Einen Tag später kam sie zur Probe, da wurde ihr ein neues Berlin-Lied vorgespielt, das hatte Gerd Natschinski (nicht zu verwechseln mit dem begabteren Sohn) im Auftrag des Friedrichstadtpalastes mal eben für die Eröffnung komponiert. Das sollte Frau Hahnemann singen. Sie sagte, da spielt sich nun überhaupt nichts ab. Entweder mein Berlin-Lied, oder gar keins. Zu uns sagte sie: »Also Leute, ich glaube, ich fahre jetzt nach Westberlin und komme nicht wieder. Ich habe die Faxen dicke.«

Die Zuständigen hätten wissen müssen, daß mit ihr so nicht umzugehen war. Als sie merkten, es funktioniert nicht, ließ man sie machen, unter dem Motto, nach uns die Sintflut. Die

Gala ohne Frau Hahnemann, das ging gleich gar nicht. Da man sie schlecht in Handschellen vorführen und das Lied von G. N. singen lassen kann, und da sie doch schon angekündigt war, haben sie die größere Flatter gekriegt und es irgendwie doch genehmigt. Intern muß es noch andere Querelen gegeben haben, aber das weiß ich nicht so genau.

Wir saßen dann, nicht angeschlossen an alles, was hinter den Kulissen passierte, als Ehrengäste links auf einer Empore. Frau Hahnemann kam raus, sie ging an den äußersten Rand der Rampe und sang ihr Lied. An der bestimmten Stelle kniete sie sich mit dem Mikrofon in der Hand vor Erich Honecker hin und sang sie ihm vor, ihm unablässig in die Augen guckend. Samt arschfrischen Eiern im Zentralorgan.

Das Publikum plus Politbüro war besonders still. Wie sollte man reagieren? Als das Lied gesungen war, klopfte sich Herr Honecker auf die Schenkel und fing an zu lachen. »Spontan« lachten die Mitglieder des Politbüros auch und klatschten Beifall. Henne hatte gesiegt.

Aber der Clou kam noch. Honecker hatte sich so in das Lied verliebt, daß er von da an, als seinen persönlichen Wunschbefehl, das Lied in jedem Jahr zum 1. Mai während der Maiparade spielen ließ. Es war eingeflochten in das Laufband, von dem alle Märsche und Kampflieder abgespielt wurden. Zwischendurch lief dann immer das Berlin-Lied von der Henne. Ich habe das noch auf Video. Wie er auf der Tribüne stand, der Saarländer, mit seinem Strohhut, und wie er fleißig mitsang. Man hört ihn zwar nicht, aber man sieht an den Bewegungen seiner Lippen, daß er das Lied »draufhat«.

15. Der Preis

ETWA 1981 SAGTE QUERMANN zu mir: »Du mußt wissen, da gibt es eine Kommission. Die wird einmal im Jahr zusammengerufen, und dann beraten die, wer den Nationalpreis für Kunst kriegt. Da schlagen viele vor, auch die Blockparteien, nicht nur die SED. Und diesmal gibt's den Vorschlag, daß du den Nationalpreis kriegst. Aber sprich nicht drüber. Ist streng geheim.«

Immerhin, Schöbel und Hauff-Henkler hatten ihn schon. Warum sollte ihn nicht auch einmal ein Komponist kriegen? Von der Unterhaltung? Die von der ernsten Musik waren natürlich beim Abfassen weit voraus.

Ich habe zu meiner Frau gesagt: »Wir müßten mal ins ›Exquisit‹ fahren und gucken, ob es einen schwarzen Anzug gibt. Denn wenn ich dieses Ding kriege, brauche ich einen schwarzen Anzug.«

Also haben wir einen richtigen schönen schwarzen Importanzug gekauft. Damit man dann auch schick aussieht. Den haben wir schon mal in den Schrank gehängt, da war also vorgesorgt. Der September ging vorbei, es tat sich nichts, der Oktober kam, es tat sich nichts.

Und dann stand im Neuen Deutschland, Nationalpreis II. Klasse ist an Günther Fischer für seine Filmmusik zu »Solo Sunny« gegangen. Konrad Wolf, im kleinen Land erfuhrst du alles, war bei Professor Hager und hat mit dem privat ausgemacht, daß Fischer den Nationalpreis kriegt. Das hatte geklappt.

Das Jahr ging rum, nicht mit Warten, sondern mit Arbeit. Im nächsten Jahr kriegte ich wieder eine Information: Die Kommission hat getagt. Bause ist für den Nationalpreis vorgesehen. Der Oktober kam, aber keine Einladung. Im Neuen Deutschland stand: Nationalpreis III. Klasse für Kunst: Dagmar Frederic und Peter Wieland, im Kollektiv. War die Blockpartei stärker?

Da hab ich mir gesagt, Bause du bist blöd. Du hast wirklich gedacht, du kriegst das Ding. Wie blöd. Du bist nicht in der

Gewerkschaft, nicht in der Deutsch-Sowjetischen Freundschaft, nicht in der Partei, nicht in der Blockpartei, du bist gar
nichts. Einfach nur der Schlagerfuzzi, und da denkst du, dafür
gibt es einen Nationalpreis. Laß es sein, steck es weg.

Bei irgend so einer Kulturhochzeit traf ich den Minister, komme mit ihm ins Gespräch und sage: »Das mit Günther Fischer
und Frederic/ Wieland ist ja nun gelaufen, aber ich fühle mich
doch brüskiert. Sollte irgendwann eine Einladung zur Verleihung kommen, werde ich ablehnen, ganz einfach, ich brauche ihn nicht.«

Minister Hoffmann guckte mir in der ihm eigenen Art tief in
die Augen, und dann, nach bedächtiger Pause, sagte er: »Kollege Bause, Sie haben doch Familie.«

Das ging mir durch Mark und Bein. Ich mußte begreifen, daß
es eine Macht gibt, die kann brutal sein, wenn sie will. Später
habe ich erfahren, welchen Ärger Eberhard Esche hatte, der
den Nationalpreis abgelehnt und nach ihrer Meinung damit
die Partei brüskiert hatte. Naja, hab ich gedacht und die Sache
von mir geschoben, war eh nicht aktuell, Abwarten und Tee
trinken.

Und dann kriegte ich einen Anruf von Bodo Zabel, ich möge
ins Kulturministerium kommen und meinen Paß mitbringen.
Stimmt was nicht? Immer diese Geheimnistuerei, immer diese Schrecks bei jeder Sache, die nicht dauernd passierte, immer
dieses lästige Gefühl, dich hat vielleicht einer ertappt und du
weißt nicht, wobei.

»Hast du dein Visum mit? Leg es mal hier auf den Schreibtisch.«

»Und was soll das?«

»Das Visum muß jetzt hierbleiben. Du kannst im Augenblick
nicht nach Westberlin.«

Ich sage: »Ich muß aber nach Westberlin. Ich muß da was
holen, das brauch ich für die Arbeit.«

»Ja, das wissen wir, daß du das für die Arbeit brauchst. Du
kriegst es in 14 Tagen wieder. Jetzt bleibt es hier.«

Na gut. Ihr habt die Macht, ihr könnt das machen. Zwei Tage
später kam ein großer Brief vom ZK: Ich habe mich also am

6. Oktober früh um neune im Palast der Republik einzufinden, zwecks Verleihung des Nationalpreises.

Nun kam der schwarze Anzug doch noch aus dem Schrank raus. Den Preis bekam ich an unserem Hochzeitstag, 6. Oktober 1984.

Der ganze heutige Schloßplatz war gesperrt. Und von Ikarus-Bussen besetzt, fünf, sechs an der Zahl. Ansonsten war der Platz durch aufstellbare Gitter abgeriegelt. Lauter gut angezogene, stämmige Männer standen herum.

Ich zeigte meine Einladung, wurde begrüßt, in den Palast geführt, in einer Liste abgehakt und in das Lindenrestaurant gebracht. Man bat mich, Platz zu nehmen und vom Büffet etwas zu wählen. Weitgereiste hatten sicher noch nicht gefrühstückt. »Sie können Kaffee, Wein, Sekt nehmen, Sie brauchen nur zu bestellen.«

Ich saß von neun bis um zwölf Uhr im Restaurant, und irgendwann fragte ich, wie das nun weitergehen solle. Es gäbe ein Protokoll. Alle, die auf der Liste stehen und ausgezeichnet werden sollen, müssen anwesend sein. Wenn also früh um sieben Uhr einer in Jena losfuhr und eine Panne hätte, dann wären die Sicherheitsorgane in der Lage, den bis mittags ranzuholen. War eben alles gesichert und durchdacht. Nun wußte ich auch, warum ich mein Visum abgeben mußte. Nicht, daß ich das Protokoll aus Westberlin grüße!

Um zwölf wurden wir aufgerufen, hinunterzugehen. Unten standen die Busse aufgereiht, mit der Schnauze in Richtung Lustgarten. Vorm Palast mußten wir in die Busse steigen, dann fuhr jeder eine große Runde über den ganzen Platz und bis zum Hauptportal des Staatsratsgebäudes, also zu Fuß 250 Meter, dort raus aus den Bussen und die Treppe hoch in einen Saal, und dort konnten wir uns hinsetzen, wo wir wollten.

DAS WUNDERT MICH ABER, Arndt. Bei uns lag auf jedem Sitz ein Namenskärtchen, wir waren sortiert, was insofern sinnvoll war, weil ja auch Kollektive mit zahlreichen Geehrten teilnahmen. Aber bitte, du hast es anders erlebt.

In Görlitz, Bause dirigiert Helga Hahnemanns Lied »Glück«, 1988

Klock acht, achtern Strom, v.l.n.r. Bause, Siegfried Schäfer, Wolfgang Kähne, Jürgen Hermann, Gerhard Siebholz

Premiere des Musicals »Gesang der Grille« in Halberstadt

In Paris vor der Grand Opera, Bause, Jürgen Walter und der Schlagzeuger Peter Müller, 1979

Bause oder Ein Sachse in Österreich, 1982

Helga Hahnemann am Großglockner, 1986

Frau Kapitän Fabritz und Ehepaar Bause

*Bei der Silber-
hochzeit – mit den
Töchtern*

*Bause
mit
Helga
Hahne-
mann,
1989*

50. Geburtstag – Geschenk der Puhdys: 50 Flaschen Schnaps

Zum 50. Geburtstag mit Freundin Ulla und Frau Angret

Mit Frau Angret zum 70. Geburtstag bei Heinz Quermann

Bause mit Professor Alfons Wonneberg, 1992

Mit Dieter Schneider in Bauses Studio

Dagmar Frederic und Ehepaar Bause bei der Super-Illu-Party, 1995

Mit Tochter Inka

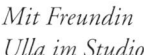
*Mit Freundin
Ulla im Studio*

*Bei einer Rund-
funksendung im
SFB: v.l.n.r. Inka,
Helga Schlack,
Peer Schmidt, Ulla
Klingbeil, Jürgen
Jürgens und Bause*

Mit Freund Karsten Klingbeil, 1998

In Quiberon mit Freunden

Muscheln, Pommes, Sancerre – Bause bei seinem Lieblingsessen in Quiberon, dem »schönsten Platz der Welt«

ICH SETZTE MICH natürlich in die letzte Reihe. Vorher, im Lindenrestaurant, hatte mich Heinz Rennhack angesprochen, weil ich der einzige war, den er kannte. Er sagte: »Menschenskind, wie geht denn das hier? Kannste nicht bei mir bleiben ...«

»Ich habe doch auch keine Ahnung. Macht nichts, wir bleiben zusammen.«

Also saßen wir nun endlich hinten im Saal. Hinter uns ging die Flügeltür auf, und das gesamte Politbüro lief durch den Mittelgang nach vorn – in einer Duftwolke aus Zigarettenrauch. Wahrscheinlich hatten sie draußen noch schnell eine geraucht.

Auf dem Podium vorn waren im Halbrund Stühle aufgestellt, auf denen nahmen die Mitglieder des Politbüros Platz, Erich Honecker blieb in der Mitte stehen.

Es gab zwei Protokolltanten, eine für die Medaille, die andere für die in Leinen gefaßte Urkunde. Rechts stand ein Rednerpult, dahinter ein Zeremonienmeister. Wie ich später erfahren habe, war das der Bruder von Margot Honecker. Der verlas nun die Namen derjenigen, die jeweils nach vorn gerufen wurden. Ich konnte den Gedanken nicht verdrängen, daß ich einem ziemlichen Zirkus beiwohne. Bergleute in schwarzer Uniform aus Mansfeld schritten gemessen nach vorn. Aufrecht und selbstbewußt, auf ihre Arbeit und ihr Ansehen stolz.

Dann hörte ich ein merkwürdiges Knistern und Klingeln, einen sehr hohen Metallton, und ich fragte mich, was da klingelte. Als der erste zurückkam, sah ich, er hatte die Brust voller Orden. Wahrscheinlich hatte der seit 1945 jedes Jahr einen anderen Orden gekriegt, die klingelten nun.

In der Einladung hatte ja gestanden: Orden und Ehrenzeichen sind anzulegen. Ich hatte nichts anzulegen.

Es ging los mit der I. Klasse, die einzelnen, die Kollektive, dann II. Klasse, einzelne, Kollektive, bis zum Schluß. Dann endlich wurde Rennhack aufgerufen und ging nach vorn. Ich saß genau am Mittelgang und guckte meinem Heinz hinterher. Da mußte ich mich energisch zusammenreißen, um nicht laut loszulachen. Er besaß entweder nur einen ganz alten Anzug, oder er hatte sich den geliehen. Auf jeden Fall hatte er unheimlich weite Hosenbeine. Die waren schon seit zehn Jahren out. Aufgeregt, wahrscheinlich bin ich ähnlich gelaufen, ging er den ganzen Mittelgang entlang, sehr alleine, und bei jedem Schritt schlug die weite Hose unten aus und rutschte wieder rein. Nie, nie werde ich vergessen, wie das aussah, wie die Hose um seine dünnen Beine herumschlenkerte.

Nun war ich dran, als letzter, Arndt Bause, Nationalpreis III. Klasse. Mehr wurde über mich nicht gesagt. Nach vorne, Erich Honecker hat jedem die Hand gedrückt und alles Gute gewünscht, Persönliches Wohlergehen, Schaffenskraft. Das war's. Wir hatten unsere Urkunden und saßen wieder auf unseren Stühlen. Vornweg stand das Politbüro auf, »die Führung« verließ den Saal durch den Seiteneingang. Wir sollten uns anschließen, raus auf den großen Korridor, hinter dem Korridor gleich wieder links und rein in einen anderen Saal.

Vorn an der Fensterreihe mit Blick zum Schloßplatz stand eine sehr lange Tafel, hinter ihr das gesamte Politbüro, wieder so eine Art Wagenburg, in der Mitte Honecker.

Wir standen zwanglos herum. Man hatte fischgrätenartig Tische zum kalten Büffet geordnet. Davon gab es mindestens zwölf. Das war sinnvoll, es gab kein Gedränge. Aber ehe es ans Essen ging, wurde das Sektglas erhoben und Herr Honecker sprach seinen Glückwunsch aus, uns, die wir den Sozialismus aufbauen und das alles aus unserer Kraft, und dann wurde allseits zugeprostet.

Herr Honecker trank keinen Sekt, sondern Bier. Vielleicht war's auch Tee mit Schaum. Ich sah, wie sich manche Leute einzeln bedankten. Harry Kupfer, zum Beispiel, ging zu Hager, und vermutlich wird er sich für seinen Nationalpreis I. Klasse bedankt haben, als Opernregisseur hätte man ihm weniger kaum angeboten, für Schlagerfuzzis gab es generell nur III. Klasse. Bei wem sollte ich mich bedanken? Ich guckte mich um und sah, daß Honecker der einzige war, der mit seinem Glas allein in der Mitte des Saales stand. Er guckte, aber mit ihm sprach niemand, nicht von den eigenen Leuten, nicht von den Ausgezeichneten, wirklich niemand. Der Kulturminister

Jochen Hoffmann stand links neben mir. In eine Gesprächspause hinein habe ich gesagt: »Ich habe mal eine Frage. Ich komme doch nie wieder her. Das ist doch einmalig. Und ich komme auch nie wieder so dicht ran. Kann man denn dem Honecker nicht Guten Tag sagen?«

Vermutlich hab ich auch was von Bedanken gesagt. Hoffmann sagte: »Aber Kollege Bause, gehn Sie sofort hin. Der ist doch froh, wenn jemand mit ihm spricht. Ganz bestimmt, der ist froh. Gehn Sie hin.«

Da bin ich dann an die Tafel, und als bemerkt wurde, daß ich mit Honecker reden wollte, waren sofort wieder junge Männer in dunklen Anzügen da, die dirigierten mich um die Tafel herum direkt auf Honecker zu, und plötzlich sah ich, daß die Kamera losging, von unterm Tisch kam ein Mikrofon hoch. Als hätten die für die »Aktuelle Kamera« bloß darauf gewartet. Ich habe dem Mann die Hand gegeben und mich für die Auszeichnung bedankt. Er kann sich unmöglich alle Namen gemerkt haben, aber ich war der letzte gewesen, der ausgezeichnet wurde. Ich war also der Komponist, und wenn er etwas von mir kannte, dann den »Sachsen«. In diese Richtung ging das Gespräch auch, und es war ziemlich unvermittelt, als er sagte: »Ham Sie denn die Figuren auf der Schloßbrücke gesehen, die wir wieder aufgestellt haben?«

Ich sagte: »Ja, die sehe ich jede Nacht, wenn ich von Amiga, vom Reichstagsufer komme. Ich finde das schön.«

Da sagte er: »Sehnse, und wir machen den Berlinern ihr Berlin schöner, als es jemals war, obwohl sie uns Zugereiste nicht leiden können.« Damit meinte er sich und mich.

Zu Hause wartete natürlich Henne, mein großer Fan, und war ganz stolz, daß nun ihr Komponist, ihr Blödi, den Nationalpreis hatte. Wir tranken Sekt, bis Inkas Freundin Gabi vom Nachbarn kam und sagte: »Dein Vati ist in der Aktuellen Kamera.« Eine Sendung, die niemand von uns je geguckt hat. Video rein und mitgeschnitten, ja, da stehn wir, und es wird gesagt: »Der Staatsratsvorsitzende und Parteivorsitzende Erich Honecker unterhält sich mit dem Komponisten Arndt Bause.« Unser Gespräch konnte man natürlich nicht hören.

Nach dem Empfang hatten wir alle unseren Stuhl im großen Saal noch einmal aufsuchen sollen, weil dort Briefumschläge lägen würden. Stimmte, es war ein Scheck über 20000 Mark drin.

Angret und ich haben beschlossen, etwa 60 Leute in den »Kupferkessel« einzuladen. Es sollte eine große Fete werden und alles geben, was aufzutreiben war. Französischen Kognak, Räucheraal, Schinken, eben alles, was gut schmeckt und was man nicht alle Tage hat. Es war wunderbar und hat das ganze Preisgeld gekostet. Mit so vielen Gästen konnte man auch in der DDR eine Menge Geld in einer Nacht ausgeben.

Als Helga Hahnemann den Nationalpreis kriegte, hat sie Regine Daum, ihre Texterin Angela Gentzmer mit Mann und Bause mit Frau eingeladen. Auch sie wollte ihr Geld verfeiern und lud uns in das neue Grandhotel ein. Da gab's einen Herrn Henderson, der alles managte. Bis zum Kaviarfrühstück um acht Uhr früh im Wintergarten haben wir vom Teuersten gelebt, in dieser »Silhouette«, diesem Lokal, wo man eigentlich mit Devisen bezahlen mußte. Aber es wurde alles umgerechnet, bis das Geld alle war.

LIEBER ARNDT, der feuchtfröhlichen Nacht ging ein Tag voraus. An dem bekamen wir beide, die Helga und ich, für unsere künstlerische Arbeit den Nationalpreis. Und so läßt sich der in die Gründung des Preises, in seinen Anfang gelegte Unfug ein weiteres Mal beweisen.

Helga bekam den Nationalpreis III. Klasse. Steineckert bekam den Nationalpreis II. Klasse.

Wir beide saßen nebeneinander und hatten uns verschworen, der anderen die Kleidung zurechtzuzuppeln, sobald ihr Name aufgerufen wird. Es war sehr warm im Saal, und unsere Röcke enthielten gewiß einen Anteil an Plastetüte. Nur durch den Gang getrennt von uns saßen Eva Strittmatter und Christa Wolf. Ob da die eine auch auf die Kleidung der anderen zu achten hatte, weiß ich nicht. Aber sie kannten sich lange und saßen auch nebeneinander, bekamen die I. Klasse.

Der Ärger hatte mit der ersten Verleihung begonnen. Brecht

schicke die Heli, wie immer, wenn's unbequem wurde, und sie lehnte in seinem Namen den Nationalpreis II. Klasse ab, den am selben Tag Becher I. Klasse kriegen sollte.

Da wär's noch Zeit gewesen. Aber in der DDR wurden Fehler wie Errungenschaften gehütet, und gewiß bezog man sich schon beim dritten Mal auf die bewährte Tradition. Sie hat sich nie bewährt.

Die Helga hatte große Säle gefüllt, Menschen zum Lachen gebracht und in der Seele berührt. Außer ihrem beliebten Sinn für Ulk hatte sie noch einen tiefer gelegten für Humor. »Follow me? Wer'ck vafolcht?« Ein Einfall, sehr komisch. Aber der Blick dazu, dieser mißtrauische schnelle Rundumblick, entstehend aus Argwohn und Zeitgeist, der war genial. Ich traue mich zu sagen: Die Helga hatte Momente, da war sie für mich wie Chaplin oder Woody Allen, der Vergleich mit dem trifft's noch eher. Wie der an einem »gewöhnlichen Hochzeitstag« sein dämliches Surfbrett durch die Gegend schleppt, während seine ganze Welt zusammenbricht, das könnte auch von der Helga sein. Und warum war das weniger wert, als die schönen Gedichte von der Eva, als meine Versuche über die Liebe? Wir bekamen den Preis doch für unsere künstlerische Arbeit, und das »National« stand für Wirkung in die Gesellschaft hinein. Wer hat die bemessen, als erst- oder zweitklassig?

Die Grundsätzlichkeit hat verärgert. Die Helga war »Unterhaltungskünstlerin«, lag also in einem bestimmten Schubfach. Das Volk hätte vor diesem runden, mitunter schönen, mit dem Mut zum häßlichen Hut ausgestatteten Bündel an Energie vor Bewunderung auf den Knien liegen können, sie hätte den Preis trotzdem dritter Klasse gekriegt, was immer den Ruch der Drittklassigkeit besaß. Sag, was du willst. In der Kategorie III. Klasse hatte ich ihn früh im Kollektiv für die Entfesselung der Singeklubs gekriegt, mit Friedman, Heicking und Fredy Krüger, und II. Klasse nun für meine Bücher.

Ich war nicht in der Kommission von Nationalpreisträgern, die alljährlich befand, wer es sein würde. Es gab Hunderte von Vorschlagsberechtigten, und das Schieben von einem Jahr zum anderen war normal. Immer im letzten Moment hat sich noch einer auf den persönlichen Gang gemacht, dann mußte eben ein anderer warten. Ich fand, jeder oder keiner hätte ihn verdient und habe mich nur einmal auf Bitte eines Künstlers wegen Unterlassung an Bodo Zabel gewandt, der hat das auch prompt weitergereicht: Jürgen Walter hatte etwas läuten hören und mich beschworen, ihm die allseitige Peinlichkeit zu ersparen, er würde den Preis nicht nehmen, er sei nicht drittklassig.

Aber wir anderen haben ihn alle genommen.

Es ging schrecklich deutsch und hölzern vor sich. Aber ich hatte, eng an eng mit Helga, noch eine besondere Erschwernis. Ich mußte ihre leisen Kommentare mit ernstem Gesicht überstehen. Und wir beide miteinander auch die nachfolgende Geisterstunde. Als wir in den von dir beschriebenen Saal kamen, war natürlich das kalte Büffet in seiner Vielzahl auch bereitet. Was fehlte, waren die eingeschenkten Getränke und die warmen Speisen. Sicher auf Kommando öffneten sich rechts und links die Türen und herein schwebte das Ballett der tablett- oder wärmebehältertragenden Mitarbeiter. Anmutig liefen sie über das gebohnerte Parkett, aber sie erreichten ihr Ziel nicht, um die Köstlichkeiten abzustellen. Die Mitglieder des Politbüros standen wieder so seltsam verschanzt hinter einer langen Tischreihe, mit dem Rücken zur Wand. Lächelten umher, dachten an nichts Böses, nehme ich mal an, als sich Erich Honecker aus der Reihe löste, zu einem Mikrofon schritt und mit folgendem Satz begann: »Ich werde immer wieder nach meiner Reise in die Bundesrepublik gefragt ...«

Alles verharrte wie beim Figurenwerfen, im Schritt, in der Bewegung, im Anzünden der Zigarette. Er erzählte und erzählte, während die Gesichter der Genossen neben ihm zu Eis erstarrten. Es hätte mich nicht gewundert, wenn ihm einer seiner Kampfgefährten eine Torte ins Gesicht geklatscht hätte. Er sprach genau 45 Minuten, schwärmte, holte vielleicht die Antworten nach, die er gern gegeben hätte, und es war wirklich so, daß er aus jedem zweiten Satz als Sieger hervorging. Was sollten die armen Menschen mit den Tabletts und Würstchenkübeln machen. Unsere Blicke eilten von den Gemarterten zum Redner, wir zischelten nahezu professionell und verstellten schließlich Honecker den Blick auf einen jungen Mann, dem beinahe die Arme abfielen. Wir retteten ihn und arbeiteten uns weiter vor zum nächsten.

Das war so unbemerkt – außer von Honecker – nicht geblieben, denn nun bewährte sich eine andere Methode: Dem Redner mit übertriebenem Interesse ins Gesicht blickend, nickend, nahmen sich einige von den Tabletts wenigstens die Getränke. Besonders mutige Personen nahmen den Kellnern die Töpfe ab und stellten sie auf den Tisch. Auch das bemerkte der Redende nicht, so versunken war er in die Erinnerung, die ihm vielleicht die Köstlichste war: Er war drüben, hatte eine Parade abgenommen, ihm hatten sie die Hand geben müssen, er hatte sie mit seinen eleganten Redewendungen verblüfft. Honecker nahm keine Signale mehr auf an diesem 7. Oktober 1987, er wirkte auf mich eher autistisch.

Die Helga hätte für mich den Nationalpreis I. Klasse verdient, und vielleicht hätte ihn auch gar niemand jemals kriegen sollen. Aber das ist von heute aus ein unanständiger Satz, auch Helga hat sich gefreut, auch ich habe mich gefreut. Wir sind gemeinsam gegangen. Sie sah hübsch aus im engen schwarzen Rock und der weißen, schwarz gepunkteten Bluse, ohne Schmuck, wenig geschminkt, und da selbst die Lebensgefährten nicht dabei sein durften, das war auch so eine ärgerliche Eigenheit, wollten wir zu Mann oder Freunden. Sie »jing bei ihre Angela«, und mehr war nicht nötig, um den unbelohnten Anteil Angelas am Erfolg der Hahnemann zu erwähnen.

Lange davor gratulierte ich Helga in Karl-Marx-Stadt zu ihrer Goldmedaille, an der ich als Mitglied der Jury beteiligt war. Sie guckte mich übellaunig an und sagte: »Nutzt mir janüscht. Wird allet bloß schwerer. Erwarten se alle noch mehr.« Ich hätt sie mal sehen mögen, wenn sie die verdiente Goldmedaille nicht gekriegt hätte.

Aber auch das war sie, die Hahnemann. Sie hat uns zum Lachen gebracht, und von der »Tele-BZ« einen langen Weg professioneller Arbeit zurückgelegt. Das war alles schwere

Arbeit, in der der Erfolg von gestern nie mitgerechnet wird. Geschenkt hat sie sich nichts, nichts ist ihr erlassen worden, und sie hat sich gewiß nicht totgelacht. Zu ersetzen ist sie nicht, und mir fehlt sie bis heute.

Ich denke bloß darüber nach, wie ihr feiernd die Nacht rumgebracht habt. So üppig hatte ich es nie, aber ich bin auch ein schlechter Gast. Rauche nicht, trinke nichts, und essen darf ich auch nur wenig. Mürrisch und wortkarg behalte ich die Uhr im Auge und sehne mich nach Stille, Zweisamkeit oder überschaubarem Gespräch. Wir beide, er und ich, werden schon seit zwanzig Jahren nie mehr eingeladen. Aber ihr hattet eine schöne vergeudete Nacht, eine teure. Und habt nicht wissen können, wie endlich die Freundschaften waren, wie sterblich die Ausgelassenste. Das Leben hatte sie reich mit Talent und mit Glück nur wenig beschert. So hatte es also seine Richtigkeit, das Leben noch einmal maßlos hochleben zu lassen. Als käme es nicht drauf an. Die Wahrheit: Ihr konntet nicht wissen, wie wenig es darauf ankam.

16. Die Ameise

IM SEPTEMBER 1980 rief mich eine Frau an. Sie sagte, im ganzen Land sei ich der einzige, der für sie in Frage käme. Sie hätte eine Idee. Sie wolle ein Musical machen, ein Libretto, und ich wäre der richtige Komponist. Also möchte sie mit mir reden.

In meiner Anfangszeit habe ich auch viele Leute angesprochen und um Rat fragen wollen. Einige Türen blieben mir immer verschlossen. Es ist mir nie gelungen, mit Gerd Natschinski zu sprechen. Außer Walter Eichenberg und Wolfram Schöne hat mir nie jemand einen Tip oder Rat gegeben. Schon damals schwor ich mir: »Wenn du mal in diese Situation kommst, dann hilfst du. Niemanden abweisen, jeder hat das Recht, mit mir zu sprechen.« Ein Teil meines Erfolges stammt daher, daß ich immer Leute kennengelernt habe, die unbedingt singen wollten und nirgendwo eine Chance bekamen. Dann haben sie ihre Scheu überwunden und es bei mir versucht. So hat Helmar Federowski mich eines Tages angesprochen: »Ich habe eine Schwester. Die Ina-Maria.« Na und? »Mach doch mal für die ein Lied.«

Ich hätte das nicht machen müssen, aber ich habe es gemacht, und es gedieh, mit »Gegensätze ziehn sich an« und »Man lernt nie aus«. So hat mich an der Hochschule Hans-Jürgen Beyer angesprochen. Sie sind doch DER Komponist und so weiter, er möchte auch singen. Ich habe »Tag für Tag« geschrieben, und das war sein erster großer Erfolg. Für einen Versuch bin ich immer offen.

Ich habe diese Frau eingeladen, wir saßen auf der Terrasse, und sie hat erzählt. Wie eine Märchenfee. Von Ameisen und Grillen hat sie erzählt, von Schmetterlingen auch, also nur von Insekten. Ich habe gesagt: »Also wissen Sie, das kann ich mir überhaupt nicht vorstellen. Keine Menschen auf der Bühne? Also nee. Ach nee. Ach nee.« Dann haben wir Kaffee getrunken, Kekse gegessen, und dann ist sie wieder abgezogen. Und zwei Tage später habe ich zu meiner Frau gesagt: »Sag mal, das ist ja ein toller Stoff. Wenn ich das nicht mache, macht das ein anderer. Dann mach ich es lieber selber.« Also hab ich sie angerufen und ihr gesagt, daß ich an dem Stück interessiert bin. Im Moment steckte ich in der Arbeit, Verpflichtungen, und wenn das vom Tisch wäre, dann brauchte ich Abstand. »Mit Schlagern ist da für Ihren Stoff nichts zu machen. Aber ich hab ja Musik studiert, ich kann auch anders. Wenn ich bis Ende des Jahres soweit bin, dann nehme ich mir zwei Monate Zeit und schreibe die Musik für Ihr Stück.«

Sie war einverstanden, und es vergingen vier Monate, der Januar kam näher. Ich rief sie wieder an, und wir verabredeten uns. Ich sagte: »Nun möchte ich das Libretto sehen.«

»Das Libretto gibt es nicht«, sagte sie.

»Wonach soll ich denn dann komponieren?«

»Ich habe das ganze Stück im Kopf. Der Anfang geht so ...«

Ich sagte: »Das nützt mir überhaupt nichts. Ich brauche Seiten, wo was draufsteht. Schließlich muß ich wissen, was passiert. Das müssen Sie mir schon aufschreiben.«

Also ist sie wieder losgezogen und hat dann auf ihrer Schreibmaschine Seite für Seite getippt und mir geschickt, und ich habe das Stück komponiert. Von zwei Monaten war nicht mehr die Rede. Es hat sich hingezogen. Ende März haben wir das Stück langsam zum Ende gebracht, aber nur als Skizze, bis ich gesagt habe, jetzt ist Schluß, nichts wird mehr geändert, jetzt bleibt es so, wie es ist. Ich mußte mich an die Partitur machen.

Am 6. Juni 1981 habe ich mich mit Angret auf die Wiese gesetzt, und wir haben eine Flasche Sekt auf unser Stück getrunken. Wir waren der Meinung, es ist wunderschön. Aber was machen wir nun damit?

Die Autorin war außergewöhnlich klein und emsig, sie glich wirklich einer Ameise, und so habe ich sie immer genannt. Das Stück hieß »Gesang der Grille«, und es kamen unheimlich viele Ameisen in ihm vor.

Die Ameise sagte: »Ich habe doch Theaterwissenschaften studiert und bei Felsenstein im Archiv gearbeitet. Die Komische Oper kenne ich sehr gut, dort rufe ich an und mache einen Termin für uns.«

Mir war das recht. Ich hatte ja Zeit. Bei Amiga konnte ich wegen des großen gelben Autos sowieso keine Platte machen, und wir kriegten einen Termin, abends um sieben Uhr in der Komischen Oper, Betriebseingang Friedrichstraße. Nun kam in dieses vornehme Haus der Komponist von »Sing, mei Sache sing«, und der mit seinem klotzigen Auto will uns eine Oper andrehen.

Ich habe mit der Ameise oben in einem Zimmer gesessen. Fünf Leute waren anwesend, als ich am Flügel das ganze Stück Primavista vorgetragen habe. Danach machten die Herren lange Gesichter, berieten sich.

Der Direktor des Tanztheaters, Herr Dr. Köllinger, war dafür, ein anderer wiegelte ab und wußte nicht, auf welche Seite er sich schlagen sollte. Aber drei waren dagegen, amtlich dagegen.

Später bekam ich einen Brief, in dem uns der damalige Chefdramaturg, Herr Genzel, mitteilte, daß sie unser Stück gegen Alban Bergs »Lulu« und Aribert Reimanns »Lear« abgewogen und wir den kürzeren gezogen hätten. Danke, Herr Genzel. Das Schreiben vom Chefdramaturgen des Metropoltheaters, Herrn Siebert, war noch haarsträubender!

Da war nun unser Traum geplatzt. Die Zeit verging. Nach dieser Enttäuschung erkrankte die Ameise schwer. Die Krankheit schritt fort, und es wurde ein hoffnungsloser Zustand. Mir tat es so leid, daß sie ihr Stück nie auf einer Bühne sehen sollte. Andererseits hatte ich alle Hoffnung darauf aufgegeben.

Dennoch habe ich eine alte Beziehung aufleben lassen und den damaligen Intendanten des Metropoltheaters Peter Czerny, der vorher Generaldirektor der Generaldirektion für Unterhaltungskunst – o Gott, was für ein bombastischer Name! – war, gemeinsam mit dem Dirigenten Günter Jossek nach Biesdorf gebeten, habe ihnen mit aller Leidenschaft das Stück gezeigt, und wir haben darüber gesprochen. Ein bißchen vorgespielt, ein bißchen vorgelesen und Jossek in Feuer und Flamme gebracht. Der sagte: »Ich seh das schon, ich mache das.«

Peter Czerny war auch der Meinung, das Stück müsse an seinem Haus aufgeführt werden. Nach 14 Tagen bekam ich eine Aufforderung, ins Metropol-Theater zu kommen mit dem Stück. Ich kam in den Speise- oder Ballettsaal, dort stand ein Flügel. Ich wurde gebeten, das Stück vor etwa 20 Leuten vorzuspielen. Das habe ich getan, ohne zu verstehen, was das eigentlich sollte. Nach der Absprache war die Nummer für mich schon gelaufen, ich wollte die Premiere haben, damit die Ameise sie noch erleben kann.

Am Metropol-Theater in Berlin habe ich das volkseigene System noch einmal neu gelernt. Der Intendant kippte um, redete lauter Zeug, das ich nicht verstanden habe. Jossek war plötzlich auf einer ganz anderen Seite. Anwesend waren Korrepetitoren, Ballettmeister, der Schauspieldirektor, Leute aus der Requisite oder für den Ton, jeder, der in diesem Stadium hier gar nichts zu suchen hatte, aber Meister oder in irgendeinem Teilbereich ein Leiter war. Sie alle waren anwesend, und laut Gewerkschaft hatten sie alle ein Mitspracherecht.

Später erfuhr ich, die haben fast jede Premiere zerredet und sich damit ihren Gesamtfrust von der Seele gemeckert. Ich dachte, irgendwann muß doch Czerny mit der Faust auf den Tisch hauen und sagen, ich bin der Intendant, und ich mache das Stück, oder wie mir soeben einfällt, mache ich es nicht. Aber doch nicht Czerny. Und ich hätte es wissen müssen. In der DDR war wenig demokratisch, aber Theater war eine Spielwiese für sozialistische Demokratie. Die Partei hat ebenso wie die Gewerkschaft mitgeredet, der Sowjetische Freundschafts-Obmann, jeder Bürohengst konnte seinen Senf dazugeben.

Bloß raus hier, dachte ich, und kein Wort weiter.

Der Zustand meiner kleinen Ameise verschlechterte sich weiter. Ich habe zu meiner Frau gesagt: »Jetzt gibt es nur noch einen Weg nach vorn. Jetzt muß es unbedingt losgehen.«

Die Ameise hatte nicht nur an der Komischen Oper gearbeitet, sondern danach auch in Halberstadt. Ich habe mich kundig gemacht, wer der Intendant ist, habe dort einen Termin vereinbart und bin mit meinen großen Auto nach Halberstadt gefahren.

»Guten Tag«, hab ich gesagt, »ich habe hier ein Stück nach einem Libretto von Gerda Mahlig, die hat bei Ihnen am Haus gearbeitet, und ich will eine Premiere haben.«

Da witterte der Intendant Herr Krug Morgenluft. Ein Nationalpreisträger (mit einem großen Auto, ja, Scheiße, es war so) aus Berlin, ich krieg das Stück, das kann nur nützlich sein, da kommen neue Beziehungen. Sie haben das Stück genommen. Weil ich dann aber zu lange nichts hörte, bin ich mit Angret nach Halberstadt gefahren. Natürlich angekündigt, ich wollte ja wissen, was die dort machen. Das interessierte mich als Anwalt der Ameise. Die lag hilflos im Krankenhaus, mit ihrem Darmkrebs, und keiner kümmerte sich. Eine Probe konnten wir nicht sehen, aber eine Orchesterprobe hören. Die machte Dieter Klemm, der jetzt am Friedrichstadtpalast ist, ein hervorragender Musiker. Er hat mit dem hundsmiserablen Orchester wie um seine Seele gekämpft. Und sich hinterher noch bei mir entschuldigt, entnervt, und gesagt: »Mensch, was soll ich denn hier machen? Es ist furchtbar.«

Natürlich war er dort völlig unterfordert, und es hat ihn dann nichts gehalten. Bei der Orchesterprobe wurde mehr gesprochen als gespielt. Wir sind etwas bedeppert wieder nach Hause gefahren. Aber schließlich erreichte uns doch die Einladung, die Premiere war angekündigt. Sie kam leider zu spät. Zwei Monate vorher ist Gerda Mahlig gestorben.

Trotzdem wollten wir die Premiere machen. Ich habe den in unsere Familie eingeheirateten Hans Barlach, den Enkel von Ernst Barlach, mit Familie eingeladen, alle unsere Freunde, ob Ärzte oder den Filmkomponisten Karl-Ernst Sasse, großer Kollege. Wir sind mit fünf Autos nach Halberstadt gefahren, hatten uns vorher im »Weißen Roß« Zimmer bestellt.

Neulich bekam ich meine Stasi-Akte, darin ist sogar zu lesen, wer in welchem Zimmer geschlafen hat im »Weißen Roß«. Das fanden die erwähnenswert.

Der Vorhang ging zur Premiere auf, und ich sah Ameisen mit Teesieben vor den Augen und dachte: Um Gottes willen. Herr Krug hatte eine kurze Zeit bei Brecht hospitiert und wollte nun dieses Stück durch Metaphern verfremden. Trotzdem brachte nach 18 Minuten das Lied des Glühwürmchens spontanen Szenenapplaus, und ich hatte unnötig Blut und Wasser geschwitzt und wurde immer glücklicher, denn das Stück funktionierte, und wir hatten 13 Vorhänge.

Die Suchscheinwerfer entdeckten mich im Publikum, ich mußte auf die Bühne, mich verneigen und Blumen entgegennehmen. Ich hasse das, es war peinigend.

Anschließend haben wir in der Kantine die Premiere gefeiert. Ich war der Gastgeber. Die Leute dort verdienten am Theater wenig Geld, es war auch damals eine ziemlich arme Gegend, und die Gagen waren beschämend niedrig, für Schauspielerinnen noch geringer als für die Männer. Wahrscheinlich war es für alle ein reines Zuzahlgeschäft.

Weil er nicht reichte, hat der Kantinenchef noch Wein von zu Hause geholt. Es war schön, es war zünftig.

Das Stück lief eine Spielzeit lang und irgendwann bekam ich eine Tantiemen-Abrechnung über 137 Mark. Das wars.

Nach einem Jahr habe ich im Komponistenverband verlauten lassen, ich würde diese Inszenierung gern im Metropol-Theater in Berlin sehen, zur Biennale, gerade dort, wo das Stück abgelehnt worden war. Wär doch passend, als Beispiel einer Kinderoper oder eines Kindermusicals.

»Guter Gedanke, so etwas haben wir gar nicht im Programm. Wir werden die aus Halberstadt ranholen.«

Also wurden sie rangeholt. Die kamen auch gerne nach Berlin, und ich habe wieder alle Freunde eingeladen. Aber das Stück war seit langem nicht mehr auf dem Spielplan. Man hatte das in Halberstadt auch nicht so ernst genommen. Schon mal geprobt, oder angeprobt, bißchen poliert? Nichts!

Die Einladung nach Berlin stand, und Berlin war begehrt. Da gab es im Delikat- und in anderen Läden alles, was es in Halberstadt nicht gab. Also schwirrten die Eingeladenen gleich nach der Ankunft aus, um ihre Zettel abzuarbeiten. Nach der Devise: In der Republik gibt es nichts, in Berlin gibt es alles. Also auf zu den Adressen der Geheimtips, ins Exquisit und in die Leipziger Straße.

Auch in Berlin fand also keine Probe statt. Man hatte sich bloß einmal die Bühne angeguckt, kennt man doch alles, sind doch Profis, also fünf Minuten Stellprobe, das reicht.

Und dann wurde das Stück gespielt. Es war eine Katastrophe, und ich habe mich so geschämt, daß ich mit meinen Gästen still und heimlich das Theater verlassen habe in der Hoffnung, daß mich niemand erkennt. Von da an war das Stück eigentlich für mich gestorben. Aber dann habe ich aus Ärger gesagt, so kann das nicht gehen. Hier kriegen alle möglichen Leute über den Verband Auftragswerke, ob die fertigen Werke dann gehen oder nicht. Ich schreibe auf eigene Kappe ein Stück und kriege überhaupt kein Geld. Ich fragte den Intendanten: »Na, was bezahlt ihr für das Stück?«

»Wieso denn? Wir brauchen das Stück nicht zu bezahlen. Das gibt es doch schon. Es gibt Aufträge an Autoren, die schreiben in unserem Auftrag ein Stück, so wie wir es haben wollen. Im Vertrag steht dann, der Autor kriegt 5000 Mark. Aber Ihr Stück haben wir nicht bestellt. Das gibt's, genau wie die Zauberflöte. Die müssen wir auch nicht bezahlen.«

Also hatte ich ein halbes Jahr umsonst gearbeitet und der armen Ameise noch 10000 Mark gepumpt, damit sie ihre Miete bezahlen konnte. Sie war allein und bettelarm. Schwamm drüber, weg ist weg. Ich hatte es gern gemacht und fühlte mich trotzdem über den Tisch gezogen.

Ich erkundigte mich bei einem Kollegen: »Was nimmst du für ein abendfüllendes Werk mit Ballett, Chor, Solisten und Orchester, was kostet das bei dir?«

»Ungefähr 20000 Mark.«

Ich habe zu Angret gesagt: »Die will ich haben.«

»Von wem denn?«

»Das werde ich sehen.«

Also ging ich ins Kulturministerium und habe gesagt, ich möchte das Geld haben. »Nee, von uns gibt es nichts. Das ist ja kein Auftrag gewesen. Es gibt in der DDR nur Auftragswerke.«

Ich sagte: »Wenn ihr mit euren Aufträgen so weitermacht, dann habt ihr im Jahr 2000 nur noch Dreck und Müll und Schrott, aber keine Kultur. Ein Stück muß man von innen heraus machen, nicht von einem Auftrag her, den sich sonstwer ausdenkt. Man kann so ein Stück auch mit links abarbeiten, kassiert die Kohle, es wird aufgeführt und weggeschmissen, das hält sich doch nicht, das ist doch Mist.«

Richtig, richtig, aber Geld hat er nicht. Für solche Zwecke nicht. War ja gar nichts abgesprochen.

Ich habe mich bei Ursel Ragwitz im Zentralkomitee angemeldet, vorher hatte ich mit ihrem Abteilungsleiter Dr. Hagen besprochen, ob das möglich sei. Dem armen Kerl war seine Ehefrau unter Hinterlassung der kleinen Tochter mit einem holländischen Schlagersänger in den Westen abgehauen. Frau Ragwitz hat ihm beigestanden, aber für Jahrzehnte war seine Karriereleiter sehr kurz. Ich kriegte meinen Termin bei ihr. Ihr Mann – ihre späte Liebe und Hochzeit – war in Leipzig an der Musikhochschule mein Theorielehrer. Sie wollte wissen, worum es geht, und ich habe ihr die ganze Geschichte erzählt. Sie meinte, Moment, da bin ich überfragt, ich hole einen Fachmann.

Ich habe die ganze Sache noch einmal erzählt. So geht doch keine Kulturpolitik, habe ich gesagt. Daß man ein Stück schreibt, und hinterher sagt jeder, das kostet nichts, weil man es mit Liebe gemacht hat. Die Autoren müssen doch auch Butter und Brot bezahlen.

»Also, worum geht es konkret?«

»Ich will 20000 Mark für mein abendfüllendes Stück haben.«

Frau Ragwitz traf eine Anordnung. Bause hatte einen Schuldschein von der verstorbenen Librettistin, und die Arbeit, Bause hatte 20000 Mark vom Kulturministerium zu kriegen.

Die haben sich das Geld von der AWA geholt, der Anstalt zur Wahrung von Aufführungsrechten, war klar.

Ich habe das Stück für meine Enkel in den Schrank gestellt. Irgend jemand soll das erben.

Dann kam die »Wende«, das große Loch, aber irgendwann ging es wieder aufwärts. Da habe ich den Chef von Schott in Mainz angerufen, einen der größten Verleger in Deutschland. Der hat sich in Berlin mit mir getroffen und das Stück mitgenommen.

Vor ein paar Wochen habe ich ihm geschrieben, daß er das Stück nun schon sechs Jahre lang in seinem Haus habe und genau so lange sei Schweigen im Walde. Und ich denke, in meinem Bücherschrank ist das Stück dann wohl besser aufgehoben als bei ihm.

Ich werde nichts mehr tun, da müßte schon einer kommen und das Werk dringend haben wollen.

Im Stück singt die Grille, der Amadeus: »Es gibt so viele Dinge, die man nicht zählen kann / es gibt so viele Dinge, die man nicht messen kann. / Will man die Dinge wiegen, dann bleibt die Waage leer / doch wenn die Dinge fehlen, dann wiegen sie sehr schwer.«

17. Schlagergeschichten

EIGENTLICH HAT JEDES LIED seine kleine Geschichte, auch jeder Schlager. Ein Beispiel: Wie ich schon erzählt habe, stand mir anfangs als einer der wenigen mit Rat und Tat der Walter Eichenberg zur Seite. Was lag also näher, als für seine Frau Helga Brauer, zu der wir bis zu ihrem Tod ein sehr persönliches Verhältnis hatten, als kleinen Dank ein Lied zu machen.

»Singen macht Laune« wurde für sie ein Erfolg. Siepe, selber Erfolgskomponist und Tonmeister bei Amiga, war mit Britt Kersten verheiratet. Was lag also näher, als für Britt Kersten zu komponieren? »Einmal fang ich dich ein ...«

Aber für jemanden ein Lied zu machen, das ist noch keine Geschichte, dazu gehört mehr.

Als ich für »Klock acht, achtern Strom« geschrieben habe, lernte ich auch viele ausländische Interpreten kennen. Diese Sendungen lebten ja davon, daß Künstler aus Polen, Lettland, aus der SU, der CSSR sowieso, aus Ungarn, Bulgarien und Rumänien in ihnen auftraten. Ich war einer der ersten, die für Szuza Koncz ebenso wie für viele andere schrieb.

Eines Tages kam auch eine Schwedin, Nina Lizell. Ich sollte für sie ein Lied schreiben: »Gehn Sie längs, achtern Strom.« Noch ein zweites Lied, das habe ich im Rundfunk aufgenommen, da kam zufällig der Redakteur Manfred Gustavus vorbei. Ich konnte dieses Lied wegen seines saublöden Textes nicht leiden. Aber die Zeit drängte, da war nichts mehr zu ändern und »Der Mann mit dem Panamahut« schob seinen Hut ins Genick und sang sich ein Liedchen vom Glück – nee, also nee. Manne Gustavus fragte: »Ist das für ›Klock achtern‹, ach das ist ja Mono, mach mir doch mal 'ne Stereo-Mischung. Hol ich mir nachher ab.« Damit war ein Hit geboren, was meine Abneigung gegen dieses Lied, das plötzlich zum Ohrwurm wurde, nicht verringerte.

Da es aber eine Geschichte ist, geht die Sache weiter. Als Nina Lizell wieder im Westen war und überall ihren Mann mit dem Panamahut schwenkte, kriegte sie eine Einladung von einem

ZDF-Team für eine Reise nach Amerika auf eine Luftbase der Nato-Streitkräfte der Bundesrepublik. Dort waren deutsche Starfighter-Jäger stationiert. Das ZDF machte über die einen Film. Um den Leuten nun ein bißchen Truppenbetreuung zu bringen, nahmen sie die hübsche Nina Lizell mit, die besang nun dort den Mann mit dem Panamahut.

Das ist dann natürlich von den richtigen Leuten in der DDR gesehen worden. Damit hatte sich diese etwas unbehagliche Sache erledigt. Das Lied wurde gesperrt, die Sängerin auch, Feierabend.

Aurora Lacasa ist eine Interpretin, die ich immer gemocht habe, da stand eine Persönlichkeit am Mikrofon. Ich habe sehr gern für sie geschrieben. Nach dem schönen Text von Demmler »Wenn die Wandervögel ziehn« und Schneiders »Winter am Meer«, das sind Beispiele.

Wenn ich mit unseren »Zigeunern« gearbeitet habe, dann gab es keine Geschichten, sondern nur harte Arbeit Ton an Ton, weil die Intonationen nun wirklich, aber egal, auch das hat sich gelohnt.

Für »Wie viele Wege« sollte Manuela aus Westberlin eingekauft werden, aber das stimmte so nicht, ihr Manager wollte bloß öfter mal nach Ostberlin, und zwar mit einem Visum, weil seine Mutter in der Nähe von Wandlitz wohnte. Um sich das zu ermöglichen, hat er Manuela an Amiga verdealt. Siebholz und ich haben jeder einen Titel gemacht und wochenlang aufgenommen, damit der oft genug seine Mutter besuchen konnte.

Karel Gott habe ich nachts Unter den Linden bei einer Nachfeier von »Ein Kessel Buntes« kennengelernt. Sein Bandleader Ladislav Staidl wollte von mir ein Lied für Karel. Hab ich mit Schneider zusammen gemacht, es kam auf eine LP mit dem Titel »Mistral«, wurde gleichzeitig in der CSSR und bei Amiga veröffentlicht, auch in der Bundesrepublik, es war nur auf der Platte zu hören.

Das sollte der Anfang einer Zusammenarbeit sein. Wir haben oft telefoniert, Termine gemacht, um uns in Prag im Haus von Karel Gott zu treffen.

Zum verabredeten Datum bin ich mit Angret nach Prag gefahren. Das war damals ziemlich beschwerlich auf den überfüllten und zum Teil sehr schlechten Straßen. Wir waren pünktlich dort. Aber auf unser Klingeln öffnete erst niemand und dann der alte Vater des Sängers Karel Gott. Nein, Karel war nicht in Prag, der war irgendwo in der Welt. Damit hatte sich die Sache erledigt, Karel Gott fand in unserem Hause nicht mehr statt. Keine Entschuldigung, keine Erklärung, so etwas war uns noch nie passiert.

Mit Hauff und Henkler war die Arbeit auch sehr schwierig. Nicht mit Monika, die ist ein lieber Mensch, aber mit Klaus-Dieter wurde aus der Arbeit die reine Fron. Wir haben eine Country-Platte gemacht. Da habe ich Haare, Lust und Laune gelassen und dann die Finger davon.

Ein Fall besonderer Art ist und war »Lippi«. Ein durchaus begabter Mensch, der zudem immer Glück gehabt hat, immer neue Chancen kriegte. Aber er hat keine ernst genommen. Immer sah er in der Chance schon die ganze Arbeit, und so läßt sich eben aus Anfängen nichts Fertiges machen. Er hatte eine Sendung im Kinderfernsehen, »Hey, du«, wir haben Kinderlieder für ihn geschrieben, immer wieder angesetzt, immer wieder versucht, aus ihm einen erwachsenen und für seine eigene Arbeit zuständigen Mann zu machen. Aber gelungen ist uns das nicht. Als hätte er keine Ohren am Kopf, als dringe Gesagtes nicht wirklich in ihn ein.

Er ging zu Murmel Fritzsch, weil der gerade einen Hit hatte. Für »Tutti Paletti« hat er alles andere hingeschmissen. Er hat jede Sendung mit links gemacht, ohne die nötige Vorarbeit, alles oberflächlich, wird schon gut gehen. Selbst »Wetten daß …« hat er nicht ernst genommen. Es war wohl für ihn eher die Bestätigung, daß wir alle unrecht hatten und sieh mal, was ich kann. Wenn die Sonne schien, hat er mitgelacht und nicht auf die Löcher im Boden geachtet.

Sein größter Fehler war seine sagenhafte Unpünktlichkeit. Einmal saßen wir im Studio und haben auf ihn gewartet. Da kam die Studiofrau und fragte: »Auf wen wartet ihr hier die ganze Zeit?« Auf Lippi natürlich. »Lippi? Den habe ich gera-

de in Wilhelmshagen in der Kaufhalle gesehen. Der kauft ein.«
Dann wird er wohl nicht kommen, oder um Mitternacht, aber
wahrscheinlich nie. So wie er mit der eigenen Zeit nicht sinnvoll umgehen konnte, hat er auch die seiner Kollegen nicht
respektiert.

Also rede ich lieber über unsere jüngste Tochter, über Inka.
Nach unserem Wegzug aus Leipzig, als wir noch im Studentenwohnheim wohnten, wurde sie im Friedrichshain einge-
schult. Eines Tages wurden wir dorthin bestellt. Die Schule
hatte einen wunderschönen Namen, ganz leicht zu merken:
Oleg-Koschevoi-Oberschule.

Uns wurde erklärt, da seien Leute aus der Musikschule Friedrichshain, die machen ein Experiment. Sie suchen Kinder aus
der ersten Klasse, die bereit sind, bei ihnen Geige spielen zu
lernen. Es wurden viele getestet. Unter den letzten ausge-
wählten Schülerinnen war dann Inka. Sie mußte anfangs zweimal in der Woche von der Singerstraße in den Friedrichshain
gebracht werden, in die Musikschule, später von Biesdorf aus.
Inka hat acht Jahre lang Geige gelernt und für dieses Instrument einen Abschluß gemacht und im Stamitzorchester als
jüngstes Mitglied die zweite Geige gespielt. Aber sie wollte singen. Wir hatten zur Bedingung gemacht: Erst den Abschluß,
dann singen. Das kannten unsere Töchter von früher Kindheit an nicht anders. Was man anfängt, wird zum Ende
gebracht, ob es einem zwischendurch paßt oder nicht.

Ich hab ihr dann gesagt: »Hör mir zu. Ich kenne zu viele Sänger, die ins Studio kommen und keine Ahnung haben von dem,
was da passieren soll. Singen geht nur mit Klavierunterricht.«
Also kriegte sie privat Klavierunterricht, bei Frau Schneider in
der Musikschule hatte sie Gesangsunterricht. Sehr früh kam
in der Schule die Frage nach dem Berufswunsch. Weil doch
jeder in der DDR eine Berufsausbildung haben mußte. Wer
selber keine fand, kriegte vom Staat eine vermittelt, vielleicht
nicht der Traumberuf, aber erst mal eine Lehre.

Unsere Tochter Inka hat gesagt, sie will singen. Das hat bei
mir großes Unbehagen ausgelöst. Wenn die jetzt Titel von mir
singt, dann denken andere Sängerinnen, daß sie nur noch den

Schruz kriegen, den meine Tochter übrigläßt. Das ist unseriös. Da wird nichts draus. Ich bin in der Familie der Mann, der die Schlager macht. Ich hab mir was aufgebaut, das lasse ich mir jetzt nicht zerstören.

Wir nahmen im Studio in Wilhelmshagen Lieder auf und hatten gerade Feierabend gemacht, als ich in der Tür meine Frau und Inka traf. Es war nicht besonders intelligent, sie zu fragen, ob sie mich abholen wollen. Mit dem Auto? Wo ich selber mit dem Auto dort war?

Sie wollten nichts von mir. »Wir haben hier einen Termin mit Klaus Schmidt ausgemacht. Zur Mikrofonprobe für die Aufnahmeprüfung an der Hochschule.«

Gehen konnte ich nicht, also hab ich mich hinten in die Kantine gesetzt, zu Martin Schreier und zu Peter Meyer von den Puhdys, wir haben gequatscht, und ich habe getan, als ob mich das interessiert. Draußen wurde gesungen, »Spielverderber«. Ein Titel, den ich für Kerstin Roger gemacht hatte, aber sie fühlte sich für den Text schon zu alt, sagen wir, zu erwachsen. Einen anderen Text wollte Schneider zu der Musik nicht machen. Zur jüngeren Inka paßte er. Die Frauen hatten das Urband mit, und Inka hat gesungen. In der Kantine diskutierten wir inzwischen, ob man so was in der Familie macht oder nicht macht, und ich habe allen erklärt, wir sehr ich dagegen bin. Aus vielen Gründen. Die anderen ergänzten sich gegenseitig in ihrer Meinung, ich müsse es machen und was das denn für 'ne Haltung sei. Wenn du es nicht machst, macht es ein anderer. Willst du, daß andere deiner Tochter die Musik vorschreiben?

Ich habe gesagt: »Nee, dann mache ich es lieber alleine.«

Und so ist es gekommen. Wir haben es dann »alleine« gemacht. Ich habe Evelyn Matt die Aufnahme vorgespielt, ich wollte ihre Meinung. Sie sagte: »Oh, das klingt ganz nach dem, was wir brauchen. Wie alt ist denn die Sängerin?«

»Im Moment ist sie noch fünfzehn.«

Das fand sie wunderbar. »Unsere Sängerinnen studieren alle viel zu lange, bis sie endlich auf die Bühne kommen. Viel zu spät. Wenn die mit 25 endlich ein Lied aufnehmen, sind sie schon alte Mütter. Die sind doch für 18jährige Soldaten kein Zielpunkt mehr. Da gucken die nur auf Nena, die ist jung, aber die dürfen sie bei der Armee nicht hören. Wer ist denn die auf deinem Band?«

Ich sagte: »Nimmst du sie, oder nimmst du sie nicht?«

Sie sagte: »Ich nehme die. Aber wir müssen mit ihr nach Karl-Marx-Stadt, zur Silvesterproduktion. Ich stell sie vor die Kamera. Die muß ich sehen, vorher kann ich nichts dazu sagen. Das Lied und die Stimme nehme ich so, wie es ist.«

Ich sagte: »Du kennst sie. Es ist meine Tochter. Inka.«

Mitte November sind wir nach Karl-Marx-Stadt gefahren, zur Fernsehaufzeichnung. Der Kameramann wurde eingeweiht, der Saal geräumt, Inka vor die Kamera gestellt. Inka tanzte, hatte eine chicke Klamotte an, sang ihren »Spielverderber«. Winne Täubner, der Regisseur, schrie: »Shooting-Star 84.«

Es kam so. Wäschekörbe voller Briefe, nicht mehr zum Rundfunk, sondern zu uns nach Biesdorf. Die Post überflutete uns. Mindestens drei Viertel der Zusendungen kamen aus Armeekasernen, aus Torgelow, Eggesin und aus allen vier Windrichtungen. Verständlich, sie war unter 18, das war einer der Gründe.

Wir haben die Arbeit dann ernsthaft betrieben, eine erste und dann die zweite LP gemacht, mit »Es ist Sommer« und anderen Liedern, die gerade bei jungen Leuten zum Hit geworden sind. Aber es gab ja auch noch andere Interessenten.

Einmal klingelte das Telefon. »Ich hätte Sie gern besucht. Im Moment bin ich in Leipzig, und ich hätte großes Interesse, mit Ihnen zu sprechen. Mein Name ist Roy Black.«

Witzbold? Scherzkeks? »Na gut, kommen Sie, morgen mittag um eins.«

Pünktlich fährt am nächsten Tag ein großer dunkelbrauner Mercedes vor, ein strahlender, gutaussehender großer Mann kommt herein, Roy Black. Kaffee, Kekse, Zucker, Sahne. »Ich hätte den Kaffee gern mexikanisch.«

»Wie geht der?«

»Haben Sie Kognak?«

»Ja, natürlich.«

Also einen Kognak, davon kippt er sich einen Schluck in den schwarzen Kaffee, meint, das sei mexikanisch, na wunderbar. Und was will Roy Black von mir?

»Also wissense, ich weiß von der Epstein, die macht Tourneen in der DDR, der Cordalis auch. Und dann gehen die hin und holen sich eine Zollbescheinigung. Die kaufen sich Meißner Porzellan, ein Klavier oder lassen sich bei Förster einen Flügel bauen, alles für die Ost-Gage, und die können sich alles ohne Zoll mit in den Westen nehmen. Ich hab Familie, ich möchte auch, daß mein Geld hier im Osten bleibt, daß ich hier verdiene, und ich möchte auch im Neptun Urlaub machen für Ostgeld, ich möchte auch Meißner Porzellan und auch ein Klavier haben.«

»Und wie wollen wir das machen?«

Da sagt er: »Ich hab 'ne Idee. Als ich mich kundig gemacht habe bei Ihnen im Lande, wurde mir immer und überall gesagt, wenn du was Sicheres machen willst, dann geh gleich zu Bause, der hat die Lieder, und der kann was machen. Nun sitze ich bei Ihnen und möchte drei Langspielplatten machen. Eine mit Volksliedern, eine mit Weihnachtsliedern und eine mit Schlagern. Die nehmen wir bei Ihnen im Amiga-Studio auf, weil die eine 24-Spur haben und das beste Studio sind, technisch gesehen. Ich bringe die Bänder dazu mit, und die Platten werden in der DDR veröffentlicht. Aber vorher nehme ich die Aufnahmen mit nach München. Gemischt werden die im großen High-Techstudio. Wir mischen in München besser, aber bei Ihnen ist andres besser, das ganze Instrumentarium, das sinfonische Orchester, alles viel billiger. Und dann machen wir das so: Ich möchte im Westen die Platten veröffentlichen lassen, und für die, die im Osten verkauft werden, möchte ich Lizenzgebühren, wie ich das von drüben gewöhnt bin.«

Ich weiß nicht mehr, ob er nicht zwischendurch doch mal ein Komma oder einen Punkt machte, aber die Gedanken waren alle fertig gebündelt in seinem Kopf.

Na toll, wenn das alles klappt? Ich habe mir sofort ausgerechnet: Drei LPen mit Roy Black, nur in der DDR, soviel Geld können wir gar nicht stapeln. Roy Black war zu dieser Zeit frei im Laden verkäuflich, da muß man pro Platte mit 500000 Stück rechnen. Also 1, 5 Millionen Platten, Wahnsinn.

Ich habe ihm dann erklärt: »Lieber Herr Black, da kann ich Ihnen leider nicht helfen. Sie müssen zu Amiga, zu VEB Deutsche Schallplatten, da gibt es einen Direktor, den Dr. Schäfer. Dem müssen Sie das alles erklären. Aber ich glaube schon, daß die an dem Geschäft interessiert sind.«

Einige Zeit später rief mich Herr Black an und sagte: »Herr Bause, es tut mir furchtbar leid, aber ich kann es nicht machen, aus dem einfachen Grund: Für mich bleibt nichts übrig. Im Schnitt. Weil VEB Deutsche Schallplatten nicht bereit ist, mir als Sänger eine Lizenzgebühr einzuräumen.«

Also, Kohle abzugeben. Nun wußte ich aber, daß zu dieser Zeit Interpreten wie Manfred Krug, Hauff-Henkler, Gisela May oder Frank Schöbel und andere ihre Lizenzen bekamen. Es ging immer nur um die Höhe der Prozente. Aber vielleicht gab es auch politische, kulturpolitische Gründe, vielleicht hatte Dr. Schäfer Angst vor irgendwelchen Folgen, die zu weitreichend waren für seinen Radius an Macht. Jedenfalls ist aus diesem Geschäft nichts geworden.

ACH, DAS TUT MIR ABER LEID, lieber Arndt. Wo ich mich doch so herzlich genau an die vielen kleinen Zettelchen an vielen kleinen und größeren Möbeln und Vasen und Services erinnere, auf denen immer stand: Reserviert für ... naja, Katja Epstein oder Costa Cordalis oder Nana Mouskouri oder für den Spatz aus Paris.

Die schreiende Ungerechtigkeit bestand darin, daß sie viel mehr, unvergleichlich mehr Gage erhielten als unsere landeseigenen besten Künstler. Und daß auch die mittelmäßigen unter ihnen den großen Schlußauftritt hatten, der immer dem »Größten« vorbehalten wird, auf der ganzen Welt.

Eine Bescheinigung für zollfreie Aus- oder Einfuhr kriegte zumindest meines Wissens und bis Mitte der Achtziger keiner, dem der Lastwagen unter dem Hintern zusammengebrochen war, der dringend ein Instrument brauchte, ein Gerät, das vielleicht sogar hier hergestellt wurde, aber auf dem Binnenmarkt nicht zu haben war. Kuß auf die goldene Trompete für Satchmo, soll er haben, die hat ihm niemand geneidet. Aber wie wenig sie sich aus uns allen, aus diesem »einzigartig klugen, intelligenten, kulturgewöhnten begeisterungsfähigen Publikum« wirklich gemacht haben, das konnten wir sehen, als die DDR als Wundertüte ausfiel. Haben sie nicht im Palast der Republik Triumphe gefeiert, auch wenn ihre Blüte schon ein bißchen welk war? So wunderbare Worte der Verbundenheit jedesmal, wenn sie blumenbeschwert mit Tränen kämpften.

Wie Hannibal seine Elefanten, so haben sie ihre Pretiosen durch die Schlucht gebracht, während Frau Adler in der Burgstraße offenkundig nur dazu da war, unglaubliche Summen an Zoll für berufsbedingtes Zeug zu verlangen. Sie haben kein Wort mehr über ihre »zweite Heimat« verlauten lassen, nicht dem Palast und nicht dem Publikum zuliebe.

Aber das Gedächtnis ist ein eigen Ding. Mir gelingt es nicht, den Grad der Anmaßung und späteren sofortigen Verfatzung zu vergessen. Hätte ein Sänger in irgendeinem anderen Land nicht wenigstens ein bißchen was von seinem Hund erzählt, oder vom Wetter, bevor er auf seine dreisten Absichten zur Ausnutzung deiner und der Lage der Welt kam?

Ich versteh ja alles, wenn's so auf offener Hand liegt, aber verzeihen kann ich es deswegen nicht. Aber du sagst ja: Och, wir hatten einen schönen Nachmittag, und wir haben wunderbar gequatscht.

ALS DIE »WENDE« KAM und mit ihr zugleich das große Chaos, mußten wir erst einmal einen Überblick gewinnen, was uns denn und wer uns geblieben war, auch von den Interpreten. Ich, zum Beispiel, als diese vielen Sachsen nach dem Westen abhauten. Da hab ich mir Text und Musik gemacht und wollte auch selber singen. Das Lied, das so entstand, hieß: Mein Sachse, komm wieder nach Hause.

Der Evelyn Matt vom Fernsehen habe ich erklärt, ich wolle das an die Leute bringen. Ich will meinen Landsleuten, meinen dummen Sachsen erklären, wie blöde die sind, daß sie ihr

Glück in Bayern oder Westfalen suchen. Bei uns geht's doch jetzt auch bergauf, da brauchen wir sie doch hier. Und wie ich die kenne, fühlen sie sich woanders ohnehin nicht wohl. Die müssen zurück, nach Hause.

Evelyn Matt hat mich mit meinem Lied in die Samstagabend-Sendung »Glück muß man haben« gesteckt. Ich hab mein Lied gesungen und hatte damit mein Ziel erreicht. Und dann kriegte ich alter Sachse einen Leserbrief von einer Frau, die sich beschwerte: »Herr Bause, lassen Sie das Singen in sächsischer Sprache, denn von Sächsisch haben Sie nicht die geringste Ahnung.«

Ich hatte das schon oft anders gehört und mich also über dieses ungewohnte Kompliment gefreut. Endlich bestätigte mir jemand, daß ich hochdeutsch spreche.

Dieses Lied hatte ich für mich geschrieben, andere auch für bestimmte Interpreten, aber sie sind ganz woanders gelandet. So wie der Schlager »Kleiner Vogel.« Nach einer musikalisch bedingten Text-Idee von mir hatte Schneider den Text geschrieben. Mir kam es wesentlich auf das Solo der Piccoloflöte in der Mitte der Komposition an. Das stand fest, diese Stelle war schon gepfiffen. Ich dachte, dieses Lied kann eigentlich nur Thomas Lück singen.

Schneider hörte sich die Story von dem Vogel, dem Urlaub im Süden und den Erinnerungen an, dann kam er mit dem Text und meinte, das sei aber kein Lied für Lück, sondern eins für seine Frau Monika Herz.

Es piekte mich schon, daß sein Riecher wieder funktionierte, und ich konnte mir das Lied mit Monika nicht gut vorstellen. Da ich aber ein kompromißbereiter Mensch bin und auch keine richtigen Argumente hatte, gab ich nach. Monika machte sich »ihr Lied« daraus. Es entsprach ihr, wie lieb sie es vortrug, es hatte etwas Inniges und zugleich Naives. Der Text war eigentlich nicht lustig, die Musik auch nicht besonders, wahrscheinlich war ich nur in die Piccoloflöte verliebt.

Und dann bekam ich den Anruf von Eberhard Fensch, der war Chef bei der Abteilung Agitation und Propaganda im ZK. Der hat nicht gesagt, worum es geht, das haben sie immer so gemacht, hatten Angst vor ihrem eigenen Telefon, oder man sollte sich Sorgen machen, worum es gehen könnte.

Ich war vorher noch nie im ZK gewesen. Ging also durch die Seitentür, wo der Parkplatz ist, oder war. Sah gut genährte freundliche sportliche Männer, Sicherheit. Ich legte meinen Personalausweis vor, der wurde einbehalten, dafür kriegte ich einen Passierschein. Zu Fensch wurde ich begleitet. Der, ganz jovial: »Aha, Bause. Wunderbar. Wollen Sie Kaffee trinken, Wasser, egal was, also es geht um folgendes! Lieber Kollege Bause, wir haben (das wußte ich aber schon) im Rundfunk eine Auftrags-Kampagne gemacht. Haben uns Lieder schreiben und produzieren lassen für unseren Kosmonauten Sigmund Jähn. Nun haben wir uns die 30 oder 50 Lieder angehört, können Sie sich denken, wie teuer so was ist, und nun hat Achim Hermann, unser oberster Chef, wissen Sie sicher, festgestellt, die Lieder handeln alle von Sigmund Jähn und seinen sowjetischen Kollegen, die da oben rumfliegen. Aber der Sigmund Jähn, der kommt am Sonnabend nächster Woche mit einer Sondermaschine aus Moskau in Schönefeld an. Der Genosse Honecker holt ihn dort ab und wird mit ihm in einem offenen Wagen durch Berlin fahren. Die ganze Frankfurter Allee bis zum Staatsratsgebäude, wo dann der Empfang stattfindet. Auf dieser gesamten Strecke sind Lautsprecher. Aus denen sollen die Lieder erklingen, Sigmund Jähn ist der Größte, und so weiter. Aber die handeln alle davon, wie er am weitesten weg war. Nicht, daß er wieder da ist. Diese Lieder haben wir nicht. Nicht ein einziges Lied freut sich, daß Sigmund wieder da ist. Nur, daß er oben rumfliegt und geflogen ist. Und nun bitte ich Sie, daß Sie ganz schnell drei bis fünf Lieder machen, die nur davon handeln, daß er hier ist und daß wir jubeln und daß er der Größte ist.«

Ich habe gesagt: »Herr Fensch, der kommt nächsten Sonnabend. Wissen Sie, was das bedeutet? In einer Woche sollen fünf Lieder geschrieben und auch noch produziert werden? Das schafft niemand. Schon deshalb nicht, weil die Studios verplant sind, mit Orchestern. Da kommen wir nie rein. So eine Arbeit dauert Monate.«

Er hat bloß gelacht und gesagt: »Nee, nee, der Genosse Fliegel beim Rundfunk ist schon angewiesen worden. Es wird alles, was Sie brauchen, jedes Orchester, jeder Chor, jedes Aufnahmestudio, alles wird blockiert, nur für Ihre Produktion. Sie können schalten und walten, wie Sie wollen.«

Nach Hause, Dieter Schneider sollte sich sofort hermachen. Ein Lied für Monika Herz, eins für Hauff-Henkler, immer gern gesehen bei der Obrigkeit, und eins für den Michaelis-Chor. Wir haben die Lieder gemacht. Über das Wochenende habe ich die Partituren geschrieben. Die gingen zum Notenschreiber, der hat die Stimmen rausgeschrieben. Montag früh habe ich im Rundfunk angesagt, daß ich den Michaelis-Chor, die Orchester Jürgen Hermann und Günter Gollasch, außerdem Saal 2 und was noch alles brauche. Dann haben wir aufgenommen, synchronisiert und gemischt.

Am Donnerstag habe ich angerufen und gesagt, daß die Titel fertig sind. Ich werde die im ZK vorspielen.

Meinen japanischen Kassettenrecorder sollte ich nicht mit ins Haus nehmen dürfen, da gab's erst große Umstände, schließlich durfte ich.

Ich will nur kurz einflechten, daß die Arbeit nicht zu schaffen gewesen wäre, wenn auch nur einer der Beteiligten geknurrt oder gemuckst hätte, von gestreikt nicht zu reden. Aber sie waren alle da und sehr eifrig dabei.

Ich hätte die Lieder im ZK nicht vorspielen müssen, die hatten eh keine Ahnung davon, aber ich habe sie vorgespielt, und Fensch war gieprig darauf, sie seinem Achim Herrmann vorzuspielen, zu zeigen, was er in Gang bringen kann. Die Lieder wurden angenommen, und ich hatte meinen Auftrag erfüllt. Fensch war glücklich. Er sagte: »Jetzt haben wir endlich, was wir brauchen, und ich will dir noch was sagen: Du hast eine so gute Arbeit gemacht und uns so geholfen. Wenn du mal einen Wunsch hast, dann zögre nicht und ruf mich an. Ich werde versuchen, dir jeden Wunsch zu erfüllen.«

Ein Jahr später kam unsere große Tochter aus der Schule. Eigentlich sollte sie ihr Abitur machen. Aber da hatte sich die Ideologie gerade wieder ins Gegenteil eines Fehlers gestürzt.

Als ich Glasbläser war, sollten nach Ulbricht auf dem Bitterfelder Weg alle Arbeiter auch noch große Künstler werden. Schreibende, komponierende, malende Arbeiter. Wir sollten uns qualifizieren. Ich habe mich vom Glasbläser bis zum Nationalpreisträger qualifiziert, war studierter staatsexaminierter Komponist. Nun gehörte ich zur Schicht der Intelligenz. Somit verlor meine Tochter das Privileg, Arbeitertochter zu sein und zum Abitur zugelassen zu werden. Ich habe darüber mit der Schulleiterin diskutiert, aber die hat das nicht begreifen wollen. Unsere Tochter war begabt. Meine Frau hat sich eingesetzt, so weit es nur ging. Aber es ging nicht weit. Dabei hatte auch Katrin neben dem Pensum in der Schule schon künstlerische Vorbildung. Inka wollte singen, Anja hatte Klavierunterricht und Katrin malte und wurde darin unterrichtet. Angret hat versucht, Katrin an einer Kunstschule, in Weißensee oder Ribnitz-Damgarten oder in Oberschöneweide unterzubringen. Nichts davon hatte geklappt.

Als es hoffnungslos schien, kam Angret auf die verwegene Idee, mich daran zu erinnern, daß ich Fensch aus der Patsche geholfen hatte, und wie im Märchen stünde mir bei ihm immer noch ein Wunsch frei. »Nun tu mal was für deine Tochter.« Ich habe Fensch die Lage erklärt und daß ich gekommen wär, sein Versprechen einzufordern. »Kein Problem.« Es wurde telefoniert, dann waren alle Plätze für dieses Jahr schon belegt. »Will sie vielleicht noch was anderes machen?«

Ich habe zu Hause angerufen, ob es auch etwas anderes sein könnte. »Ja, Bühnenbildner, Maskenbildner, Bühnengarderobe, am Theater oder im Fernsehen, von dort aus kann sie dann weitersehen.«

Fernsehen war dem ZK unterstellt, der Rundfunk dem Ministerrat, irgend etwas müßte doch gehen. Fensch hat beim Fernsehen angerufen, er brauche unbedingt eine Lehrstelle für einen künstlerischen Beruf. Das Fernsehen in Gestalt von Herrn Adameck konterte: »Wieso? Wir bilden hier nicht aus. Bei uns wird niemand ausgebildet.«

Also auch dort keine Lehrstelle. Was machen wir nun? Fensch sagte: »Ach, da habe ich noch was. Wir haben einen parteieigenen Betrieb, das Druckkombinat. Da könnte die Tochter erst einmal Schriftsetzer oder Drucker lernen und später allemal noch studieren.« Siegesgewiß und sogar siegesfroh bin ich nach Hause gekommen. Es kam noch ein Anruf, daß wir uns beim Kombinat melden sollen. Ich erklärte meiner Frau stolz, wir gehen ins Kombinat, und dort wird unsere Tochter Schriftsetzer.

Das ging absolut schief. Katrin wollte im Leben nicht Schriftsetzerin werden und ihre Zeit nicht mit einer ungeliebten Tätigkeit verplempern.

Soweit also das Versprechen, die gute Fee, und wie sie nicht einmal eine Lehrstelle vermitteln konnte.

In die Berufsschule mußte Katrin gehen, das war obligatorisch. Dort trafen sich noch mehr Kinder von Eltern, die sich für ihre Kinder vergeblich eingesetzt hatten. Aber selbst ein solcher Einstieg muß nicht ausschlaggebend sein für den späteren Lebensweg. Der Regisseur Leander Haußmann war auch dort. Und ich bin schließlich auch nicht Glasapparatebläser geblieben.

Gleich nach der Lehre ist Katrin dann als Kulturmanagerin ins Gaststättengewerbe übergewechselt.

Eigentlich hatten wir bei den Kindern immer den totalen Überblick. Bis eines Tages die Henne anrief: »Wo wart ihr denn gestern abend? In der Feuerwache in Marzahn hamse die erste Schönheitskönigin der DDR gewählt. Die Miß Frühling, und das ist eure Katrin.«

Katrin hatte das vor uns geheimgehalten. Sie wußte, daß wir dagegen gewesen wären. Aber nun war's ja passiert. Mich schickten die Frauen nach Westberlin, um die Bild-Zeitung zu holen, denn es hatten auch Westjournalisten geknipst. Heute hängt ein Foto von ihr in Bonn in einer Ausstellung zur deutschen Geschichte: als erste Schönheitskönigin der DDR. Klar waren wir auch ein bißchen stolz auf unser Kind.

Heute ist sie selbständig, hat eine Agentur und moderiert, hat ein Kind und einen Mann, der Musiker und Produzent ist.

Nun habe ich so lange über das Nesthäkchen Inka und die Älteste, Katrin, erzählt, daß es ungerecht wäre, nichts über unsere Mittlere zu sagen. Anja ist die Unauffälligste, Selbständigste, Selbstbewußteste. Sie hat schon früh alles selber machen wollen und gemacht. Eines Tages sagte sie zu mir: »Wenn du das nächste Mal in den Rundfunk mußt, geh bitte bei der Kaderleiterin vorbei und unterschreibe meinen Lehrvertrag. Ich lerne in der Studiotechnik.«

Prima. Ich bin dauernd im Funk und treffe dann vielleicht auf der Arbeit meine Tochter.

Eines Tages hatte sie dann wirklich in dem Studio Dienst, in dem ich meine Aufnahmen machte. Sie hat sehr genau beobachtet, wie ich meine Arbeit machte, wie ich dirigierte und die Aufnahmen leitete. Ich denke, dieses Zusammentreffen war für beide wichtig. Wir sind uns dann beruflich nicht mehr begegnet. Nach der Lehre hat sie studiert, ihren Diplom-Tonmeister gemacht, ist gleich nach der Wende nach London gegangen, um ihren Abschluß in Englisch zu machen, und ist heute freischaffende Tonmeisterin bei Film und Fernsehen. Wir sind stolz auf diese starke unabhängige Tochter.

August 2000

Liebe Anja,

mich hat das Foto verfolgt, auf dem Dein Unfallauto zu sehen ist. Nun kommen liebe Freunde an Dein Bett, vielleicht weniger Briefe, darum ein solcher Gruß von mir.

Du bist ein so lichter Mensch, welch ein Glück, und Du hast mich aus den Kissen angelacht, aber das macht den Schreck für niemanden geringer. Den Beckenbruch wirst Du ausliegen müssen, Schambeinbruch hab ich noch nie gehört, aber Dein Augenlicht und Dein Gesicht waren in Gefahr. Auch das hab ich noch nie gehört, daß jemand bei einem Unfall das Glas der Seitenscheibe und seiner Brille zusammen mit dem Airbag ins Gesicht gedrückt bekommt. Es scheint, daß die Ärzte sich sehr bemüht haben. Die vielen kleinen Narben werden verblassen, im schlimmsten Fall hilft ein Peeling, und Dein Papa hat mir gesagt, auf dem einen Auge hast Du inzwischen wieder neunzig Prozent Sehkraft.

Daß sich der alleinige Verursacher Deines tödlichen Schrecks, der Schuldige am Koma und den Schmerzen, bei dir nicht gemeldet hat, gehört wohl auch in diese Zeiten, in denen die Bürger bei uns erschreckend schnell gelernt haben, vor allem an sich selber zu denken.

Du bist die unschuldig Leidende, die auf Urlaub, Fjord und Blockhütte verzichten mußte. Und Deine Eltern sind es ebenso. Als ich mit ihnen gesprochen habe, waren sie aus aller Üblichkeit gerissen. Wie sie umgehend gehandelt haben, als der Notruf sie auf der Fahrt in den Urlaub erreichte, das ist normal. Mama im Flugzeug zum Kind, Papa mit Auto hinterher. Daß sie dann nicht von Deinem Bett wegzukriegen waren, reicht schon tiefer. Und die Zeiten, die Deine Mutter jetzt an Deinem Bett verbringt, das ist beinahe unüblich.

Weißt Du, daß mir früher der Jürgen Walter von eurer Familie erzählte, als ich euch noch gar nicht kannte? Da habt ihr noch in Leipzig gewohnt, und wenn Dein Papa sich darüber gewundert hat, daß der Jürgen euch so oft besuchte und nie nach einem Lied fragte, so hätte ich ihm den Grund nennen können. Er war beeindruckt von der Art, wie die Eltern mit ihren Kindern umgingen. So selbstverständlich von Liebe getragen, so selbstbewußt beide Seiten, das hat er wieder erleben wollen. Alles andere kam später.

Und sicher habt auch ihr Zeiten gehabt, in denen die heitere Art des Umgangs nicht durchgehalten werden konnte. Der Rand ist immer ein zerzauster Teil des Nestes. Da prägen sich eben auch die Krallen ein, nicht nur die Schnäbelchen.

Vielleicht, hab ich nach dem Besuch bei Dir gedacht, kommt es auf die Krisenzeiten in der Familie nicht so an wie auf diesen kostbarsten Teil: Wenn eins in Not gerät, sind die anderen da und stehen bei. Und haben nichts Wichtigeres vor, keine Vorwände und keine Gründe. Im kleinen Café des Krankenhauses habe ich mir Deine Mama angeguckt, ihre noch immer erschrockenen Augen, und daß sie jetzt nur auf eins gerichtet sind, auf ihr leidendes Kind. Ist es nicht so, holt es niemand nach. Niemals in der Not entsteht das, was eine Familie zusammenhält. Es wird nur wieder gebraucht, auch vom längst selbständigen Kind, auch von den Eltern, die sich abnabeln und ihrem eigenen Leben zuwenden. Wollen. Solange alles gut geht. Bis Alarm ausgelöst wird.

Ich wünschte, es hätte Dich nicht so viele Schmerzen gekostet, als

Du wieder einmal die Bestätigung für die Liebe Deiner Eltern bekamst. Was für ein unglückseliger Anlaß. Aber dann nicht einsam zu sein, das ist mehr, als die meisten Menschen kriegen. Oder empfinden, auch wenn die anderen ihr Bett umstehen. Deins sieht aus, als wärst Du sieben und hättest gerade die Masern. Es hätte ganz anders kommen können, aber nun wissen wir, daß Du schön bleibst, und wollen schon als sicher annehmen, daß Du auf beiden Augen wieder sehen wirst, und daß am Ende auch die Narbe auf der Seele verblaßt.

Wenn man selber gar nichts falsch gemacht hat, kann man eben leider auch gar nichts daraus lernen. In gleicher Situation habe ich das als besonders schlimm empfunden. Wie ich gestern hörte, bist Du inzwischen transportfähig und kannst verlegt werden in das andere Krankenhaus. Vielleicht kann Dein Vater dort unkomplizierter parken als im Friedrichshain. Ich fands schon sehr ulkig, wie wir dauernd um die winzige Verkehrsinsel kreisten, weil es vor dem Krankenhaus Park-, aber kein Fahrverbot gibt. Wie oft hat er das gemacht, seit Du dort im Krankenbett liegst? Er, der um jeden Augenblick jammert, den er nicht bei seiner Arbeit verbringen kann.

Was Dir widerfahren ist, hat auch Deine Eltern aus ihren Halterungen gerissen.

Wenn Du Dich wieder einmal über sie ärgerst, dann denk für einen Augenblick daran, daß ihnen vor Angst um Dich beinahe das Herz stehengeblieben ist. Und dann darfst Du Dich wieder ärgern. Wir Mütter wollen unsere Töchter mit unseren Verdiensten ja nicht erpressen.

Nicht immer. Und nur, wenn es irgend möglich und auch zu ihrem Vorteil ist. Naja, ich wollte Dich umarmen, auf Deine Wunden pusten, und ich hoffe, wir sehen uns ohne so langen Abstand wieder. Dann ziehen wir über den jungen Mann her, der trotz Verbotes nach links abgebogen ist und Dich in Weißensee an die Bordkante geschleudert hat.

Deine Gisela

18. Auf Tour mit Henne

Im Januar 1986 war sie bei uns in Biesdorf zum Skat. Sie guckte in ihr Blatt und fragte unvermittelt: »Warum koofstn dir keen VW-Bus, der Strauß war doch wegen dem Milliardenkredit in Dresden, und da hat er gleich noch tausend VW-Transporter avisiert.«

Ich sagte: »Entschuldige schon, aber was soll ich denn mit einem VW-Bus?«

Sie: »Ick dachte nur. Du fährst doch wieder zum Wintersport, da brauchste deine Schier nicht mehr uffs Dach zu klemmen, kannste gleich unten reinschmeißen.«

Ich: »Also, dafür muß man doch nicht gleich einen VW-Bus kaufen. Das Ding ist teuer und groß. Wohin damit? Wir haben doch schon zwei Autos.«

Sie: »Ick dachte bloß. Und außerdem könnte man damit nach Österreich in Urlaub fahrn. Ihr wart doch schon zweemal und fahrt dies Jahr bestimmt ooch wieder.«

Ich: »Aber deshalb brauch ich doch keinen VW-Bus.«

Sie: »Aber der Mercedes ist für uns dreie und die Koffer zu kleen. Im VW-Bus könnten wir vielleicht ooch mal penn'n und sparn denn Westgeld.«

Ich: »Aber Helga, frag doch erst mal deinen Adamo, ob der dir ein Visum gibt. Und außerdem, wie stellst du dir das alles vor?«

Sie: »Janz einfach. Ich besorge mir ein Visum, du besorgst dir einen VW-Bus, und dann fahren Angret, ich und du zusammen nach Österreich in Urlaub.«

Am nächsten Tag rief Helga an: »Na, haste dein' Bus? Mein Visum kriejick.«

Also rief ich bei Bodo Zabel im Kulturministerium an: »Ich brauche einen VW-Bus.

»Kriegste nicht.«

»Warum nicht?«

»Erstens kriegen den nur Handwerker und Rockgruppen. Und du bist keine Rockgruppe und Handwerker schon gar nicht. Du bist Komponist und transportierst nur Noten.«

Ich:»Nein. Ich transportiere meine Synthesizer ins Studio und zurück.«

Bodo:»Und zweitens stehste nich off der Liste.«

Ich:»Welche Liste?«

Bodo:»Es gibt eine Liste, da stehn sie alle drauf, Puhdys, Karat, Stern Meißen usw. Und du stehst nicht drauf, also kriegst du keinen Bus.«

Das sollte es dann wohl gewesen sein. Nichts mit Bus und nichts mit Urlaub zu dritt nach Österreich.

Aber gewurmt hat's mich. Ich wollte den Bus ja nicht geschenkt haben, und in empörtem Ton habe ich bei der Arbeit im Studio Wilhelmshagen davon erzählt. Darauf sagte »unser Paul«, Lothar Kramer, Toningenieur und Pianist: »Ruf mal bei den Puhdys an. Der Peter Meyer bestellt sich immer erst mal alles, obwohl er nur Citroen will. Der hat bestimmt 'ne Vormerkung, vielleicht gibt er dir die.«

Meyer hatte, und dankenswerter Weise trat er sie mir ab. Mit der Vollmacht hatte ich beim Magistrat keine Schwierigkeiten, und eines Tages kam der Anruf, ich solle mir in Großräschen, Lausitz, meinen VW-Transporter abholen. Ich weiß nicht, warum alle, die einen solchen Schatz zugeteilt bekamen, den in der Lausitz abholen mußten. Bürokratie? Oder eine umsichtige Maßnahme, um den Neid in Grenzen zu halten? Die sagten am Telefon, früh erscheinen und Zeit mitbringen, denn die Übernahme zieht sich den ganzen Tag hin. Ich hab ein leichtes Veto eingelegt, von wegen wenig Zeit, viel Arbeit und so. »Wie war noch Ihr Name? – Bause? Sind Sie nicht der Komponist von unsrer Helga Hahnemann? Ist das unverschämt, wenn ich Sie bitte, mir eine Platte von ihr mitzubringen? Könnten Sie meiner Kollegin auch eine mitbringen?«

»Ja, das kann ich.«

»Dann melden Sie sich um zehn bei mir.«

Am nächsten Tag sind wir nach Großräschen gefahren und mit der Plattentüte an allen Wartenden vorbei ins Büro. »Ach Herr Bause, das ist ja so schöne Musik, und wir lieben doch die Helga. Schönen Dank für die Platten. Nehmse bitte draußen Platz.« Nach drei Minuten: »Herr Bause, bitte zur Kasse.«

Für 64000 MDN als Scheck hatten wir nun einen Bus. Mit drei Litern Benzin im Tank in einem Dorf ohne Tankstelle. Einen gefüllten Ersatzkanister hatten wir nicht mit und zitterten nun, ob wir bis nach Freienhufen zur nächsten Tankstelle kämen. Das war übrigens die einzige in der DDR, in der ich mit »Herr Bause« angesprochen wurde, weil die nur Ostfernsehen empfangen konnten. Ich hatte da schon einen Spezi, zu dem bin ich hin und habe gebeten, Bus und Golf vollzutanken. Und Scheibenwaschanlagenzusatz für beide Autos wollte ich haben. Es war nämlich ein Tag mit Eisregen, und die Scheiben waren ständig im Nu zugefroren. »Waschanlagenzusatz ist aus.«

Ich: »Ihr habt doch Intershop-Verkauf. Also gib mir das Zeug für Forum-Schecks.«

Er: »Auch das Westzeug ist aus.«

Wozu sich aufregen? Einer der vier Hauptfeinde des Sozialismus hatte wieder einmal zugeschlagen, diesmal der Winter.

Wir sind Richtung Berlin gefahren, haben auf jedem Parkplatz angehalten und die Scheiben freigekratzt. Man kann sein Leben auf vielerlei Arten riskieren.

Im Frühjahr haben wir dann Alustangen beschafft und über den Fenstern im Bus angeschraubt. Angrets Schneiderin machte unsere Fenster blickdicht, und also konnte es losgehen.

Zu dieser Zeit hatte ich fünf Strafstempel in meiner Fahrerlaubnis. Deswegen mußte Helga bis nach Wartha in Thüringen fahren, bis zur Grenze. Sie war eine sehr gute Fahrerin. Hinter der Grenze konnten wir wechseln, drüben galten die Stempel nicht.

Wir sind Helga zuliebe über Nürnberg nach Reutlingen gefahren und haben Ausflüge in den Schwarzwald und auf die Insel Mainau gemacht. Wir kannten das alles schon, aber für Helga war es neu. Es ging gut, so gut, daß beschlossen wurde, wir fahren zusammen nach Österreich in den Urlaub. Im Schnüreregen kamen wir am Wolfgangsee an, mit Irene, unserer Freundin aus Reutlingen, und ihren Kindern, die störrisch wurden, weil ihnen langweilig war. Also mußte Irene mit ihnen nach Reutlingen zurückfahren. Wir fuhren die Großglocknerstraße nach Fusch auf den Ponyhof, um endlich Urlaub zu machen.

Da ich nun schon zum dritten Mal dort war, habe ich mich als Reiseleiter gefühlt und für den ersten Tag einen Ausflug mit Picknick geplant, Großglocknerstraße hoch, runter zum Pasterzengletscher, um Murmeltiere zu fotografieren. Plötzlich waren beide Frauen verschwunden. Ich fand sie auf der Aussichts-Terrasse, und sie bestellten sich gerade nach Herzenslust zu essen und zu trinken. »Da ich der Reiseleiter bin, sage ich, wir machen Picknick.«

Die Weiber sagten: »Da mach doch dein Picknick. Wir sitzen jetzt hier bei herrlicher Weitsicht und essen Knödel und trinken Bier.«

Da merkte ich zum ersten Mal, daß man als einzelner Mann niemals mit zwei Frauen verreisen sollte, denn man wird immer überstimmt.

Am nächsten Morgen schien die Sonne, gut für meinen Plan: Wir fahren zum Kitzsteinhorn. Als ich vom Bezahlen des Frühstücks kam, lagen die beiden Weiber bereits in Liegestühlen auf der Wiese und sonnten sich. Sie sagten träge: »Heute wird nicht weggefahren. Heute wird gesonnt!« Ich kam mir vor wie Egon von der Olsen-Bande. Ich hatte den Plan, immer einen wunderschönen Plan, und die beiden machten nur, was sie wollten.

Also bin ich vor Wut allein in die Berge gestiegen und war erst am Abend wieder zurück. Um mich zu versöhnen, hatten sie die Skatkarten zurechtgelegt und für sich schon mal eine Flasche Rotwein besorgt. Mir hatten sie eine einzige Flasche Bier hingestellt.

ACH, MEIN LIEBER ARNDT, ich bin von glühender Schadenfreude erfüllt. Wer hat dich denn zum Reiseleiter und Chef des Unternehmens »Erholung« ernannt? Du dich selber, und das bringt ihr Männer in euren Genen mit auf die Welt: Erst mal den Plan machen, für die anderen gleich mit, und dann sehen, ob der ins Leben paßt. Auch du Friedlicher! Eine Reise planen wie einen Feldzug.

Ich kenne das auch: Der Mann an sich, in die Landkarten vertieft, die zu schaffenden Entfernungen auflisten, kleine Zettel und Drängeln im Sinn, weil ja alles abgeleistet werden muß, was sich einer zu Hause ausgedacht hat. Pause machen? Kaffee trinken? Wo wir prima noch ein Ländle angucken könnten?

Nach meiner Erinnerung war es 1978, als ich mit dem ersten Visum meines Lebens durch meine im Herzen heilig gehütete Landschaft der Kindheit gesaust wurde. Ich wollte ins Innviertel und nach Salzburg – aber da kann man doch Steiermark, Kärnten und das Waldviertel gleich noch mitnehmen, ablichten und näher kennenlernen. Wir hatten nur eine Woche, und an deren Ende hatte ich nicht einmal mehr Lust auf mein Dorf Wildenau.

Das hat sich alles sehr geändert. Aus der Hast ist Gelassenheit geworden, aus dem Tempo das Angemessene und aus dem Vorbei das Stehenbleiben und die nötige Einschränkung.

Bevor ich deine Aufzeichnungen gelesen habe, hörte ich dich in einer Mischung aus Launigkeit und Ernst klagen: »Nie mehr mit zwei Weibern in Urlaub fahren. Da haste ja garnüscht mehr zu sagen.« Ich verstehe dich, und wie. Dein Plan hatte sich verschoben, du hattest nicht so direkt vorgesehen, daß die Frauen Urlaub meinten und auf der Wiese liegen wollten, jedenfalls oft genug, und quatschen. Am nächsten Tag konnte die »Erlebnisreise Helga zuliebe« wieder losgehen.

Einmal war ich mit dem Meinen im Böhmischen, Harrachow, in einer winzigen Hütte, dem Verband der Schriftsteller und allen anderen Sparten zustehend, vom Pressezeichner bis zum Verlagsleiter. Es gab dort weder im Zimmer noch in einem separaten Raum einen Stuhl, auf dem ich beim Lesen hätte sitzen können. Das Wort spartanisch – mit Ausnahme üppiger Mahlzeiten – wäre noch milde. Es regnete nicht, das Wasser fiel gleich so vom Himmel. Dadurch waren alle Gäste ins Knusperhäusl eingesperrt. Und auch ich verweigerte den »wundervollen Aufstieg in die Höhen, gerade bei diesem Wetter«, naja, auf die nächsten drei Hütten. Im ganzen waren es vielleicht nur 20 km, aber jeder Schritt war wie Treppensteigen. Dann nicht, dann gehe ich allein. Gut eingekleidet, aussehend wie ein Schrat, machte sich der Mann mit weitausholenden Schritten in sein Abenteuer.

Als er zurückkam, durchnäßt, durchfroren, knielahm und etwas grau im Gesicht, konnte er mir noch boshaft genug erzählen, er habe in einer Baude ein ganzes Blech mit frischgebackenen Buchteln für sich allein gekriegt, und einmalige Hühnersuppe. Dann war es für die nächsten Tage mit dem Schlucken vorbei. Seitenstrang-Angina, Husten, Schnupfen, Temperatur, Schwitzen.

Und so hast du, mein Freund, böse auf die Frauen geguckt und dich dann trotzig allein in die Alpen geschickt. Es ist aber nicht nur wahr, daß ihr unsere Kräfte manchmal überschätzt. Mit den eigenen tut ihr das eben gelegentlich auch. Das allzu Männliche siedelt auch bei den gescheiten Männern immer nahe am Blödsinnigen.

Wie war das? Wenn ich recht gehört habe, verbrachten die Frauen auf der Wiese einen wunderbaren Urlaubstag, und du bist nicht ganz ohne einheimische fremde Hilfe aus den Bergen zurückgekehrt. Alles andere war natürlich genau so, wie du es sagst. Es hätte so schön sein können, im Auto, in den Burgen, Schlössern, an den Brunnen, in den Jausenbuden, auf den Straßen. Da konnte man froh sein, daß du dich am nächsten Tag wieder aufgerappelt hast, um einen neuen Versuch zu starten, deinen wunderbaren Plan abzuarbeiten.

ALS WIR HELGA das Tauernkraftwerk mit dem Obermoserboden zeigten, fuhren wir wie üblich mit dem Lärchenwandaufzug an den Felsen empor. Den Rest der Strecke fährt man mit dem Bus auf ungezählten Serpentinen und durch Tunnel, bis man oben an der Staumauer ins Freie kommt. Dort gibt es ein Hotel, rund wie ein Turm. Als wir aus dem Bus stiegen, stand dort oben, wo sonst kein Privatauto hinkommt, ein Lada mit Potsdamer Kennzeichen. Darüber waren wir sehr erstaunt. Wir konnten uns nicht erklären, wie dieser Wagen dorthin gekommen ist. Am Ufer lagen Sportboote, Einer-, Zweier- und Viererboote. Die Ruderer aus Potsdam machten in Österreich ihr Höhentraining. Als wir an der Stadtmauer entlanggingen, kamen uns mehrere Dynamo-Sportler in braunen Trainingsanzügen mit ihrem Emblem auf der Brust antgegen. Auf gleicher Höhe sagte Henne: »Hallo, Jungs!« Aber die guckten gradeaus und gingen an uns vorbei, ohne unseren Gruß zu erwidern.

Da hat sich die Helga aufgeregt. Von wegen aus Potsdam und die Hahnemann nicht grüßen.

Als wir später vor dem Hotel saßen und etwas tranken, guckte sich Helga die Landschaft an und sah zufällig am Hotel hoch. Da winkte uns einer mit seinem weißen Unterhemd, ließ aber nur den Arm und sonst nichts von sich sehen. Da fiel bei uns der Groschen: Wir waren ja in, wenn auch neutralem, Feindesland, und jede Kontaktaufnahme mit irgendwelchen Personen war streng verboten. Denn wenn so etwas das mitreisende Gummiohr mitbekommt, fällt die Teilnahme an der nächsten Olympiade ins Wasser. Wir hätten ja auch Übergelaufene, Abgehauene sein können, die jetzt die anderen abwerben könnten. Sie wollten uns aber doch kundtun, daß sie die Helga erkannt hatten. Wir haben unser »verstanden!« zurückgewinkt. Aber makaber fanden wir es schon, daß wir uns als Landsleute im Ausland nicht grüßen durften.

Ein paar Tage später fragte Helga, ob es nicht in der Nähe einen Flugplatz gäbe. Tamara Danz habe von einem Rundflug erzählt. Wär das nicht irre? Ich war dagegen, fand es zu teuer, zweihundertfünfzig DM. Aber Helga meinte: »Mitnehm' kannste nüscht, Blödi.«

Also haben wir den Rundflug über die Hohen Tauern gemacht, und ich geb zu, es war eins meiner schönsten Reiserlebnisse. An unserem letzten Tag, in München, haben mich die beiden Frauen auf dem Marienplatz geparkt. Henne brauchte Sachen für die Bühne, und meine Frau besorgte Reisesemmeln und Mitbringsel für die Töchter. Beide erschienen sehr viel später mit vollen Tüten und drückten sie mir in die Hand, mit der Bemerkung: »Das kannst du schon mal in den Bus schaffen, wir müssen noch mal los.« Es vergingen weitere Stunden. Endlich, wirklich endlich fuhren wir in Richtung Grenze. Vor dieser stiegen wir wegen meiner Stempel wieder um, Helga fuhr. Ich glaube heute noch, daß sie ab der Grenze die dreihundertvierzig Kilometer bis Schöneiche im dritten Gang gefahren ist. Aber ich durfte nichts sagen, denn ich war es ja, der verkündet hatte, daß dem Fahrer während der Fahrt nicht reingeredet werden durfte. Ich saß hinten und dachte, daß jeden Moment die Maschine wegfliegen könnte. Entweder hat sie die Geräusche nicht gehört, oder sie wollte die nicht hören. Was viel wahrscheinlicher ist.

Aber irgendwann, bei ihr in Schöneiche, oder in Biesdorf beim Skat, waren auch diese starken Gefühle wieder vergessen.

Wir haben wieder Lieder gemacht.

Dann ging die Streiterei wieder los.

Dann haben wir uns wieder versöhnt. Alles war gut.

Dann saßen wir wieder im Amiga-Studio in der Brunnenstraße. Dann sagte Henne oder die Gentzmer: »Ich hör hier 'ne Mundi.«

Dann sagte ich: »Ich höre keine.«

Dann sagte Helga, nachts um halb zwölf: »Ich rufe jetzt den Kleinow an! Ich höre 'ne Mundi.«

Dann sagte ich: »Den bezahle ich nicht.«

Helga: »Den bezahle ich!«

Dann kommt Kleinow und fragt: »Was soll ich denn blasen?«

Ich sage: »Da mußt du die Weiber fragen.«

Dann macht ihm Angela vor, wie und wo er die Mundharmonika spielen soll. Damit war meine Autorität untergraben. Dann habe ich die beiden Frauen des Studios verwiesen. Die sind nach Biesdorf zu meiner Frau gefahren und haben gepetzt: »Dein Oller hat uns aus dem Studio geschmissen.«

Meine Frau hat versucht, zu beschwichtigen: »Vielleicht hat er recht gehabt?«

Der Titel hieß: »Dit is lange her ...« Die Mundharmonika war eine echte Bereicherung. Und ich war trotzdem vergnatzt. Aber dann kam Helga wieder mit ihrem Freßkorb, dann wurde wieder Skat gespielt und alles war wieder in Ordnung. Wir waren ein Trio Wahnsinn. In einer für uns wunderbaren Zeit.

19. Die Wende

EIGENTLICH HATTEN wir in der DDR alles erreicht, was möglich, auch einiges, was normalerweise nicht möglich war, oder erst langsam üblicher wurde, wie unser Visum. Wir hatten durch den hohen Absatz unserer erfolgreichen Titel ein gutes Einkommen, konnten dadurch im Ausland Urlaub machen. All die Mühen und all der Streß hatten sich gelohnt. Es schien, als liefen wir auf gesicherten Bahnen. Die Stasi sah das nicht anders. Jedenfalls steht in meiner Akte: »Der Ermittelte ist im Wohngebiet als parteilos bekannt. Er übt dort keine gesellschaftspolitische Funktion aus und nimmt zur gesellschaftspolitischen Mitarbeit eine ablehnende Haltung ein. Im Wohnbereich sollte er bei einer Einwohnerversammlung künstlerisch mitwirken. Die Ehefrau des Ermittelten zeigte sich diesbezüglich besonders ablehnend. Politisch negative Tendenzen werden bei Bause nicht bemerkt. Eine konkrete Einschätzung seiner politischen Zuverlässigkeit konnte nicht erzielt werden, da Bause im Wohnbereich keinen politischen Standpunkt vertritt und den Eindruck erweckt, daß er dem politischen Geschehen insgesamt desinteressiert gegenübersteht.
Als Bindungsmöglichkeit an die DDR können seine Familienangehörigen für ihn in Frage kommen, mit denen er zweifellos harmonisch zusammenlebt.
Im Wohngebiet lebt Bause völlig zurückgezogen und tritt unauffällig in Erscheinung. Er bewegt sich ruhig und diszipliniert und gibt in seinem Gesamtverhalten nicht den geringsten Anlaß für Klagen. Der Ermittelte ist in erster Ehe verheiratet mit der BAUSE, Angret, geb. Hinsch.
Frau Bause ist im Wohnbereich als parteilos bekannt und betätigt sich ausschließlich als sogenannte rechte Hand des Ermittelten, damit der sich ausschließlich seiner Tätigkeit als Komponist widmen kann.
Aus ihrer Ehe mit dem Ermittelten gingen die Kinder Katrin Bause, Anja Bause, Inka Bause hervor, die mit im Haushalt leben und im Wohnbereich gut erzogen in Erscheinung treten.

Frau Bause entwickelt im Wohnbereich keine politische Aktivität und nimmt vom gesellschaftspolitischen Leben keine Notiz. Sie lebt völlig zurückgezogen und kommt mit den umliegenden Hausbewohnern in keiner Weise näher in Berührung. In moralischer Hinsicht soll sie einen soliden Lebenswandel führen.

Der Ermittelte bewohnt mit seinen Familienangehörigen an der ermittelten Anschrift ein komfortabel aussehendes Einfamilienhaus mit Gartengelände. Er besitzt einen Hund sowie einen Personenkraftwagen vom Typ Volvo und einen weiteren Personenkraftwagen vom Typ Golf. Beide Personenkraftwagen werden regelmäßig genutzt.

Das Grundstück an der ermittelten Anschrift gehörte in der Vergangenheit den Schlagersängern Aurora Lacasa und Thomas Lück. Bause soll es von diesen käuflich erworben haben. Andere besondere Anschaffungen bzw. Vermögenswerte konnten nicht festgestellt werden.«

ARNDT, ICH WUSSTE NICHT, wie aufwendig du »ermittelt« worden bist. Der Ermittelte, die ermittelte Adresse, die ermittelte Ehefrau. Aber ob du das Haus gekauft oder geklaut hast, das hat der arme Mensch so genau nicht ermitteln können. Ich denke, der hat drei Kugelschreiber zerkaut, um im Grunde nichts, Halbwahres und jedenfalls nichts Abträgliches zu sagen. Bei seinen Vorgesetzten kann er damit nicht groß rausgekommen sein.

Das einzig Interessante daran ist, wie durch die Weitschweifigkeit die Unsicherheit schimmert.

Es gibt nichts zu sagen, also breiten wir es aus.

Es hätte eine Menge zu sagen gegeben, aber davon hat der arme Kerl leider nicht das geringste »ermitteln« können. Er kam an die Leute nicht ran. Also, 007 war er nicht, vielleicht 002, und jedenfalls kann es niemand aus eurem Kreis gewesen sein, weil ihr so heimlichtuerisch nicht seid, da hätte mehr rausschauen müssen.

Du sagst, das ist doch die Beschreibung einer Traumfamilie.

ZURÜCK ZUR WENDE. Im Juli 1989 klingelte es bei uns, draußen stand Kunze mit Frau. Mit Kunze habe ich in Leipzig in den sechziger Jahren, unter anderem im »Haus Leipzig« musiziert. Freue mich, seltener Gast, wir laden beide auf einen Drink ein, haben uns schließlich über zwanzig Jahre nicht gesehen. Nachdem er uns eine ganze Weile taxiert hat, um herauszufinden, ob wir uns politisch verändert haben, ob ich nicht nur ein bekannter, sondern auch ein gekaufter Mann bin, rückt er endlich mit der Frage heraus, ob wir überhaupt wüßten, was in Leipzig los ist.

Genaueres wissen wir nicht, aber er. Er geht jeden Montag zur Demo auf den Ring. Und es sind jeden Montag mehr Menschen.

Ich kann mir das nicht recht vorstellen, sage ich. Da würden die doch im Westfernsehen mehr berichten. Und was macht die Sicherheit?

Er sagte: »Wir gehen ganz ruhig um den Ring, wie ein Schweigemarsch.«

Ich weiß nicht warum, aber wir hatten den Anfang nicht richtig mitbekommen. Natürlich wußten wir, daß viele Menschen in ausländische Botschaften flüchteten, viele sich nach Ungarn absetzten, um von dort über Österreich in die Bundesrepublik zu kommen.

Aber ich machte gerade eine LP mit Inka und gleichzeitig die dritte mit der Hahnemann. Und die sollte als erste DDR-LP ein Co-Produktion mit Meisel in Westberlin werden. Ich war in die Arbeit vertieft und nahm kaum anderes wahr. Wir nahmen bei Amiga auf und mischten im Hansa-Studio in Westberlin. Wichtig war für mich außerdem, daß unser Paul endlich ein Visum für Westberlin bekam, sonst hätten wir nicht mit ihm dort arbeiten können. Es war große Hektik in unserem Leben, aber Helga hat das erkämpft, was wir brauchten. Es schien so, als hätte ich alles, was nicht in die Arbeit gehörte, verpaßt. Ab Ende September war unser Team samt Gentzmer und Paul täglich bis spät in die Nacht in Westberlin. Erst am 7. Oktober, wo Helga und Inka im Palast der Republik auftraten, haben wir die Demo vor dem Gebäude mitgekriegt. Die drohte zu eskalieren. Da fiel mir Kunze ein und alles, was er erzählt hatte, der kleine bescheidene Mann, der da montags um den Ring gezogen war.

Ich hatte alle Kraft in die Arbeit gesteckt und mir ein schönes Ziel ausgedacht, ich wollte mit Angret nach Zypern fliegen, aufs »Traumschiff«.

Am 4. November waren wir zur großen Demo auf dem Alex und begriffen, daß es die DDR, so wie sie war, bald nicht mehr geben würde. Am 9. November sahen wir mit unseren Töchtern zusammen die Vorgänge im Fernsehen, die dann zur Maueröffnung führten. Als der erste Mann gezeigt wurde, der mit seinem Personalausweis die Grenze passierte, hielt es unsere Miß Frühling nicht mehr. Sie fuhr zum Kudamm. Wir wollten nicht mit. Wir kannten den schon, wollten am nächsten Tag nach Zypern fliegen. So haben wir die Riesenfete des ersten Überschwangs verpaßt.

Wir sind tatsächlich in den wohlverdienten Urlaub gefahren und haben in den nächsten drei Wochen außer der Tatsache der Maueröffnung auch nicht viel mitbekommen. Die Aufregung war auf dem weiten Meer nicht ganz so groß wie mitten im Trubel. Bei den Passagieren gab es im wesentlichen nur leichte Irritationen. Erst als wir wieder zu Hause waren, bemerkten wir, wie sich die Menschen und wie sich alles verändert hatte.

Wir hatten unsere neue Platte mit Inka, aber die Menschen kauften sie nicht.

Wir hatten eine neue Platte mit der Helga, aber die Leute kauften sie nicht.

Die Leute wollten nur noch Westmusik. Wir wurden von unserem Publikum abgeschafft. Ostmusik und Ostkünstler waren out. Vielleicht nicht abgeschafft, aber wirkungsvoll getrennt. Wo die Medien schweigen, kann niemand populär werden oder bleiben.

Wir dachten, wir müßten uns ein neues Publikum suchen, im Westen. Diese Versuche haben wir nach kurzer Zeit aufgegeben. Ich habe mich durchaus mit verschiedenen Plattenfirmen in Verbindung gesetzt, ich habe contacted, wie es neudeutsch heißt. Aber als ich alle Nudeln bei den einschlägigen In-Italienern in München, Hamburg, Köln und Westberlin kennengelernt hatte, merkte ich bald, daß die Plattenfirmen keine Künstler, Komponisten und Autoren suchten, sondern nur an dem neuen Absatzmarkt Ost interessiert waren. Das war möglich, als großes Geschäft. Man mußte nur die vorher auf dem Boden der DDR befindlichen Rundfunk- und Fernsehsender und die Plattenfirma abwickeln, also die Konkurrenz abschaffen. Wie das geht, läßt sich bei Niccolo Machiavelli nachlesen: »Der Fürst!« Sehr zu empfehlen. Mag sein, man traute uns nicht zu, daß wir solche Bücher kannten, aber man hat drüben vieles von uns nicht gewußt.

Mit der Liquidierung dieser Produktionsstätten und Institutionen verloren die freischaffenden Künstler den Boden unter den Füßen. Was sollte aus den Drehbuch- und Hörspielautoren werden, den Textdichtern, Komponisten und Musikern? Die hatten ja nicht einmal Anspruch auf eine Arbeitslosenunterstützung.

Fast für alle kam zunächst das berufliche Aus.

A propos Machiavelli: Die Fernsehzeitung »Hör zu« verlieh am 8. Februar 2000, also zehn Jahre nach den großen Ereignissen, im Konzerthaus am Gendarmenmarkt, also in Ostberlin, die »Goldene Kamera« an verdienstvolle Berliner Künstler. Darunter befand sich kein einziger Ostberliner. Weder Böwe noch Langhoff, Wachowiak, Geschonneck, Harfouch, Gwisdek etc. wurden bedacht.

In Berlin gibt es einen öffentlich-rechtlichen Sender mit einem gesetzlich festgeschriebenen Sendeauftrag. Die Gebühren werden laut Gesetz auch von 1, 5 Millionen ostberliner Haushalten eingezogen. Auf diesem Sender spielt man vormittags auch für die 1,5 Millionen ostberliner Haushalte die bundesdeutschen Oldies der fünfziger, sechziger, siebziger und achtziger Jahre. Einmal pro Woche, das nennt man Alibi-Funktion, spielt man »Über sieben Brücken« oder »Alt wie ein Baum«. Als hätten die Friedrichshainer, Lichtenberger oder Marzahner kein musikalisches Vorleben. Als hätte es die Hahnemann und alle die andern nie gegeben. Da guckt Machiavelli um die Ecke, und man fragt sich, in wessen Köpfen die Mauer fortbesteht. Scheinheilig wird es dann, wenn man sich in den Medien darüber aufregt, daß die im Osten die PDS wählen.

Nach diesem beruflichen Aus kam eines Tages die Helga Hahnemann und sagte, sie habe einen Produzenten. Der heißt Frank Schöbel und produziert mit mir in Hamburg eine Single.

Ich mußte also Lieder machen, mit Paul nach Hamburg fahren und dort aufnehmen. Helga kam in ihrem nagelneuen Mazda-Sportwagen nach. Für sie hatte sich ein Traum erfüllt, sie wollte schon immer einen Sportwagen haben, aber in der DDR gab es keine, und für die 100 kmh wurde auch keiner gebraucht.

Der »Produzent« Frank war auch da. Endlich also wird im Westen produziert. Als wir das Studio betraten, guckten wir uns an: Das also ist ein Weststudio. Das kannten wir von zu Hause besser. Und so war auch die Arbeit. Ich habe dann gesagt: »Wenn Paul jetzt nicht endlich das Mischpult übernimmt, können wir abbrechen, denn so wird das nichts.«

Die ganze Unternehmung zielte an Helga Hahnemann völlig vorbei, weil niemand dort sie kannte. Also Frank ließ Paul endlich ran, und dank dessen Rettungsaktion kam es zu der einigermaßen passablen Nummer »'n Sechser im Lotto«. Sie lief dann später im »Kessel«, bei Karsten Speck, mit Helgas grandiosem »Glücksrad-Sketch«.

LIEBER ARNDT, DAS SIND JA ziemlich politische Meinungen für einen als unpolitisch Ermittelten.

Du hast dich nie parteipolitisch verhalten, hast vordergründig keiner Partei gedient, warst keinem Parteistatut verpflichtet. Aber du hast den Menschen oft gute Laune gemacht und sie an manchem Abend, auch wenn du selber nicht zu sehen warst, ein bißchen heiler entlassen, als sie gekommen waren.

Und es war doch sehr vernünftig, durchdacht und zu begrüßen, als du den Vorschlag gemacht hast, man solle in der DDR einen zweiten Plattenverlag zulassen und den Status der potentiellen Erpresser entmachten.

224

Daß du nicht zu Versammlungen gegangen bist, außer im Komponistenverband, das hat dich doch nicht anders handeln lassen, als deine Vorstellung von Anstand und Wirken dir vorschrieb. Das war politischer, als du glaubst, denn »Politik« heißt doch nichts anderes, als für Menschen zu wirken. Auch durch deine Arbeit, deine Lieder, Schlager, Chansons haben die Leute hier mehr Identität gefunden.

Das ging ihnen nach in eine Zeit, die zunächst ganz andere »Events« bereithielt, aber das ist ja so nicht geblieben. Wenn sie heute »ihre« Interpreten verlangen, dann wollen sie auch von sich selber etwas wiederhaben, was ins Album ihres Lebens gehört.

Der zweite Plattenverlag wäre ebenso machbar gewesen wie der Vorschlag einer Tänzerin, in Berlin eine Boutique für Bühnenaccessoirs zu eröffnen. Sie hatte in Thüringen sogar einen Betrieb gefunden, der ihr die Mangelware Schleppchen anfertigen wollte. Artisten brauchen teures Glitzerzeug, Kopfschmuck, seidene Mäntelchen und Trikots. Untereinander käuflich getauscht, wäre weniger von draußen überteuert reinzuschleppen gewesen.

Über zwei Jahre habe ich die Ministerien mit Briefen und Konzepten deswegen bedrängt.

Ich bin genauso abgeblitzt wie du. Obwohl ich nur ehrenamtlich tätig war, nicht einmal ein Büro hatte und mein eigenes Telefon mit einbrachte, wurde mein Amt nicht respektiert. Immer empfing mich der vierte Stellvertreter, um mir einen neuen Termin zu offerieren und meine Vorschläge abzuwiegeln. Du als Parteiloser, ich als Parteimitglied, wir sind an dieselben Wände gestoßen. Es hatte nichts zu sein, was es vorher nicht gab. Du hattest dich mit Dr. Büttner verhakelt, aber der war ja noch eine Lichtgestalt, gemessen an seinem Vorgänger.

Und leben wir heute in einer gänzlich anderen Welt?

Komm mit deinem Material zu einer sogenannten Majorfirma, und sie zücken ihre Hausautoren. Die Bedingung lautet heute: Zwei von den mitgebrachten Titeln und die anderen von »unseren« Autoren. Da spielen Interessen mit, die haben alle mit Geld zu tun, mit viel Geld, und wir hatten andere Schwierigkeiten, diese nicht.

Ein bedauerliches Gen hat verursacht, daß ich mich leicht für das Ganze und besonders für Gerechtigkeit zuständig fühle. Ich weiß, daß es die nicht gibt, jedenfalls nicht absolut, und trotzdem bringt mich Ungerechtigkeit nahezu pubertär auf. Die DDR war zu erpressen, die Macht hatte wegen der Mauer immer ein schlechtes Gewissen. So waren Einzelfälle zu klären, besonders, wenn man den einen Bedenkenträger gegen den anderen ausspielte, die FDJ gegen die Partei, die Gewerkschaft gegen alle anderen und die Verbände wegen ihrer immer umstrittenen Anfälligkeit sowieso.

Was ich damals oft ausrichten konnte, spricht gegen die Verhältnisse, in denen das nötig war, aber ich vergleiche nicht die heutige Demokratie mit der »Diktatur«, denn heute würde ich solche Vorgänge nicht mehr anfassen – wegen nachgewiesener Erfolglosigkeit.

Ich stand im Ruf, aufzumischen und Türklinken notfalls auch abzureißen.

Wenn's anders nicht ging, dann auch so. Aber die Wahrheit zu sagen: Ich habe alle die »Fälle« niemals allein lösen können. Wo es nötig war, hat es schon auch meine Courage und meine Wut gebraucht, aber auch den Willen anderer, mich nicht im Regen stehen zu lassen. Es gibt Mitarbeiter aus der hohen, mittleren und unteren Ebene, die haben hinterher keinen besonderen Ruf bei den Künstlern gehabt. Als hätten sie die Verhältnisse geschaffen, die verärgern und die sie verwalten mußten. Solange es die DDR gab, hatten viele unserer Lieblinge immer ihren Fuß in der Tür, hinter der was zu holen war. Ich brauchte von den Hauptamtlichen nichts, mein Blatt Papier und mein Verlag waren mir sicher. Aber sie haben mir oft beigestanden, wenn ich wieder mal zu weit gegangen war. Nicht, daß sie sich das Hemd aufgerissen und um die Kugeln gebeten hätten. Aber sie haben nicht alles weitergetragen, was sie hätten weiterreichen müssen. Oder wie soll ich vergessen, was mir mit Dr. Lorf im Außenministerium geschah?

Piatkowski und Riek aus Rostock hatten sich bei mir

beschwert, daß sie ihren Kleinkunstpreis in Buxtehude nicht
entgegennehmen dürfen. Das hat mich sehr wütend gemacht,
zumal Thalheim und Demmler ihn dort schon abgeholt hatten. Ich stürmte etwas hochdruckig ins Außenministerium, an
allen vorbei, pflanzte mich vor den Schreibtisch des Abtei-
lungsleiters Dr. Lorf und verlangte frech eine Liste aller, die
im laufenden Jahr irgendwo einen Preis abholen dürfen.
Dr. Lorf hätte mich höflich bitten können, in Eile den Raum
zu verlassen. Er hätte mich rauswerfen können. Statt dessen
gab er mir eine Liste mit all den erlauchten Namen aus der E-
Kunst, die ich auch erwartet hatte. Er sagte: »Hager ist heute
noch im Amt, ab morgen zur Kur.«
Es war klar, daß ich keinen Termin kriegen würde, aber wiederum war ich die einzige, die keinen Dienstweg einhalten
mußte, und die Poststelle nahm einen Brief von mir an Hager
an, das war eins meiner wenigen Privilegien. Keine Helden-
tat, nein. Hager mag es nur ein Telefonat gekostet haben, aber
die beiden durften ihren Preis in Buxtehude abholen, und diese beiden liebenswürdigen Künstler sind erst seit 1990 im
wesentlichen aus dem Bild verschwunden.
Vielleicht schreibe ich eines Tages all jene blödsinnigen
Geschichten auf, um derentwillen ich aus der Arbeit gerissen
wurde und die heute niemanden mehr interessieren. Wie die
Affaire mit dem Mann in Suhl, der aus einem Westpaket an
seine Tochter Kaffee getrunken hatte, den seine Frau mit-
brachte. Scheidung oder fristlose Entlassung aus der Stadt-
verwaltung lautete die Alternative. Ich war nicht allein in Suhl.
Gluschke hat mehr riskiert als ich, die dreist herumlog, wir
hätten für den Mann in Berlin eine Stelle als Stellvertretender
Generaldirektor. Drei Tage Streß, Krach, aber ich vergesse den
Mann nicht, der mir beistand, bis das Objekt der Unter-
drückung zum Direktor der Suhler Stadthalle ernannt wurde.
Was er lange und erfolgreich war, bis ihm nach der großen Zei-
tenwende ein Wessi vor die Nase gesetzt wurde, der die Arbeit
blockierte, sich gesund und die Unternehmung krank stieß
und der dann wieder im Urwald des Westens verschwand.
Meine Unbeherrschtheit war meist kalkuliert, mein Mann

stand immer wie ein Felsen neben mir, hat sich net und net geforcht, aber daneben gab es unter denen, die heute mit dem Sammelbegriff Funktionäre abgetan werden, die Kumpels, die auch gut waren für eine nützliche Intrige, für Soforthilfe, für Gradestehen.

Arndt, wir haben zusammen für Jürgen Walter Lieder gemacht, die hatten gesellschaftliches Gewicht. Oder? »Wo ich hergekommen bin?« Und dein Auftreten im Komponistenverband? Deine permanente Verteidigung der Unterhaltungskünstler in einem Land, dessen Obere ihre Ansprüche an Kunst und Kultur nach jenem Ideal richteten, das ihnen in der eigenen meist armen Jugend nicht zugänglich war und das sie nun endlich für das eigene Volk verwirklichen wollten? Es fehlte ihnen an Bildung und Akzeptanz, und sie fürchteten sich vor allem, was noch nicht als wertvoll festgeschrieben war. Was nicht »vorgelegen« hatte, konnte immer schlecht ausgehen.

Aber wir haben uns doch gewehrt. Dein Spähauge im Wohngebiet, der dich ermitteln sollte, beweist mir in seinen dummen Aufzeichnungen, daß er wohl nicht den Auftrag hatte, dir weh zu tun. Durch die Zeilen leuchtet, wie froh er ist, daß du dich »unauffällig bewegst«. Was du an Engagement für die Unterhaltungskunst eingebracht hast, das schien mir neben dem starken kommerziellen Interesse doch dicht an einem Ideal gesiedelt. So hab ich's genommen, so hab ich's gebraucht, und ich glaube auch heute noch nicht, daß es sich um ein Mißverständnis handelt.

20. Der Abschied

WÄHREND DER ARBEIT im Hamburger Studio 1991 hatten wir zeitweise über 30 Grad Celsius. Da kamen bei Helga die ersten Hustenanfälle. Die hat sie selber nicht weiter beachtet, soweit sie nicht das Singen beeinträchtigten.

Da niemand von uns ein Lied verlangte und wohl auch keiner eine Produktion übernehmen wollte, ging es der gesamten Branche schlecht, jedenfalls im Osten. Das einzige, was uns hoffnungsvoll in die Zukunft sehen ließ, war die Arbeit der Henne. Helga trat im Friedrichstadtpalast auf.

Henne wurde im Noch-»Kessel« besetzt.

Henne war bei Hallervorden in Westberlin in den »Wühlmäusen«.

Henne war in Westberlin im ICC, sie hatte immer überwältigenden Erfolg, war besser denn je, sie war auf dem Höhepunkt ihrer Lust und ihres Könnens.

Ich dachte, die bleibt mir, die Helga! Die wird es den Bundis schon zeigen, und dazu hatte sie auch den eisernen Willen. Wir hatten sie im ICC erlebt, als 5000 Westberliner nahezu verrückt gespielt haben und die Henne nach drei Stunden Bühnenarbeit mit dem Berlin-Sextett und Chor überschwenglich feierten.

Aber sie hustete jetzt öfter. Angret ging mit ihr zu unserem Professor Bürger in die Charité. Damals gab's dort noch Professoren, die man kannte. Der schickte sie auf die Insel Norderney. Sie kam wieder und hustete nicht weniger. Als sie vierzehn Tage nonstop in den »Wühlmäusen« auftrat, bekam ich hinter der Bühne mit, daß sie Angst hatte, auf die Bühne zu gehen und husten zu müssen.

Angret hat mit mehreren Ärzten gesprochen, um rauszukriegen, woher dieser Husten kam. Helga hatte bereits den Vertrag für den 28. und 29. Dezember im ICC in Westberlin. Es war ihr großes Ziel, dort ihren ersten triumphalen Erfolg zu wiederholen.

Vorher hatte Helga in Westberlin eine Frau kennengelernt, daraus entwickelte sich eine Freundschaft. Als festgestellt wurde, daß Helgas Husten ernstere Ursachen haben mußte und ein Aufenthalt im Klinikum Buch notwendig wurde, lernten die Westberlinerin und Angret sich zwangsläufig kennen. Sie verbündeten sich in dem festen Willen, Helga beizustehen und ihr zu helfen. Sie mochten sich, und von da ab organisierten die beiden Frauen alles für Helga gemeinsam. Das hat die auch bis zuletzt dankbar gespürt und entgegengenommen. Alle anderen Einzelheiten gehören nicht hierher.

Nur eins sei gesagt: Es war ein großer Abgang, und das sage ich mit allem Respekt.

Wir mußten sehen, wie wir allein mit Helgas Angelegenheiten zurechtkamen. Helga war ein »Papakind« und wünschte sich, in das Grab ihres Vaters zu kommen. Sie hatte ihren Vater geliebt, während ihr alle andere Verwandtschaft eher gleichgültig war.

Um alle diese Dinge hat sich Angret gekümmert. Auch um die Menschen, die Helga nahegestanden hatten, auch um ihre Freundin Barbara. Ich habe aus Hennes Haus die vorher mit Helga zusammengestellten Bänder, Fotos und Manuskripte und die Video- und Tonbandkassetten geholt, weil sie annahm, daß später alles auf dem Müll landete. Wir haben mit dem Märkischen Museum einen Vertrag abgeschlossen und alles übergeben.

Helga war mit uns beim Begräbnis ihrer Kollegin Marianne Wünscher gewesen und hatte gesehen, wie Hunderte von Menschen am offenen Grab vorbeiliefen, die mit Marianne eigentlich nichts zu tun hatten. Bei einem Glas Champagner hat sie uns an ihrem Bett das Versprechen abgenommen, daß so etwas an ihrem Grab nicht stattfindet. Sie wollte ein stilles Begräbnis im kleinsten Kreis, und sie wollte unter keinen Umständen, daß Presse und Neugierige ihren Auftritt bekämen.

Sie hat 12 Tage vorher gewußt, daß sie sterben wird. Was und wie etwas geschehen sollte, hat sie genau geplant.

Was wir ihr versprochen haben, wurde gemacht. Wir haben jedes Versprechen gehalten und sind stolz darauf. Wir hoffen, sie sitzt auf ihrer Wolke, sieht auf uns herab und ist mit uns zufrieden.

230

Wir sind hinterher von der Presse und Helgas »Freunden«
durch den Dreck gezogen worden. Aber das Begräbnis war so,
wie sie es wollte: Die Urne traf früher als angekündigt ein und
der »kleinste Kreis« war auch früher gekommen und durch
einen Hintereingang gelotst worden, während sich Presse und
Schaulustige am Haupteingang versammelten.

Nach dem Begräbnis war vorgesehen, noch etwas trinken zu
gehen, aber das wollten wir dann nicht mehr. Ohne sie, da
kam die große Leere.

21. Freunde

KEIN FRESSKORB MEHR und kein Skatspiel bis weit in die Nacht. Ich hatte keine Titel mehr für Henne zu komponieren. »Blödi, ick hab hiern irren Text, mußte sofort machen, ick ruf morjen mal an, obde fertich bist.«

Alles war anders, und wir waren ungefragt in ein anderes Land gekommen. Eins, in dem ich schon längst hätte bleiben können, wenn ich das gewollt hätte, statt in Biesdorf, bei meiner Familie und bei meiner Arbeit.

Jetzt war ich in einem Land, wo ich nicht mehr gebraucht wurde.

Inka hatte in München einen guten Vertrag abgeschlossen, das war in Ordnung, ich hatte ihr geraten, sich von mir als Komponisten zu lösen und mit jungen Autoren zu arbeiten.

Mit gerade dreiundfünfzig Jahren hatte ich nichts mehr zu tun. Ich schloß mein Arbeitsstudio auf unserem Grundstück zu und beschloß, mich zur Ruhe zu setzen. Bißchen Rasen mähen, einkaufen, Essen kochen usw.

Aber es kam doch noch eine Chance. Als wir vom »Traumschiff« kamen, gleich nach der Wende, hatte ich mit Frau Preiß vom Harth-Verlag in Leipzig gesprochen. Dort lagen die meisten Hits der DDR. Denn um Ruhe zu haben, gaben wir Komponisten und Texter immer die beiden aussichtsreichsten Titel einer LP in diesen Verlag, der nichts damit anfing, international schon gar nicht, aber es war eine Art indirekter Steuer, die Hälfte unserer Tantiemen ging an den Verlag, und die meisten von uns waren es zufrieden.

Wir hatten beschlossen, diesen Verlag zu erhalten, ehe auch er in die Hände der Bundis fiele. Das klappte aber nicht, weil Frau Preiß, um ihren Arbeitsplatz zu retten, Verbindung mit einem westdeutschen Verleger aufnahm, der den Verlag kurzerhand von der Treuhand kaufte. Ihren Arbeitsplatz hat sie damit auch nicht gerettet.

Am Rande einer GEMA-Hauptversammlung im Hotel Steigenberger in Westberlin lernte ich dann den Chef des Gerig Musik Verlages kennen, der den Harth-Verlag gekauft hatte.

Es stellte sich heraus, daß Frau Preiß ihm nichts von unserem Abkommen gesagt hatte. Er bot mir an, für ihn zu arbeiten. Wir könnten eine Edition gründen. Da könnten gleich die neuen Titel rein.

Also rief ich Angret an, sie solle sofort kommen, es gäbe Arbeit. Vom geschäftlichen Teil verstand sie schon immer mehr als ich. Ich brauchte sie, und von der Branche wurde sie durch ihre Art und Sachkenntnis respektiert. Es bot sich ein neuer Anfang.

Der Verleger kannte eine junge Sängerin aus Dresden, Uta Bresan, die vorher erfolgreich gestartet war und deren Karriere durch die Wende abgebrochen war. Es ging wieder los. Ich komponierte, fuhr mit meinem Equipment zu Paul ins Studio und machte Aufnahmen.

Gleich mit dem ersten Titel kamen wir in die ZDF-Hitparade und belegten den vierten Platz. Vorher hatte Inka schon einmal den dritten.

Der Einstieg war geglückt. Aber dann verlor die Firma die Lust. Die Produktionen wären zu »teuer«, sie rechneten sich nicht. Das war der erste Satz, den ich in diesem neuen Leben lernen mußte. Außerdem offenbarte sich ein Mißverständnis. Man hatte damit gerechnet, alle meine Copyrights sozusagen als Morgengabe zu bekommen. Meine Frau brachte es auf den Punkt: »Wir können ihnen doch nicht das schenken, wovon wir leben.«

Als Anleitung für meine Arbeit wurde mir gesagt: »Bei uns fangen die Lieder mit dem Refrain an, nicht wie bei Ihnen mit dem Vers. Und lassen Sie die Einleitung gleich weg. Außerdem ist bei uns aus rundfunk- und fernsehtechnischen Gründen ein Titel genau drei Minuten lang.«

Das mußte ich mir nicht antun. Ich habe die Lust verloren. Das ist das Schlimmste.

Meine Frau hat einmal zu einem Interpreten gesagt: »Wenn du Arndt die Lust nimmst, für dich zu komponieren, wird ihm kein Hit mehr für dich einfallen.«

Ich hatte die Lust verloren. In der DDR war ich immer irgendwie dagegen. Vieles hat mir nicht gepaßt.

Jetzt war ich wieder dagegen. Irgendwas stimmte nicht. Oder stimmte mit mir etwas nicht?

Vielleicht hatte es gar nichts mit der großen, tüchtigen und kalten Bundesrepublik zu tun?

Immerhin hatte ich ein dreißigjähriges Berufsleben hinter mir. Das hat natürlich in mir Spuren hinterlassen, diese Arbeit in der DDR. Wie haben die Autoren früher auf die DDR-Lektorate geschimpft. Am lautesten jene Autoren, deren Titel so schlecht waren, daß sie niemand produzieren wollte. Im nachhinein hat sich bei allen, auch bei mir, herausgestellt, daß man sich zu viel Mittelmäßiges, sogar Schlechtes durchgehen ließ. Oder gibt es etwa einen heimlichen DDR-Hit, den die Lektoren verhindert haben? Ich kenne keinen.

Hinzu kommt, daß es keine Ausnahmen gab. Auch als ich schon die Nummer Eins der Schlagerfuzzis in der DDR war, mußte ich meine Titel im Funk vorlegen. Immer wieder wurde an den Texten rumgenörgelt und Verbesserungen verlangt, mehr Logik, besseres Deutsch. Ich denke heute, zu Recht. Heutzutage höre ich immer wieder deutschsprachige Titel in schlechtestem Deutsch. Die hätten wir im Funk nicht durchgebracht. Die wären durch kein Lektorat gekommen.

In München lernte ich einen Produzenten kennen, der nur von seiner Weltkarriere sprach und uns wissen ließ, daß es in der DDR so etwas wie Popmusik gar nicht gab. Als ich ihm eine Partitur unter die Nase hielt, stellte sich heraus, daß er keine Noten lesen konnte. Eine Ausnahme, mag sein, aber sicher bin ich mir nicht.

Damals war ich an einem Punkt angelangt, wo ich sagte: »Es reicht! Matz, zähle unser Geld, reicht's zum Leben, dann höre ich auf!«

Ich fing an, die Wiese zu mähen, nicht oft, aber immer öfter. Doch dann meldeten sich die Freunde, Ulla und Karsten, die wir durch Helgas Krankheit kennengelernt hatten. Wie Ulla und Angret da zusammenstanden, das ging mir nach. Er ist ein intelligenter, ruhiger Mann, sie dafür um so lebhafter. Hat aber das Talent, alles durchzusetzen, was sie sich vornimmt, und sie hat das Herz auf dem richtigen Fleck, eine Powerfrau, was immer das sein mag.

Nach dem Begräbnis von Helga verabschiedeten wir uns.

Lange Zeit später bekam Angret eine schriftliche Einladung zu einer Hutparty in Westberlin. Was sollte denn das sein? Nun, man muß einen Hut aufsetzen und für einen wohltätigen Zweck eine Summe spenden. Erst mal sind die Frauen unter sich, ab achtzehn Uhr werden die Männer dazugebeten. Ich setzte also Angret um vierzehn Uhr dort ab und vertrieb mir vier Stunden lang die Zeit am Wannsee. Zu achtzehn Uhr war ich dann dort.

Ich dachte immer, daß wir in Biesdorf mit Haus und Wochenendgrundstück und drei Autos ziemlich weit oben lebten. Aber was ich dort sah, war eine andere Welt. Damen, Geschäftsleute, deren Namen man in Berlin kannte, also die oberste Schicht von Westberlin. Alle auf dieser Hutparty – und wir mittendrin.

Zu Hause sagte ich, das ist nicht unsere Welt. Angret gab mir recht. Da halten wir uns raus.

Monate später fragte Ulla telefonisch bei uns an, ob sie uns mal besuchen dürften. Dann haben wir zusammen gesessen und geredet. Nach der zweiten Flasche Wein fragte Karsten: »Warum igelt ihr euch hier in Biesdorf ein? Wir könnten doch allerhand zusammen unternehmen. Wir könnten Freunde sein.«

Darauf erwiderte ich, das ginge schlecht. Der materielle Unterschied sei uns zu groß. »Wir könnten nicht unbefangen mit euch verkehren. Also sitzen wir lieber in Biesdorf und haben unsere Ruhe.«

Karsten sagte: »Denkt drüber nach. Wir könnten Freunde sein, ohne daß du immer an Unterschiede denkst.«

Ich weiß und wußte es in jenem Augenblick besonders genau, daß ich in meinem Leben das Materielle zu oft in den Vordergrund geschoben habe. Weil ich als Kind für Geld die Kegel aufgestellt habe, im Gewandhaus Mahlers Neunte im Chor für Geld sang und mich freute, als ich für mein Solo in »La Bohème« ein paar Pfennige mehr bekam als die anderen. Ich hab immer Geld verdient, auch bei den Thomanern, und ich habe es immer nötig gebraucht.

In der DDR war ich bei der AWA der aufkommensstärkste Komponist.

ICH WEISS DAS, ARNDT. Frau Ragwitz im ZK sagte einmal zu mir: »Den Bause können wir bei der AWA gar nicht niedrig genug punkten. Sonst schaffen wir dem eine Kaufkraft, die wir nicht befriedigen können.« Das war taktlos, denn als Textautorin hatte man bei der AWA keinen eigenen Punktwert und konnte auf zweierlei Arten bestraft werden: Wenn man mit Bause arbeitete, der so viel komponierte, daß der Punktwert niedrig gehalten wurde. Oder als Autorin zum Beispiel mit Dirk Michaelis. Nie in meinem Leben habe ich für ein Lied solche Pfennigbeträge als Tantiemen erhalten wie für »Als ich fortging«. Der Grund? Michaelis war kein studierter Komponist, dem war das bloß so eingefallen.

ICH HABE VIEL GELD VERDIENT, aber es beruhigte mich nicht. Die Angst, eines Tages arm zu sein, blieb mir. Erst durch Karsten habe ich gelernt, wie blöd es ist, sich vom Geld beherrschen zu lassen. Durch diesen Freund begriff ich, daß das höchste Gut die innere Zufriedenheit ist. Freundschaft hat viel mit Achtung, Rücksicht und Kompromissen zu tun. Mehr als mit Geld. Trotzdem ist es gut zu wissen, daß man sich aufeinander verlassen kann, ohne voneinander abhängig zu sein. Aber vielleicht hatte ich bis dahin keine Freunde. Die, von denen ich es dachte, waren keine.

Angret und ich haben lange darüber nachgedacht, ob wir es versuchen sollten. Aber die Gemeinsamkeiten ergaben sich, das Verhältnis wurde zunehmend vertrauensvoller. Wir paßten zusammen, was bei zwei Ehepaaren eher selten ist. Sie haben sich für unsere Vergangenheit interessiert und fanden sie spannend. Natürlich hatten auch sie zum Teil ein völlig falsches Bild von der DDR, und wir sind streitbare Leute geblieben. Karsten meinte, daß ein Mann in meinem Alter zu jung sei, sich zur Ruhe zu setzen. Also, weitermachen.

Ich tue das wieder. Und fühle mich mit allem, was ich mir erarbeitet habe, nicht arm. In den Gesprächen mit diesem Freund habe ich eine neue positive Einstellung zum Leben bekommen. Ich sehe, welch ein Pensum an Arbeit er als Bildhauer bewältigt und mit welcher Ruhe er daneben seinen familiären und geschäftlichen Verpflichtungen nachkommt, wie er sich um seine Sammlungen kümmert, und dabei ist er zwölf Jahre älter als ich. Da muß ich mir doch komisch vorkommen, einfach zu schmeißen.

Ich habe wieder Kontakte geknüpft. Es gibt da und dort wieder Lieder von mir zu hören.

Aber das Leben hat uns auch mit dunklen Seiten nicht verschont. Bei Angret brach eine heimtückische Krankheit aus. Wir liefen von Arzt zu Arzt, und keiner konnte uns helfen. Nachdem die Charité nicht weiter wußte, ergriff unsre Freundin Ulla die Initiative und brachte Angret zu Professor Loddenkemper nach Heckeshorn.

Das kam so: Als die Freunde sonntags erschienen, um nach Angret zu sehen, kam Ulla zu mir in die Küche: »Gib mir sofort das Telefon, ich muß Professor Loddenkemper anrufen. Es muß sofort etwas geschehen, sonst stirbt Angret.«

Ich fand ihre Angst übertrieben.

Sie sagte: »Du bist den ganzen Tag mit ihr zusammen. Du siehst das nicht. Sie braucht Hilfe, sofort!«

Der Professor sagte, die Patientin solle am Freitag zu ihm kommen, wir hatten aber erst Sonntag, und Ulla meinte, bis dahin sei die Patientin tot.

Also morgen, meinte der Professor.

Ulla sagte zu mir: »Alles privat.«

Ich sagte: »In der DDR ging das ohne privat.«

Sie sagte: »Das war einmal. Hier mußt du privat, sonst kümmert sich keiner um dich.«

Nach neunzehn Monaten war meine Frau gesund, dank Professor Loddenkemper und dank Ullas Initiative.

Eines Tages sagte Ulla zu Angret: »Wenn ich daran denke, wie dein Mann jeden Tag mit dem Auto und dem Hund quer durch Berlin von Biesdorf nach Wannsee in die Lungenklinik gefahren ist, um dich zu besuchen. Jeden Tag. Vierzehn Uhr hin, neunzehn Uhr zurück. Der braucht dringend Urlaub.«

Angret fragte mich: »Wo fahren wir denn hin?«

Ulla meinte: »Nee, nicht mit dir, die sollen mal Männerurlaub machen.«

Ich hab sicher etwas dumm geguckt, aber Angret hat zugestimmt. So fuhren wir Männer nach Quiberon, saßen allein im großen Haus, machten uns Frühstück, gingen abends essen, flogen mal auf die Insel Guernsey und führten stundenlange Gespräche. Ich hatte nie vorher so lange mit einem geistreichen, in manchem weisen Mann geredet, und es war mir neu, daß es neben der tiefen Liebe zu einer Frau auch eine Art Freundschaft mit einem Mann geben kann, wie ich sie bisher nur aus der Literatur kannte.

Das war Helgas Vermächtnis für uns, diese beiden Menschen als Freunde.

Wir sind ihr für vieles dankbar. Daß sie war, wie sie war, für alles, was wir zusammen geschafft und geschaffen haben.

Wir versuchen, alles dafür zu tun, daß Helga nicht in Vergessenheit gerät. Auch deshalb unsere gemeinsame Initiative für eine Helga-Hahnemann-Straße in der Nähe des Friedrichstadtpalastes.

Traurig sind wir darüber, daß Henne zwar ungefragt der »Goldenen Henne« ihren Namen geben mußte, aber sie selber hat diese Ehrung postum bis heute nicht erhalten. ·

Dabei hätte sie doch die erste sein müssen, und sie hätte sie als erste verdient.

Wir vergessen unsere alten Bahnen nicht und versuchen dennoch, uns auf den neuen zurechtzufinden.

Manchmal denken wir, es ist eigentlich gar nicht so schlecht, schon »so alt« zu sein.

Oder, um mit dem Schlachtruf unseres Freundes Peer Schmidt zu enden: »Ham wir nich ’ne scheene Jugend?«

Inhaltsverzeichnis

Aus gegebenem Anlaß 5

1. Fehlstart 9

2. Das Klavier 17

3. Der Musiker 22

4. Bauses nach Berlin 37

5. Die Lyra 44

6. Das Traumpaar 53

7. Der Texter 63

8. Der Chansonnier 78

9. Manöver Waffenbrüderschaft 94

10. Der Sachse 98

11. Freundesland 126

12. Das Studio 146

13. Die Reise 152

14. Henne 168

15. Der Preis 174

16. Die Ameise 185

17. Schlagergeschichten 194

18. Auf Tour mit Henne 211

19. Die Wende 219

20. Der Abschied 229

21. Freunde 232

Bildnachweis
Archiv Bause, Walter Becher (Bildteil S. 13 Mitte), M. Bulang (S. 9), Man-
fred Gößinger (S. 14 unten), Günter Gueffroy (S. 15 oben), Peter Jühlke
(S. 10 oben), Franziska Krug (S. 10 unten), Rex Schober (S. 6 unten, S. 7),
Herbert Schulze (S. 6. Mitte), Schwarzmann (S. 4).

Nicht in allen Fällen ist es uns gelungen, die Urheber der Fotos zu ermitteln. Berechtigte Honoraransprüche bleiben gewahrt.

ISBN 3-360-00949-5

1. Auflage
© 2001 Das Neue Berlin Verlagsgesellschaft mbH
Rosa-Luxemburg-Str. 39, 19178 Berlin
Umschlagentwurf: Ulrike Haseloff
Druck und Bindung: Wiener Verlag